·中央财经大学中国精算研究院标志性成果·

2019
中国保险公司竞争力评价研究报告

寇业富◎主　编

陈　辉　张　宁　周县华　周　明◎副主编

中国经济出版社
北京

图书在版编目（CIP）数据

2019中国保险公司竞争力评价研究报告/寇业富主编．--北京：中国经济出版社，2019.10
　ISBN 978-7-5136-5886-7

　Ⅰ.①2… Ⅱ.①寇… Ⅲ.①保险公司-竞争力-研究报告-中国-2019 Ⅳ.①F842.31

　中国版本图书馆CIP数据核字（2019）第197827号

责任编辑　贺　静
责任印制　巢新强
封面设计　华子设计

出版发行	中国经济出版社
印 刷 者	北京富泰印刷有限责任公司
经 销 者	各地新华书店
开　　本	889mm×1194mm　1/16
印　　张	14
字　　数	237千字
版　　次	2019年10月第1版
印　　次	2019年10月第1次
定　　价	120.00元

广告经营许可证　京西工商广字第8179号

中国经济出版社 网址 www.economyph.com 社址 北京市东城区安定门外大街58号 邮编 100011
本版图书如存在印装质量问题，请与本社销售中心联系调换（联系电话：010-57512564）

版权所有　盗版必究（举报电话：010-57512600）
国家版权局反盗版举报中心（举报电话：12390）　　服务热线：010-57512564

序 / Preface

中国精算研究院成立于 2003 年,是保险精算领域中唯一一处教育部人文社会科学重点研究基地(以下简称重点研究基地)。

在过去几年的发展中,中国精算研究院在教育部和中央财经大学领导的关怀和指导下,锐意进取,勇于创新,在教学、科研和社会服务等方面已经奠定了扎实的基础,并取得了长足进步,在国内外享有盛誉。

根据教育部《普通高等学校人文社会科学重点研究基地管理办法》的要求,重点研究基地应该聚集和培养优秀学术人才,围绕国家发展战略,针对学科前沿和社会经济发展中的重大理论与实践问题,组织高水平研究的新型科研团队,在产出创新成果、形成学术交流开放平台、带动高校哲学社会科学发展创新等方面发挥重要作用。

随着中国保险市场经营主体和业务规模的快速发展,提高保险业的竞争质量、实现规模效益的长期可持续发展就成为保险业界、学界和政府监管部门的关注焦点。同时,也是为了更好地发挥重点研究基地的作用,中央财经大学中国精算研究院于 2010 年 8 月成立了"保险公司竞争力评价研究"课题组。

经过多年勤奋、严谨的工作,课题组已经出版了《中国保险公司竞争力评价研究报告》(2011—2018 年)等多部著作和相关科研论文。

不忘初心,方得始终。在这里,我愿意重申课题组成立之初所坚持和提倡的研究原则:公开、客观、科学。

所谓"公开",就是指标体系、数据来源、评价方法等全部公开或者来源于公开渠道。在这里,我们不能不提到,原中国保险监督管理委员会于 2010 年 6 月 12 日正式颁布实施的《保险公司信息披露管理办法》,以及中国银行保险监督管理委员会于 2018 年 4 月重新修订并颁布的《保险公司信息披露管理办法》,为我们的研究提供了主要和关键的数据支持。

所谓"客观",是指评价的结果要客观,也是指评价的过程和目标要客观。即在评价过程中,要尽量避免或者减少人为主观因素的干扰。

所谓"科学",是指评价方法的科学。在有可能使用定量分析的地方,尽量使用定量分析。当然,我们并不是说定性分析就不科学。

令人欣慰的是,"中国保险公司竞争力评价研究"课题组在寇业富博士的领导下,始终如一地秉持了这一原则。当然,这些原则并不反对课题组在研究指标和方法上的不断改进,也不排除对保险业其他研究领域的继续拓展研究,以提高中国精算研究院这一重点研究基地的学术价值和社会地位。

当然,对于保险公司竞争力的评价结果,我们自己也认为有不尽如人意的地方。但是我们相信,在教育部和中央财经大学的大力支持下,在业界、学界和银行保险监督管理委员会等政府部门的关怀下,在我们的努力下,《中国保险公司竞争力评价研究报告》会越来越好,会为保险业的发展和保险公司竞争力的提高发挥重要的作用。

Ken Seng Tan

中央财经大学中国精算研究院院长

2019 - 07 - 10

前言 Foreword

本报告是我们关于保险公司竞争力评价研究的第9个连续年度的工作。随着中国的改革开放和国务院正式发布《关于加快发展现代保险服务业的若干意见》（国发〔2014〕29号），无论是规模数量还是发展质量，中国保险业的发展都进入了一个新的阶段，对中国保险公司竞争力的评价研究提出了更高的要求。

"保险公司竞争力评价研究"是一个敏感的话题。我们从一开始就抱着谦虚谨慎、兢兢业业的态度对待这项工作。令人欣慰的是，多年来，在学校和中国精算研究院的大力支持下，在课题组成员的团结奋斗下，我们坚持了一开始就设定的原则。在这里，我愿意重申这些原则：公开、客观、科学。

所谓"公开"，就是指标体系、数据来源、评价方法等全部公开或者来源于公开渠道。在这里，我们不能不提到，中国银行保险监督管理委员会于2018年7月1日正式实施的《保险公司信息披露管理办法》，为我们的研究提供了主要和关键的数据支持。

所谓"客观"，是指评价的结果要客观，也是指评价的过程和目标要客观。即在评价过程中，要尽量避免或者减少人为主观因素的干扰。

所谓"科学"，是指评价方法的科学。在有可能使用定量分析的地方，尽量使用定量分析。当然，我们并不是说定性分析就不科学。以后随着经济的发展和我们经验的积累，定性分析和定量分析相结合也许是一种更好的评价方法。

《2019中国保险公司竞争力评价研究报告》的特点和主要创新之处包括：

（1）我们分别在报告的第四章第四节和第五章第四节，对人身险公司综合竞争力和财产险公司综合竞争力的评价结果进行了稳健性检验。

在类似研究报告中，对评价结果进行稳健性检验的目前还没有发现。

通过稳健性检验，可以对我们的评价结果进行量化的可信性与稳健性度量，增加了评价结果的科学性、客观性。这是"保险公司竞争力评价研究"课题组的一个创新性应用研究成果；提高了评价结果的科学性、可信性和逻辑的完备性。

（2）第二章专门对2018年保险公司信息披露报告数据的完整性等进行了质量分析。这也从内容上完善了保险公司竞争力评价的数据基础。

（3）建立了校外专家咨询委员会，为"保险公司竞争力评价研究"课题组提供咨询、指导和帮助；并为2019年定性和定量相结合进行保险公司竞争力的评价工作提供指导和支持。

（4）对保险公司的综合竞争力和各一级指标的评价结果进行了多种角度和方式的分析，提供了比较科学、全面的针对保险公司和保险行业的分析研究。

本报告主要包括五部分内容：

第一部分，介绍了中国保险市场的发展概况。分别从中国保险业发展的宏观经济环境、我国保险业的发展情况分析、人身险保险市场发展、财产险保险市场等方面对中国保险业的发展情况作了介绍。

第二部分，对《保险公司信息披露实施办法》的内容、程序，以及各家保险公司披露的具体情况等进行了分析。此办法的实施和保险公司的信息披露，为我们进行保险公司竞争力评价研究打下了良好的基础，基本满足了我们进行相关研究的数据要求。

第三部分，首先给出了保险公司竞争力的定义；其次在分析国内外相关研究的基础上，我们选择主成分分析方法进行竞争力研究，并对主成分分析方法的内容、步骤等作了介绍；最后对保险公司竞争力评价体系的原则、内容等作了简单介绍。

第四部分，给出了人身险公司竞争力的评价得分和排名。

本部分共分四节。第一节主要阐明了人身险公司竞争力评价的指标内容、定义和计算方法，并对研究对象的选择进行了说明；第二节给出了60家人身险公司综合竞争力的评价与分析；第三节得到保险公司5个一级指标竞争力的评价得分与排名；并通过分析一级指标排名前十公司的排名与得分，以及各二级指标排名前十公司的得分，对整个保险市场进行了分析；第四节运用现代多元统计分析方法，对人身险公司综合竞争力的评价结果进行了稳健性分析。我们从公司和指标两个角度对课题组的评价结果进行了检验，以证明我们的评价结果是稳健的。

第五部分，给出了财产险公司竞争力的评价得分和排名。

本部分共分四节。第一节对财产险公司竞争力评价的指标内容、定义、计算方法和研究对象等进行了说明；第二节得出了64家财产险公司综合竞争力的评价与分析；第三节得到5个一级指标的评价得分与排名，并对结果作了分析；并通过分析一级指标排名前十的公司的排名与得分，以及各二级指标排名前十公司的得分，对整个保险市场进行了分析；第四节运用现代多元统计分析方法，对财产险公司综合竞争力的评价结果进行了稳健性分析。我们从公司和指标两个角度对课题组的评价结果进行了检验，以证明我们的评价结果是稳健的。

中央财经大学中国精算研究院是国家保险精算领域唯一的人文社科重点研究基地，一直密切关注中国保险行业的发展。此专题部分的分析是中国精算研究院新的研究领域之一，我们欢迎国内外政府管理部门和业界、学界的专家学者与我们进行交流、沟通。

为了保证《2019中国保险公司竞争力评价研究报告》的科学性、权威性和连续性，该报告中的有关定义、指标体系、评价方法、布局结构和相关内容等都沿用了前些年相关工作的积累和传承；该报告的编撰主要是在对各公司的信息数据进行补充和完善的基础上完成的。著作权人寇业富授权"2019中国保险公司竞争力评价研究报告"课题组继续采用往年的有关定义、指标体系、评价方法、布局结构等，由著作权人寇业富和课题组成员享有和承担因该书出版和传播等而产生的相关权利和义务。

寇业富负责整篇报告的中文统稿。陈辉负责第一部分的编撰工作；张宁负责第二部分的编撰工作；寇业富、周县华、周明负责第三部分的编撰工作；寇业富负责第四部分的编撰工作；寇业富负责第五部分的编撰工作。

特别说明：

（1）本研究尽量采用可获得的披露数据进行分析，并根据实质重于形式的原则，对发现个别公司披露数据存在错误或异样的年报信息进行调整，或者在涉及该指标时进行批注说明。

（2）本研究采用的数据皆来源于已公开的资料或课题组成员的个人分析，但我们不保证上述信息的完整与准确性，中国精算研究院不因使用本报告而产生的一切后果承担责任，只以此作为学术研究以及学界和业界的信息交流与参考。同时，本研究为课题组成员的个人观点，并不代表中国精算研究院的观点。

对有关问题的讨论或争议，请使用电话或电子邮件的方式与我方联系。

联系方式：kouyefu@163.com；（010）62288159-802

"保险公司竞争力与社会责任评价研究"课题组组长
中央财经大学中国精算研究院 保险数据文献中心主任
寇业富
2019-07-27

目 录 Contents

第一章　2018 年中国保险市场分析 （1）
- 第一节　2018 年中国保险市场整体回顾 （2）
- 第二节　2018 年中国财险市场回顾 （20）
- 第三节　2018 年中国寿险市场回顾 （33）
- 第四节　2019 年中国保险业发展展望 （48）

第二章　保险公司信息披露情况分析 （54）
- 第一节　保险公司信息披露情况介绍 （54）
- 第二节　指标设立和赋值 （57）
- 第三节　人身险公司信息披露质量统计与分析 （60）
- 第四节　财产险公司信息披露质量统计与分析 （68）

第三章　中国保险公司竞争力评价的理论与方法 （75）
- 第一节　保险公司竞争力的定义 （75）
- 第二节　保险公司竞争力研究方法综述 （77）
- 第三节　保险公司竞争力评价指标体系的构建与原则 （81）
- 第四节　主成分分析法与模糊聚类分析法介绍 （85）

第四章　中国人寿保险公司竞争力评价分析 （88）
- 第一节　人身险公司竞争力指标体系的构建 （89）

第二节　2018年中国人身保险公司综合竞争力评价结果与分析 ……………………………………………………………（95）

第三节　2018年人身险公司综合竞争力一级指标的评价结果与分析 ……………………………………………………（99）

第四节　2018年人身保险公司综合竞争力评价结果的稳健性检验 …………………………………………………………（132）

第五章　中国财产保险公司竞争力评价分析 ………………（141）

第一节　财产险公司竞争力指标体系的构建 ……………（142）

第二节　2018年财产险公司综合竞争力评价结果与分析 …（148）

第三节　2018年财产险公司综合竞争力一级指标的评价结果与分析 ……………………………………………………（153）

第四节　2018年财产险公司综合竞争力评价结果的稳健性检验 …………………………………………………………（186）

附　录 ………………………………………………………………（197）

附录一：中国人身险公司竞争力评价的主要结果 ………（197）

附录二：中国财产险公司竞争力评价的主要结果 ………（203）

参考文献 ……………………………………………………………（209）

后　记 ………………………………………………………………（213）

第一章
2018 年中国保险市场分析

中国自 1805 年成立第一家保险公司以来，已经走过了 200 多年的历史。1949 年中华人民共和国成立以来，中国保险也经历了初步发展（1949—1958 年）、停办（1958—1979 年）、恢复发展（1979 年至今）三个大的阶段。中国保险业自 1979 年恢复以来，获得了快速发展。尤其是近年来，党中央 国务院十分重视保险业发展，在多份重要文件中提出要大力发展保险业，出台了一系列促进保险业改革发展的政策措施，我国保险业实现了长足发展。

2018 年，原中国保险监督管理委员会和原中国银行监督管理委员会合并，合并后成立中国银行保险监督管理委员会（以下简称"中国银保监会或银保监会"，原中国保险监督管理委员会简称"原中国保监会或原保监会"，原中国银行监督管理委员会简称"原中国银监会或原银监会"）。

2018 年，中国银保监会在党中央 国务院的统一领导下，有计划、有步骤地推进银保监会机构组建工作；同时，按照党的十九大、中央经济工作会议、全国金融工作会议和全国"两会"精神，统筹安排深化银行保险监管机构改革。总体来看，2018 年，实现了机构组建和监管工作"两不误、两促进"。一是打好了防范化解金融风险攻坚战。坚持稳中求进的工作总基调，有序推进降低企业杠杆率、拆解影子银行、严厉打击非法金融活动、遏制房地产泡沫化倾向、配合整顿地方政府隐性债务等工作，加强了对各类风险的防范和化解。二是更好地支持了现代化经济体系建设。围绕供给侧结构性改革，加强了与地方和企业的联系协调，推动了结构调整和兼并重组，支持市场化、法治化债转股。提升了差异化服务能力，有力支持了乡村振兴、区域协调和创新驱动等国家重大战略实施。进一步做实了普惠金融，督促引导银行保险金融机构回归本源、专注主业，改进了小微、"三农"金融服务。三是深化了银行保险体系改革开放。引导银行保险金融机构健全公司治理，探索了有中国特色的现代金融企业制度，全力推动银行保险业向高质量发展转变。进一步扩大了对外开放,以开放促改革,激发了市场活力,推动形成了银行保险业全面开放新格局。

第一节 2018年中国保险市场整体回顾

一、市场概况

总体来看,保险市场发展稳中向好,产品保障功能凸显,资金运用收益稳步增长,保险科技广泛应用,行业风险防控能力持续增强。2018年,全行业共实现原保险保费收入38016.62亿元,同比增长3.92%,其中,财产险公司和人身险公司分别增长11.52%和0.85%;赔付支出12297.87亿元,同比增长9.99%%;保险业资产总量183308.92亿元,较年初增长9.45%。具体来看,市场运行呈现出以下特点:

一是业务发展稳中向好,风险保障水平快速提高。2018年,保险业保持较快发展,但增速有所放缓,同比下降14.24个百分点。分险种来看,财产保险业务积极向好,实现原保险保费收入9834.66亿元,同比增长12.72%。与国计民生密切相关的责任保险和农业保险业务继续保持较快增长,分别实现原保险保费收入590.79亿元和572.65亿元,同比增长30.92%和19.54%。人身保险业务增长放缓,实现原保险保费收入26260.87亿元,同比增长0.85%,增速下降19.29个百分点。其中,寿险业务原保险保费收入21455.57亿元,同比增长23.01%;健康险业务原保险保费收入4389.46亿元,同比增长8.58%;意外险业务原保险保费收入901.32亿元,同比增长20.19%。

2018年,保险业提供保险金额6897.04万亿元,同比增长66.23%。其中,产险公司保险金额5777.37万亿元,同比增长90.65%;人身险公司本年累计新增保险金额1119.67万亿元,同比增长0.10%。从险种来看,车险保额211.26万亿元,同比增长24.92%;责任险保额866.14万亿元,同比增长244.04%;农险保额3.46万亿元,同比增长24.23%;寿险本年累计新增保额30.00万亿元,同比下降5.46%;健康险保额797.80万亿元,同比增长50.02%;意外险保额3808.86万亿元,同比增长32.80%。

二是资金运用配置更趋优化,投资收益稳步增长。2018年,保险公司资金运用余额为164088.38亿元,较年初增长9.97%。其中,银行存款24363.50亿元,占资金运用余额的14.85%；债券56382.97亿元，占比为34.36%；证券投资基金8650.55亿元，占比为5.27%；股票10569.33亿元，占比为6.44%。2018年，保险公司资金运用收益共计6859.07亿元，资金运用平均收益率为4.33%。

三是保险科技应用日益广泛，创新业务快速发展。保险科技投入力度加大，大数据、人工智能、区块链、移动互联网、物联网等前沿技术被广泛运用于产品创新、保险营销和公司内部管理等方面。依托互联网保险对部分标准化传统保险的快速替代及场景创新型产品带来的增量市场，互联网保险创新业务保持高速增长。

四是立足国家战略，服务经济社会发展的能力增强。2018年，保险行业积极助力经济社会发展的重点领域和薄弱环节，推动科技创新，维护社会稳定，不断提升保险服务实体经济的效率和水平。

（一）1980—2018年保费收入

本部分简述1980—2018年中国保险业发展概况，主要针对保费收入、保险密度、保险深度等数据进行梳理和讨论。根据最新可得的国际比较数据，2018年，中国保险业保费收入达到3.60万亿元，总资产达到18.33万亿元，市场份额占世界保险市场份额的11.53%。保险密度为396.4美元/人，同比下降2.01%，保险深度为4.22%，同比下降4.62%。保险业为全社会提供风险保障6897万亿元，同比增长66.23%；赔款和给付12297.87亿元，同比增长9.99%。保险业增速为3.92%，增幅同比下降14.24个百分点；保险行业投资收益率达4.33%。保险行业的国际地位大幅提升，世界排名从2010年的第6位上升至2018年的第2位，因人民币升值，2018年度全球保费增长的贡献为-13.14%，对全球保费的贡献为负。

表1-1中显示了1980—2018年中国保费收入总额及结构。1979年中国保险业恢复发展，1980年保费收入4.6亿元。1990年保费收入150.5亿元，2000年保费收入1603.42亿元，2018年保费收入达到38016.62亿元，分别是1980年、1990年、2000年、2010年的13109.18倍、252.60倍、23.71倍和2.62倍。

从寿险和非寿险的结构来看，20世纪80年代初期，非寿险占绝大份额，随后比重逐渐下降。1997年寿险比重第一次超过非寿险，之后寿险比重逐渐上升，2017年最高达到71.18%，2018年略有下降，近几年基本维持在70%左右。

从图1-1中可以看出，中国的保费收入在2000年之后出现第一次快速上升，2006年之后又出现一次快速上升，这两次上升均与新型人身保险产品（包括分红保险、投资连结保险、万能保险）的引入和推动有关。

表 1–1　　　　　　　　　　1980—2018 年中国保费收入

单位：亿元

年份	总保费	寿险		非寿险	
		保费	占比	保费	占比（%）
1980	4.60	—		4.60	100.0
1981	5.30	—		5.30	100.0
1982	6.52	0.02	0.3	6.50	99.7
1983	10.20	0.10	1.0	10.10	99.0
1984	15.05	0.75	5.0	14.30	95.0
1985	26.01	4.41	17.0	21.60	83.0
1986	42.34	11.34	26.8	31.00	73.2
1987	67.09	24.99	37.2	42.10	62.8
1988	94.80	37.50	39.6	57.30	60.4
1989	120.40	46.00	38.2	74.40	61.8
1990	150.50	56.40	37.5	94.10	62.5
1991	212.90	82.80	38.9	130.10	61.1
1992	341.60	142.20	41.6	199.40	58.4
1993	466.40	199.00	42.7	267.40	57.3
1994	495.30	162.00	32.7	333.30	67.3
1995	615.30	194.20	31.6	421.10	68.4
1996	800.00	330.00	41.3	470.00	58.8
1997	1117.41	567.22	50.8	550.19	49.2
1998	1247.30	667.38	53.5	579.92	46.5
1999	1393.22	768.30	55.1	624.91	44.9
2000	1595.00	958.15	60.1	636.85	39.9
2001	2109.04	1392.48	66.0	716.56	34.0
2002	3052.64	2245.52	73.6	807.12	26.4
2003	3879.99	2985.51	76.9	894.48	23.1
2004	4318.14	3193.59	74.0	1124.55	26.0
2005	4925.02	3643.91	74.0	1281.11	26.0
2006	5639.41	4059.06	72.0	1580.35	28.0
2007	7032.98	4946.50	70.3	2086.48	29.7
2008	9784.10	7337.85	75.0	2446.25	25.0
2009	11137.30	8144.40	73.1	2992.90	26.9
2010	14527.96	10501.07	72.3	4026.89	27.7

续表

年份	总保费	寿险		非寿险	
		保费	占比	保费	占比（%）
2011	14339.30	9560.24	66.7	4779.06	33.3
2012	15487.93	9958.05	64.3	5529.88	35.7
2013	17222.09	10740.93	62.4	6481.16	37.6
2014	20234.68	12690.28	62.7	7544.40	37.3
2015	24282.39	15859.13	65.3	8423.26	34.7
2016	30958.98	21692.81	70.1	9266.17	29.9
2017	36580.93	26039.55	71.2	10541.38	28.8
2018	38016.56	26260.87	69.1	11755.69	30.9

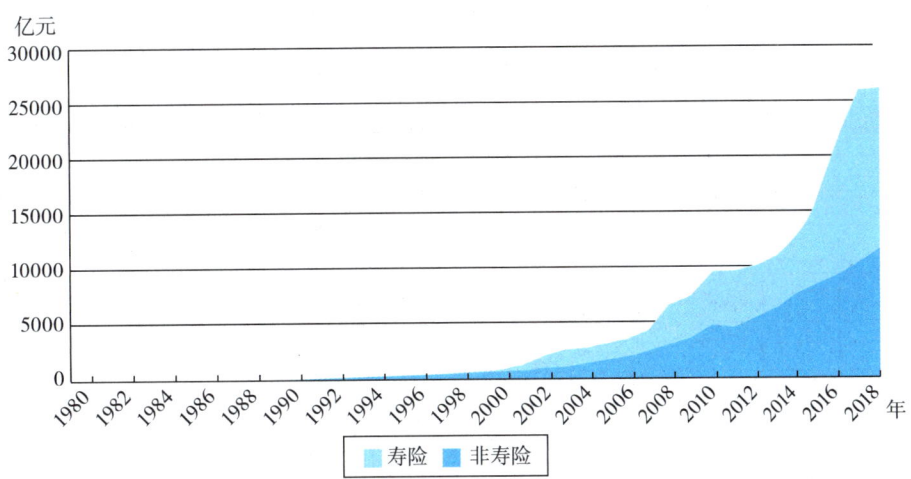

图 1-1　1980—2018 年中国保费收入

表 1-2 对 1980—2018 年中国保费实际增长率与世界保费实际增长率（注：2018 年世界保费收入为根据相关数据估算值）进行了对比，此处实际增长率扣除了名义增长率中的通货膨胀影响。图 1-2 直观地显示了两者之间的对比。

从图 1-2 中可以看出以下几个特点：第一，中国保费收入增长呈周期波动的特点，30 年间大约存在 5 个周期；第二，随着技术的扩大，中国保费收入增长率的平均值呈逐渐下降的趋势；第三，在绝大多数年份，中国保费收入增长率高于世界保费收入的平均实际增长率，而且超出的幅度还很大。只有 1994 年、2011 年两年是特例，如 1994 年中国保费收入的名义增长率只有 6.2%，而当年的通货膨胀率超过 24%，导致出现 -14.45% 的实际增长率。

表1-2　　　　　　　1980—2018年中国和世界保费实际增长率

单位：百万美元

年份	中国保费	实际增长率（%）	世界保费	实际增长率（%）
1980	307		466301	—
1981	311	12.44	477932	1.1
1982	345	20.65	491146	3.0
1983	516	53.36	514465	3.2
1984	647	43.61	552380	7.6
1985	886	58.06	641195	11.8
1986	1226	52.87	870828	17.30
1987	1802	47.67	1047772	8.20
1988	2547	18.98	1222050	9.30
1989	3198	7.64	1251773	3.30
1990	3146	21.25	1409469	2.80
1991	3999	36.78	1515045	2.20
1992	6194	50.81	1669891	4.50
1993	8094	19.04	1813129	5.40
1994	5747	-14.45	1956342	2.60
1995	7368	6.11	2150853	3.70
1996	9622	20.04	2125448	1.70
1997	13479	35.88	2141953	4.90
1998	15066	12.52	2190036	3.50
1999	16830	13.30	2363646	5.20
2000	19267	14.01	2490292	7.60
2001	25481	31.32	2456148	1.20
2002	36881	45.91	2670358	5.50
2003	46877	25.60	2990780	2.30
2004	52172	7.12	3295182	2.40
2005	60122	12.04	3452768	2.60
2006	70742	12.80	3693397	4.10
2007	92491	19.00	4116943	3.90
2008	140878	31.37	4192873	-4.10
2009	163041	14.64	4078118	-0.20
2010	214609	26.28	4304301	2.40
2011	222012	-6.35	4559244	-1.00

续表

年份	中国保费	实际增长率（%）	世界保费	实际增长率（%）
2012	245353	5.27	4603009	2.30
2013	282473	8.37	4588451	0.10
2014	328439	15.19	4754710	3.50
2015	374191	18.35	4553785	3.80
2016	464076	25.00	4653968	2.20
2017	562239	16.30	4723778	1.50
2018	552928	1.69	4794634	1.50

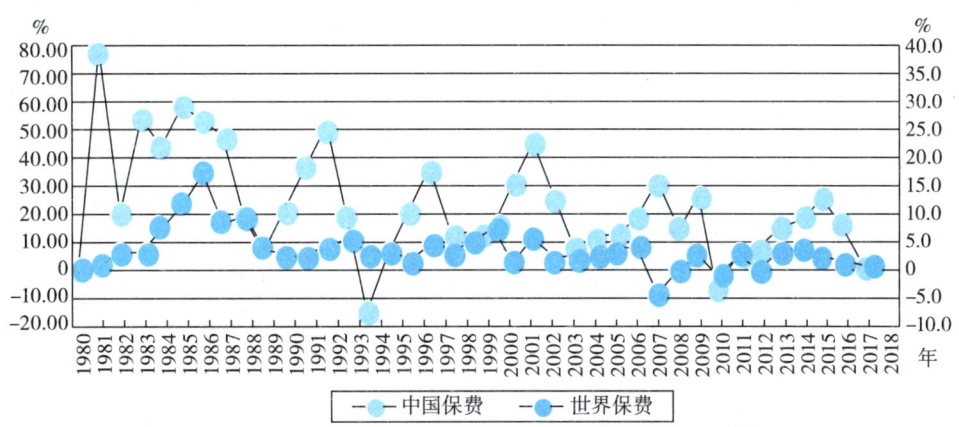

图1-2　1980—2018年中国和世界保费实际增长率

由于过去30年间中国保险业基本保持了一个比世界明显更快的增长速度，中国保费收入占世界份额逐年提高，由原来的几乎为零上升为2018年的11.53%（见表1-3）。

图1-3直观地显示了这一变化趋势，2000年和2010年之后这一份额出现两次较为明显的上升，这与前述中国保费收入的两次快速上升是相匹配的。

表1-3　　　　　　　　1980—2018年中国保费收入占世界份额

单位：百万美元

年份	中国保费	世界保费	份额（%）
1980	307	466301	0.07
1981	311	477932	0.07
1982	345	491146	0.07
1983	516	514465	0.10
1984	647	552380	0.12

续表

年份	中国保费	世界保费	份额（%）
1985	886	641195	0.14
1986	1226	870828	0.14
1987	1802	1047772	0.17
1988	2547	1222050	0.21
1989	3198	1251773	0.26
1990	3146	1409469	0.22
1991	3999	1515045	0.26
1992	6194	1669891	0.37
1993	8094	1813129	0.45
1994	5747	1956342	0.29
1995	7368	2150853	0.34
1996	9622	2125448	0.45
1997	13479	2141953	0.63
1998	15066	2190036	0.69
1999	16830	2363646	0.71
2000	19267	2490292	0.77
2001	25481	2456148	1.04
2002	36881	2670358	1.38
2003	46877	2990780	1.57
2004	52172	3295182	1.58
2005	60122	3452768	1.74
2006	70742	3693397	1.92
2007	92491	4116943	2.25
2008	140878	4192873	3.36
2009	163041	4078118	4.00
2010	214609	4304301	4.99
2011	222012	4559244	4.87
2012	245353	4603009	5.33
2013	282473	4588451	6.16
2014	328439	4754710	6.91
2015	374191	4553785	8.22
2016	464076	4653968	9.97
2017	562239	4723778	11.90
2018	552928	4794634	11.53

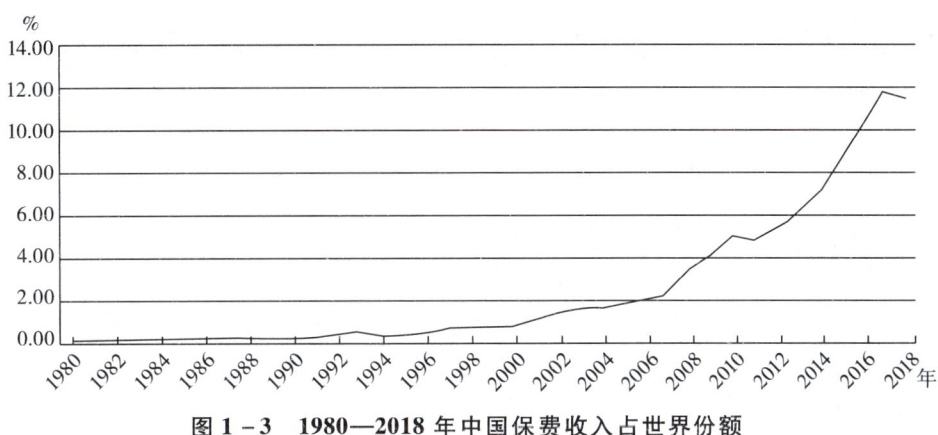

图1-3　1980—2018年中国保费收入占世界份额

(二) 1980—2018年保险密度

表1-4显示了1980—2018年中国和世界保险密度的对比，图1-4直观地显示了两者的增长状况。

从图1-4中可以看出，世界保险密度在1984年和2011年之后两次呈现出较快增长势头，中国保险密度在过去30年间一直保持增长势头，2006年之后增长更为明显。2008年国际金融危机抑制了世界保险密度的增长，2009年甚至比2008年有所下降，但中国保险密度仍然保持了快速增长的态势，这对于中国这样一个人口大国而言是十分不易的。当然，与世界平均密度相比，中国保险密度的平均水平还相对较低，根据2018年的数据，中国保险密度相当于世界平均水平的62.65%。

表1-4　1980—2018年中国和世界保险密度

单位：美元

年份	中国保险密度	世界平均保险密度
1980	0.0	103.0
1981	0.0	104.0
1982	0.3	106.0
1983	0.5	109.0
1984	0.6	115.0
1985	0.8	132.0
1986	1.1	176.0
1987	1.7	208.0
1988	2.3	239.0
1989	2.8	242.0

续表

年份	中国保险密度	世界平均保险密度
1990	2.7	264.0
1991	3.4	279.0
1992	5.2	302.0
1993	6.8	323.0
1994	4.8	344.0
1995	6.0	372.0
1996	7.8	363.0
1997	10.8	361.0
1998	12.0	364.0
1999	13.3	388.0
2000	15.2	403.0
2001	20.0	391.0
2002	28.5	420.0
2003	35.8	464.0
2004	39.9	505.0
2005	45.7	522.0
2006	53.5	550.0
2007	69.6	603.0
2008	105.3	609.0
2009	121.2	583.0
2010	158.4	608.0
2011	169.0	638.0
2012	179.0	656.0
2013	207.6	676.0
2014	235.0	662.0
2015	281.0	621.0
2016	335.6	632.2
2017	404.5	632.8
2018	396.4	632.6

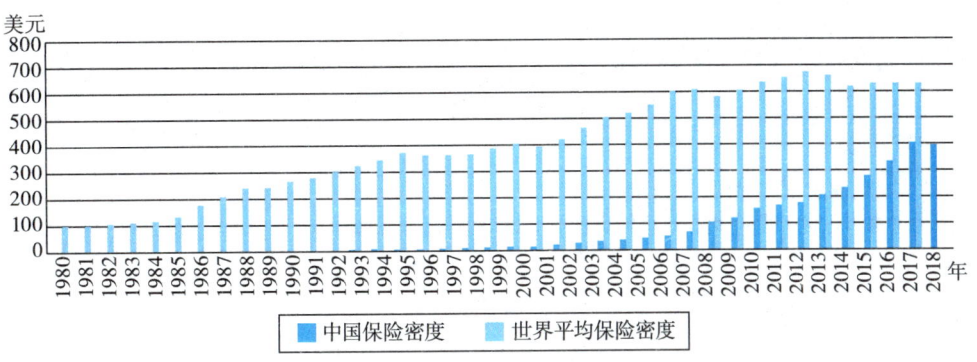

图1-4　1980—2018年中国和世界保险密度

(三) 1980—2018年保险深度

表1-5显示了1980—2018年中国和世界保险深度的对比，图1-5直观地显示了两者的增长情况。

从图1-5中可以看出，世界保险深度在20世纪80年代呈现出较为明显的上升趋势，1993年之后基本保持在7%~8%的水平。中国保险深度整体呈上升趋势，但2003年以来随着中国GDP的高速增长，保险深度进入一个相对平稳的时期。同时，与世界平均保险深度相比，中国保险深度的水平还相对较低，根据2018年的数据，中国保险深度相当于世界平均水平的74%左右。

表1-5　　　　　　　1980—2018年中国和世界保险深度　　　　　　　(%)

年份	中国保险深度	世界平均保险深度
1980	0.00	4.20
1981	0.00	4.30
1982	0.12	4.50
1983	0.17	4.70
1984	0.21	4.80
1985	0.29	5.30
1986	0.41	6.10
1987	0.56	6.30
1988	0.64	6.60
1989	0.71	6.20
1990	0.81	6.00
1991	0.98	6.20
1992	1.28	6.40
1993	1.32	7.00

续表

年份	中国保险深度	世界平均保险深度
1994	1.03	7.10
1995	1.01	7.00
1996	1.12	6.80
1997	1.41	6.90
1998	1.48	7.00
1999	1.55	7.30
2000	1.62	7.50
2001	1.94	7.40
2002	2.53	7.70
2003	2.84	7.70
2004	2.71	7.60
2005	2.69	7.30
2006	2.67	7.20
2007	2.74	7.10
2008	3.25	6.70
2009	3.27	6.80
2010	3.60	6.60
2011	3.00	6.30
2012	2.98	6.50
2013	3.01	6.33
2014	3.01	6.33
2015	3.14	6.20
2016	3.59	6.20
2017	4.16	5.98
2018	4.42	5.84

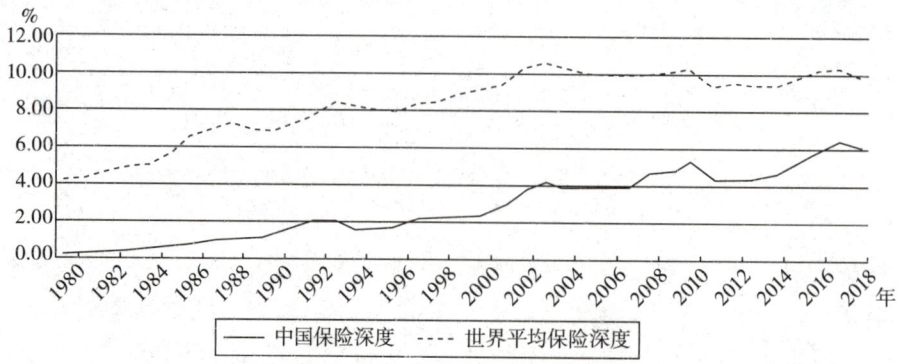

图1-5　1980—2018年中国和世界保险深度

二、发展评价

（一）市场主体

2018年获批开业的保险机构有7家，其中包括3家财险公司——太平科技保险、黄河财险、融盛财险，4家寿险公司——北京人寿、国宝人寿、海保人寿、国富人寿，1家健康险公司——瑞华健康。2018年新批筹保险机构为0，已经批筹尚未开业的保险公司为汇邦人寿。

表1-6　　　　　　　　2018年保险业机构、人员情况同比变化

单位：家，万人

项目			2018	2017	同比变化
机构概况	中资	集团（控股）公司	12	12	0
		财产险公司	66	63	3
		人身险公司	63	58	5
		再保险公司	6	6	0
		资产管理公司	23	23	0
		其他	4	4	0
	外资	财产险公司	23	23	0
		人身险公司	34	34	0
		再保险公司	6	6	0
		资产管理公司	1	1	0
	保险机构合计		238	230	8
	营销员人数		1000	807	193

截至2018年年底，全国共有保险中介集团公司5家，全国性保险代理公司240家，区域性保险代理公司1550家，保险经纪公司499家，已备案保险公估公司353家，个人保险代理人871万人，保险兼业代理机构3.2万家（代理网点22万余家），银行类保险兼业代理法人机构1971家（代理网点18万余家）。截至2018年年底，保险营销人员预计为1000万人，增长约200万人（见表1-6）。保险营销员的快速增长，对保费的推动作用，尤其是对业务价值较高的保障型保险的推动作用不言而喻。2017年以来，伴随着营销员数量的快速增长，行业保费业务结构出现大幅优化，业务结构明显改善。

(二) 保险业经营情况

(1) 原保险保费收入 38016.62 亿元，同比增长 3.92%

如表 1-7、表 1-8 所示，产险公司原保险保费收入 11755.69 亿元，同比增长 11.52%；人身险公司原保险保费收入 26260.87 亿元，同比增长 0.85%。

产险业务原保险保费收入 10770.08 亿元，同比增长 9.51%；寿险业务原保险保费收入 20722.86 亿元，同比下降 3.41%；健康险业务原保险保费收入 5448.13 亿元，同比增长 24.12%；意外险业务原保险保费收入 1075.55 亿元，同比增长 19.33%。

产险业务中，交强险原保险保费收入 2034.38 亿元，同比增长 8.85%；农业保险原保险保费收入为 572.65 亿元，同比增长 19.54%。另外，人身险公司未计入保险合同核算的保户投资款和独立账户本年新增交费 8286.58 亿元，同比增长 30.24%。

(2) 保险金额及保单情况

保险业提供保险金额 6897.04 万亿元，同比增长 66.23%。其中，产险公司保险金额 5777.37 万亿元，同比增长 90.65%；人身险公司本年累计新增保险金额 1119.67 万亿元，同比增长 0.10%。

从险种来看，车险保额 211.26 万亿元，同比增长 24.92%；责任险保额 866.14 万亿元，同比增长 244.04%；农险保额 3.46 万亿元，同比增长 24.23%；寿险本年累计新增保额 30.00 万亿元，同比下降 5.46%；健康险保额 797.80 万亿元，同比增长 50.02%；意外险保额 3808.86 万亿元，同比增长 32.80%。

保险业新增保单件数 290.72 亿件，同比增长 66.13%。其中，产险公司签单数量 282.63 亿件，同比增长 70.10%；人身险公司本年累计新增保单 8.09 亿件，同比下降 8.46%。

从险种来看，货运险签单数量 48.90 亿件，同比增长 31.91%；责任险 72.70 亿件，同比增长 81.70%；保证险 22.86 亿件，同比增长 35.62%；车险 4.48 亿件，同比增长 12.09%；寿险本年新增累计保单 0.89 亿件，同比下降 19.86%；其中，普通寿险 5549.10 万件，同比下降 20.35%；健康险 32.01 亿件，同比增长 417.28%；意外险 64.99 亿件，同比增长 168.51%。

(3) 赔款和给付支出 12297.87 亿元，同比增长 9.99%

产险业务赔款 5897.32 亿元，同比增长 15.92%；寿险业务给付 4388.52 亿元，同比下降 4.07%；健康险业务赔款和给付 1744.34 亿元，同比增长 34.72%；意外险业务赔款 267.70 亿元，同比增长 19.68%。

(4) 资金运用余额为 164088.38 亿元，较 2018 年年初增长 9.97%。

银行存款 24363.50 亿元，占比 14.85%；债券 56382.97 亿元，占比 34.36%；股票和证券投资基金 19219.87 亿元，占比 11.71%；其他投资 64122.04 亿元，占比 39.08%。

(5) 总资产 183308.92 亿元，较 2018 年年初增长 9.45%

产险公司总资产 23484.85 亿元，较 2018 年年初下降 5.92%；人身险公司总资产 146087.48 亿元，较 2018 年年初增长 10.55%；再保险公司总资产 3649.79 亿元，较 2018 年年初增长 15.87%；资产管理公司总资产 557.34 亿元，较 2018 年年初增长 13.41%。

(6) 净资产 20154.41 亿元，较 2018 年年初增长 6.95%

表 1-7　　　　　　　　　　　　2018 年保险业经营情况

单位：万元

项　目	金　额
原保险保费收入	380166228.65
保险公司企业年金受托管理业务缴费	141298184.48
人身保险公司保户投资款新增交费	79537298.76
人身保险公司投连险独立账户新增交费	3328530.93
原保险赔付支出	122978747.97
业务及管理费	47177328.57
银行存款	243634975.90
投资	1397248775.61
资产总额	1833089187.19

表 1-8　　　　　　　　　　2017—2018 年保险业经营情况对比

单位：万元

项　目	2018	2017	增长（%）
原保险保费收入	380166228.65	365810073.85	3.92
1. 财产险	107700823.61	98346579.05	9.51
2. 人身险	272465405.04	267463494.80	1.87
（1）寿险	207228622.38	214555650.29	-3.41
（2）健康险	54481260.62	43894603.83	24.12
（3）人身意外伤害险	10755522.03	9013240.68	19.33
人身保险公司保户投资款新增交费	79537298.76	58923639.73	34.98
人身保险公司投连险独立账户新增交费	3328530.93	4704175.97	-29.24

续表

项　目	2018	2017	增长（%）
原保险赔付支出	122978747.97	111807932.57	9.99
1. 财产险	58973204.19	50874495.97	15.92
2. 人身险	64005543.78	60933436.60	5.04
（1）寿险	43885216.59	45748906.94	-4.07
（2）健康险	17443361.27	12947670.22	34.72
（3）人身意外伤害险	2676965.91	2236859.45	19.68
业务及管理费	47177328.57	42880643.40	10.02
银行存款	243634975.90	192740725.29	26.41
投资	1397248775.61	1299321408.14	7.54
资产总额	1833089187.19	1674893735.07	9.45

（三）赔付支出

表1-9中显示，2018年，保险赔付支出累计12297.87亿元，同比增加1117.08亿元，同比增长9.99%，增幅同比上升3.64个百分点。其中，产险业务赔款支出5897.32亿元，同比增加809.87亿元，同比增长15.92%；寿险业务给付金额4388.52亿元，同比减少186.37亿元，同比下降4.07%；健康险业务赔款与给付支出1744.34亿元，同比增加449.57亿元，同比增长34.72%；意外险业务赔款支出267.70亿元，同比增加44.01亿元，同比增长19.68%。

表1-9　　　　　　　2018年保险公司赔付支出及同比增长

单位：万元

项　目	2018	2017	同比增长（%）
原保险赔付支出	122978747.97	111807932.57	9.99
1. 财产险	58973204.19	50874495.97	15.92
2. 人身险	64005543.78	60933436.60	5.04
（1）寿险	43885216.59	45748906.94	-4.07
（2）健康险	17443361.27	12947670.22	34.72
（3）人身意外伤害险	2676965.91	2236859.45	19.68

（四）险种结构

表1-10中显示了2018年中国保险市场的险种结构及同比变化，图1-6直观地显示了这一险种结构。

表 1-10　　2018 年中国保险市场的险种结构及同比变化

单位：万元

项　目	保费收入（2018）	占比（2018）（%）	保费收入（2017）	占比（2017）（%）	同比增长（%）
1. 财产险	107700823.61	28.3	98346579.05	26.9	1.4
2. 人身险	272465405.04	71.7	267463494.80	73.1	-1.4
（1）寿险	207228622.38	54.5	214555650.29	58.7	-4.1
（2）健康险	54481260.62	14.3	43894603.83	12.0	2.3
（3）人身意外伤害险	10755522.03	2.8	9013240.68	2.5	0.4
总　计	380166228.65	100.0	365810073.85	100.0	0.0

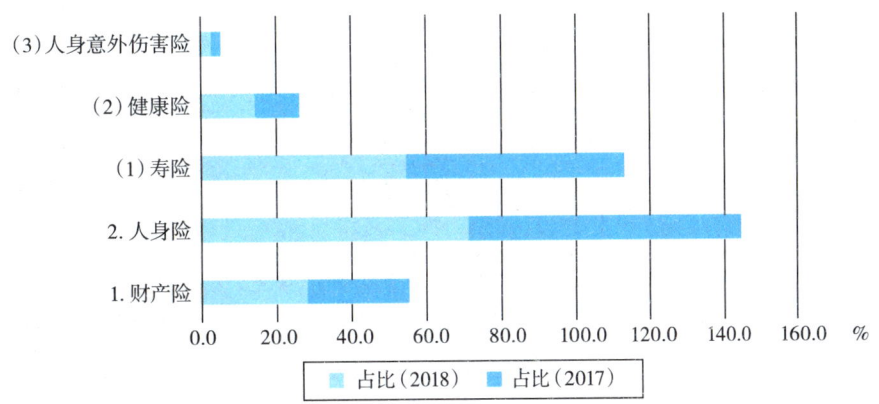

图 1-6　2017—2018 年中国保险市场的险种结构

（五）地区结构

表 1-11 中显示了 2018 年中国各省的保费收入情况。从各省的份额结构来看，2018 年保费收入排名位居前列的省份是江苏、广东、山东、河南，份额占比均超过 6%。其中广东占比为 9.1%，江苏占比为 8.7%，山东占比为 6.6%，河南占比为 6.0%。

表 1-11　　2018 年中国各省保费收入及同比变化

单位：万元

地区	保费收入（2018）	占比（2018）（%）	保费收入（2017）	占比（2017）（%）	市场占有率变化（%）
广东	34723721.83	9.1	32748959.57	9.0	0.18
江苏	33172756.74	8.7	34493872.04	9.4	-0.70

续表

地区	保费收入（2018）	占比（2018）（%）	保费收入（2017）	占比（2017）（%）	市场占有率变化（%）
山东	25194493.31	6.6	23410605.19	6.4	0.23
河南	22628541.52	6.0	20200447.71	5.5	0.43
四川	19580847.55	5.2	19394658.83	5.3	-0.15
浙江	19532143.76	5.1	18443950.67	5.0	0.10
北京	17933406.77	4.7	19730890.93	5.4	-0.68
河北	17906306.48	4.7	17145065.57	4.7	0.02
湖北	14709224.10	3.9	13467518.86	3.7	0.19
上海	14057884.74	3.7	15870269.52	4.3	-0.64
湖南	12550657.74	3.3	11101864.43	3.0	0.27
安徽	12097265.13	3.2	11071998.11	3.0	0.16
深圳	11915136.49	3.1	10297412.92	2.8	0.32
陕西	9693939.93	2.5	8687104.52	2.4	0.18
黑龙江	8991064.45	2.4	9314269.61	2.5	-0.18
福建	8709204.15	2.3	8317452.15	2.3	0.02
辽宁	8528911.78	2.2	9456604.70	2.6	-0.34
山西	8248755.54	2.2	8238868.90	2.3	-0.08
重庆	8062420.54	2.1	7447275.58	2.0	0.09
江西	7535875.54	2.0	7275415.66	2.0	-0.01
云南	6679862.59	1.8	6132815.45	1.7	0.08
内蒙古	6594960.88	1.7	5699067.47	1.6	0.18
吉林	6298994.25	1.7	6416414.64	1.8	-0.10
广西	6290311.73	1.7	5651164.97	1.5	0.11
新疆	5772578.65	1.5	5237799.34	1.4	0.09
天津	5599842.24	1.5	5650128.38	1.5	-0.07
贵州	4458781.88	1.2	3877201.63	1.1	0.11
青岛	4393970.79	1.2	3967109.78	1.1	0.07
甘肃	3989811.56	1.0	3663738.81	1.0	0.05
大连	3353064.57	0.9	3297339.53	0.9	-0.02
宁波	3205871.47	0.8	3029551.57	0.8	0.02
厦门	2105059.61	0.6	2003292.36	0.5	0.01
海南	1830963.87	0.5	1648329.02	0.5	0.03
宁夏	1828317.85	0.5	1652044.68	0.5	0.03
青海	876579.59	0.2	801774.07	0.2	0.01

续表

地区	保费收入（2018）	占比（2018）（%）	保费收入（2017）	占比（2017）（%）	市场占有率变化（%）
西藏	334508.64	0.1	280134.53	0.1	0.01
集团、总公司本级	780190.38	0.2	750760.57	0.2	0.00
全国合计	380166228.65	100.0	365825855.13	100.0	0.00

表1-12中显示了2018年中国东部、中部、西部三大区域的保费收入状况和同比变化，图1-7直观地显示了这一地区结构。从东部、中部、西部三大区域的份额结构来看，2018年东部、中部、西部的保费收入份额占比分别为55.8%、24.5%和19.5%，呈现出明显的依次递减现象。与2017年相比，2018年东部略有下降、中部略有提升、西部略有提升。

表1-12　　　　　　　2018年中国各地区保费收入及同比变化

单位：万元

地区	保费收入（2018）	占比（2018）	保费收入（2017）	占比（2017）（%）	市场占有率变化（%）
东部	212162738.59	55.8	209522751.92	57.3	-1.5
中部	93060378.27	24.5	87086260.78	23.8	0.7
西部	74162921.41	19.5	68523442.12	18.7	0.8
集团、总公司本级	780190.38	0.2	686183.27	0.2	0.0
全国	380166228.65	100.0	365818638.09	100.0	0.0

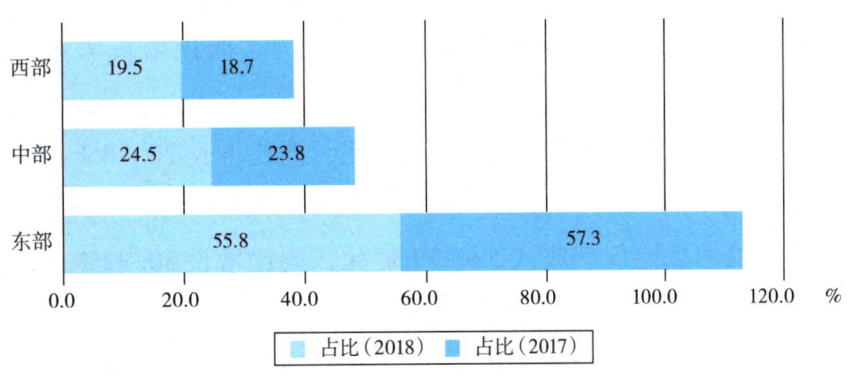

图1-7　2017—2018年中国各地区保费收入

（六）资本机构

2018年，中资保险公司原保险保费收入35662.28亿元，市场份额为93.81%；

外资保险公司原保险保费收入2354.34亿元，市场份额为6.19%，同比上升0.34个百分点。

从产险公司看，中资产险公司11527.90亿元，市场份额为98.06%；外资产险公司227.79亿元，市场份额为1.94%。

从人身险公司看，中资人身险公司24134.33亿元，市场份额为91.90%；外资人身险公司2126.54亿元，市场份额为8.10%。

在北京、上海、深圳、广东外资保险公司相对集中的区域保险市场上，外资保险公司的市场份额分别为17.95%、19.84%、10.43%和10.92%。

第二节 2018年中国财险市场回顾

2018年，财产保险行业保费收入突破万亿元大关，达到10770亿元，同比增长9.51%，行业提供风险保额5777万亿元，同比增长90.65%。2018年，财产保险行业整体发展情况如下：

（1）原保险保费收入10770.08亿元，同比增加935.42亿元，同比增长9.51%，增幅同比下降3.21个百分点。其中，机动车辆保险、企财险、货运险和责任险四个主要险种原保险保费收入合计8969.02亿元，同比增长5.96%，增幅同比下降4.49个百分点，产险业务占比为83.28%，产险公司业务占比为76.30%。

（2）机动车辆保险原保险保费收入7834.02亿元，同比增长4.16%，产险业务占比为72.74%；其中，交强险原保险保费收入2034.38亿元。

（3）企业财产保险原保险保费收入423.11亿元，同比增长7.91%，产险业务占比为3.93%。

（4）货运保险原保险保费收入121.11亿元，同比增长20.88%，产险业务占比为1.12%。

（5）责任保险原保险保费收入590.79亿元，同比增长30.92%，产险业务占比为5.49%。

（6）农业保险原保险保费收入572.65亿元，同比增长19.54%，产险业务占比为5.32%。

（7）信用保险原保险保费收入242.46亿元，同比增长13.08%，产险业务占比为2.25%。

(8) 保证保险原保险保费收入645.01亿元,同比增长70.09%,产险业务占比为5.99%。

(9) 产险业务累计赔款支出5897.32亿元,同比增长15.92%。其中,企业财产保险242.89亿元,同比增长7.71%;机动车辆保险4401.98亿元,同比增长11.78%;责任保险265.26亿元,同比增长31.67%;货运保险67.61亿元,同比增长8.63%;农业保险393.48亿元,同比增长17.63%。

(10) 产险业务应收保费1428.84亿元,同比增长43.17%;近12个月平均应收保费率为10.47%。

一、基本分析

(一) 保费收入

(1) 全国财产保险市场保费规模及增长

图1-8为2002—2018年全国保险市场与财产保险市场原保险保费规模对比。2018年全国财产保险市场原保险保费收入10770.08亿元,同比增加935.42亿元,同比增长9.51%,增幅同比下降3.21个百分点。

图1-8 2002—2018年保险市场整体与财产保险市场保费规模对比

图1-9显示了2002—2018年全国保险市场与财产保险市场原保险保费增速对比。2018年国内财产保险市场原保险保费收入实现增长。从横向比较来看,2018年,财产保险市场的原保险保费收入增速为11.52%,高于同期全国保险市场原保险保费收入增速。从纵向比较来看,2018年财产保险市场的原保险保费收入增速连续两年下降。

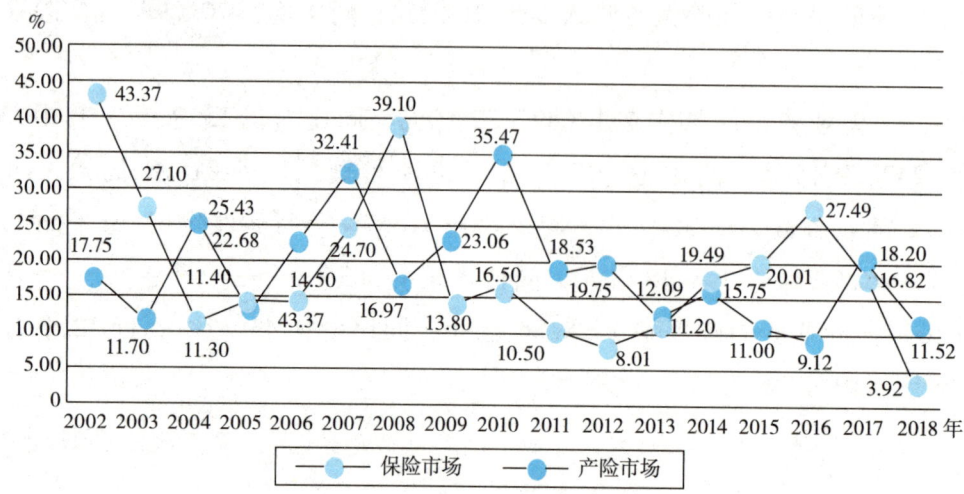

图 1-9　2002—2018 年财产保险市场保费规模增速

（2）地区间财产保险市场保费规模及增长

2018 年，我国各地区财产原保险保费规模及增长情况如表 1-13 所示。

从保费规模来看，广东省、江苏省、浙江省和山东省位列前四，保费规模均超过 600 亿元，河北省、河南省、四川省、上海市、北京市、安徽省保费规模超过 400 亿元，上述十个地区保费超过 5506 亿元；宁夏回族自治区、青海省和西藏自治区保费规模位列后三，合计规模仅为 123 亿元。就保费规模的横向比较而言，各地区之间规模的差距较大，规模较小的西藏自治区保费规模仅为规模最大的广东省保费规模的 2.4%，保费规模位列后三的宁夏回族自治区、青海省和海南省的总保费仅为位列前三的江苏省、广东省和浙江省的 5.0%。

从保费规模占全国财产保险市场的比重来看，规模位列前三的广东省、江苏省、浙江省占全国财产保险市场的比重分别达到了 8.61%、7.97% 和 6.26%，规模位列后三的宁夏回族自治区、青海省和西藏自治区占全国财产保险市场的比重分别为 0.59%、0.34% 和 0.21%。

从保费增速来看，西藏、深圳、青岛位列前三，各自的增长速度分别达到了 31.46%、21.92% 和 19.46%；大连、天津、四川的增速位列后三，各自的增速分别为 3.11%、2.03% 和 -0.86%。就各地区增速的横向比较而言，除个别地区增速较快之外，其余地区的增速与全国平均增速较为接近。从各地区保费增速的统计情况可以看出，增速较高的地区往往市场规模都较小，因而在快速发展时期能够表现出较高的增速；规模较大的地区增速往往较慢，这主要是由于其保费规模基数较大所致。

表 1-13 2018年各地区财产保险市场原保险保费收入

单位：万元

地区	保费收入	保费占比（%）	占比排名	保费增速（%）	增速排名
广东	9269687	8.61	1	12.63	9
江苏	8588125	7.97	2	5.51	31
浙江	6739829	6.26	3	8.39	25
山东	6196511	5.75	4	5.68	30
河北	5297830	4.92	5	8.71	24
河南	4972969	4.62	6	12.11	13
四川	4920843	4.57	7	-0.86	36
上海	4850894	4.50	8	13.18	8
北京	4226694	3.92	9	4.52	32
安徽	4087959	3.80	10	11.61	17
湖南	3573050	3.32	11	13.72	7
湖北	3519738	3.27	12	14.08	5
深圳	3441979	3.20	13	21.92	2
云南	2758130	2.56	14	8.10	27
辽宁	2576665	2.39	15	8.26	26
江西	2403693	2.23	16	12.46	11
福建	2349641	2.18	17	3.14	33
陕西	2296784	2.13	18	7.22	29
广西	2191140	2.03	19	11.80	15
山西	2129401	1.98	20	9.71	22
贵州	2080269	1.93	21	16.05	4
重庆	2024769	1.88	22	10.12	20
内蒙古	1943972	1.80	23	8.10	28
新疆	1911053	1.77	24	12.48	10
黑龙江	1877778	1.74	25	10.76	19
吉林	1734134	1.61	26	11.64	16
宁波	1528367	1.42	27	10.01	21
天津	1444428	1.34	28	2.03	35
青岛	1287533	1.20	29	19.46	3
甘肃	1257926	1.17	30	12.00	14
大连	813983	0.76	31	3.11	34
厦门	803191	0.75	32	9.19	23

续表

地区	保费收入	保费占比（%）	占比排名	保费增速（%）	增速排名
海南	642331	0.60	33	12.42	12
宁夏	638981	0.59	34	14.03	6
青海	370253	0.34	35	11.07	18
西藏	221558	0.21	36	31.46	1
集团、总公司本级	728733	0.68	—	12.60	—
全国合计	107700824	100	—	9.51	—

（二）赔款支出

2018年，财产保险公司赔款支出累计达到5897亿元。表1-14展示了2018年财产保险保费收入和赔款支出；图1-10展示了2018年财产保险业务赔款与保费收入占比情况；图1-11展示了2018年财产保险业务累计赔款与保险保费收入对比情况。

表1-14　　　　　　　2018年财产保险公司保费收入和赔款支出情况

单位：亿元

月份	保费收入	保费占比（%）	赔付支出	赔付占比（%）	赔付率（%）
1	1145	10.64	475	8.06	41.50
2	627	5.82	349	5.91	55.65
3	981	9.11	431	7.31	43.96
4	878	8.15	426	7.23	48.57
5	844	7.84	482	8.18	57.14
6	967	8.98	465	7.88	48.05
7	830	7.71	495	8.39	59.63
8	834	7.74	502	8.51	60.16
9	897	8.33	524	8.89	58.42
10	799	7.42	448	7.60	56.07
11	899	8.34	579	9.82	64.43
12	1069	9.92	721	12.22	67.43

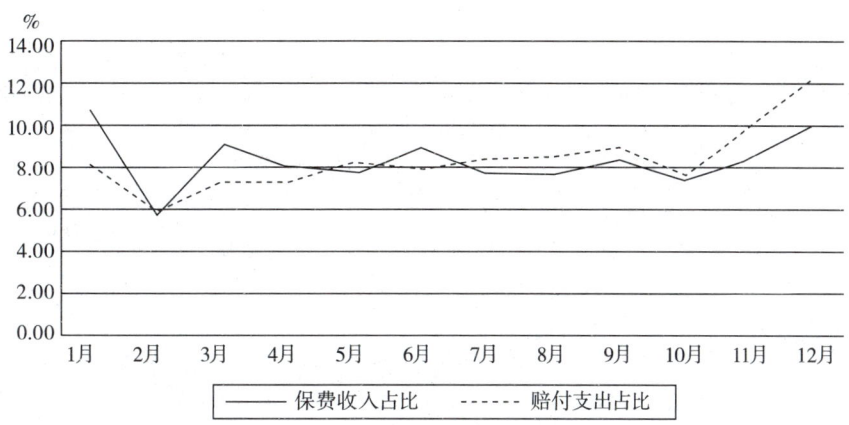

图1-10 2018年财产保险业务月度赔款与保费收入占比

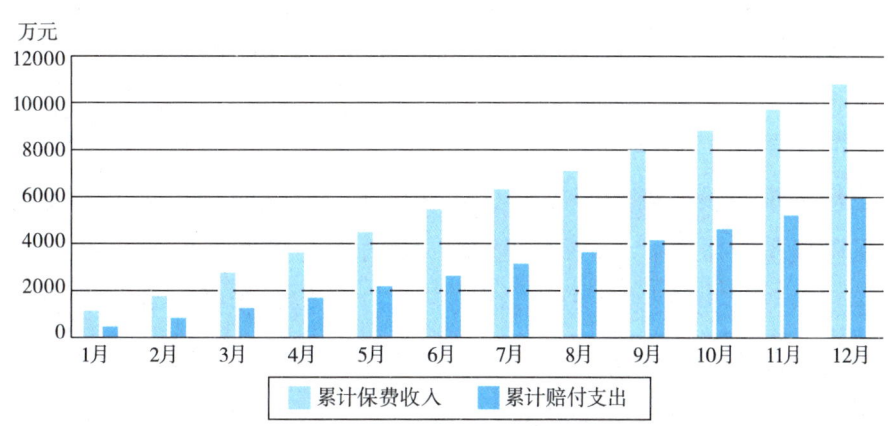

图1-11 2018年财产保险业累计赔款与保费收入

二、竞争态势

（一）经营主体数量

2018年3家财产险公司获批开业，分别是黄河产险、太平科技、融盛产险，其主要情况如表1-15所示。

表1-15　　　　　　　　2018年国内保险市场新增财产保险公司

公司名称	注册资本	注册地址	经营范围	开业时间
黄河财产保险股份有限公司	25亿元	甘肃省	机动车保险，包括机动车交通事故责任强制保险和机动车商业保险；企业/家庭财产保险及工程保险（特殊风险保险除外）；责任保险；船舶/货运保险；农业保险；信用保证保险；短期健康/意外伤害保险；上述业务的再保险业务；国家法律法规允许的保险资金运用业务；经批准的其他业务	2018年1月2日

续表

公司名称	注册资本	注册地址	经营范围	开业时间
太平科技保险股份有限公司	5亿元	浙江省	与科技企业相关的企业/家庭财产保险及工程保险、责任保险、船舶/货运保险、短期健康/意外伤害保险、特殊风险保险、信用保证保险；上述业务的再保险分出业务；国家法律法规允许的保险资金运用业务；保险信息服务业务；经中国保监会批准的其他业务	2018年1月8日
融盛财产保险股份有限公司	10亿元	辽宁省	机动车保险，包括机动车交通事故责任强制保险和机动车商业保险；企业/家庭财产保险及工程保险（特殊风险保险除外）；责任保险；船舶/货运保险；短期健康/意外伤害保险；上诉业务的再保险业务；国家法律法规允许的保险资金运用业务；经中国银保监会批准的其他业务	2018年6月29日

（二）市场份额

从近三年的市场份额统计情况（见表1-16）可以看出，除了人保股份（中国人民财产保险股份有限公司）、平安财险（中国平安财产保险股份有限公司）和太保财险（中国太平洋财产保险股份有限公司）三大财产保险公司以外，其他财产保险公司的市场份额较小，甚至无一突破6%。三年来，三大财产保险公司的市场份额趋于稳定，但太保财险的市场份额下降趋势明显。目前，国内财产保险市场上的保险公司市场份额大多小于1%，中小型财产保险公司数目众多。纵观整个国内财产保险市场的市场份额，基本形成了"一超两强"为主导的市场格局。"一超"是指中国人民财产保险股份有限公司，"两强"是指中国平安财产保险股份有限公司和中国太平洋财产保险股份有限公司。

表1-16　　　　　　　　2018年国内财产保险公司市场份额

单位：万元

资本结构	序号	公司名称	保费收入	同比增长（%）	市场份额（%）
中资	1	人保股份	38800269	11.08	33.01
	2	大地财产	4241453	14.25	3.61
	3	出口信用	1953961	5.68	1.66
	4	中华联合	4223229	8.77	3.59
	5	太保财险	11737971	12.87	9.98
	6	平安财险	24744392	14.57	21.05
	7	华泰财险	808781	1.56	0.69

续表

资本结构	序号	公司名称	保费收入	同比增长（%）	市场份额（%）
中资	8	天安财险	1510316	6.57	1.28
	9	华安财险	1196223	6.13	1.02
	10	永安财险	1044882	23.72	0.89
	11	太平保险	2423014	9.79	2.06
	12	亚太产险	372612	19.20	0.32
	13	中银保险	592988	6.68	0.50
	14	安信农业	122177	10.53	0.10
	15	永诚财险	616308	-3.65	0.52
	16	安邦财险	384882	-43.27	0.33
	17	国任产险	409073	25.58	0.35
	18	安华农业	498366	2.52	0.42
	19	阳光财产	3623116	8.29	3.08
	20	阳光农业	342456	4.93	0.29
	21	都邦财险	379292	-9.31	0.32
	22	渤海财险	400235	3.57	0.34
	23	华农财险	186261	28.31	0.16
	24	国寿财产	6910616	4.37	5.88
	25	安诚财险	409636	-0.17	0.35
	26	长安责任	290387	-2.07	0.25
	27	国元农业	576036	22.08	0.49
	28	鼎和财产	447582	11.83	0.38
	29	中煤财产	144491	6.33	0.12
	30	英大财产	772770	-6.95	0.66
	31	浙商财产	439813	17.72	0.37
	32	紫金财产	548942	7.94	0.47
	33	泰山产险	171253	12.43	0.15
	34	众诚保险	129886	2.35	0.11
	35	锦泰财产	201247	22.83	0.17
	36	诚泰财产	119382	18.68	0.10
	37	长江财产	72848	-1.30	0.06
	38	富德财产	232946	11.42	0.20
	39	鑫安汽车	62848	24.42	0.05

续表

资本结构	序号	公司名称	保费收入	同比增长（%）	市场份额（%）
中资	40	北部湾财产	283226	38.30	0.24
	41	中石油专属保险	52663	5.79	0.04
	42	众安财产	1122311	88.39	0.95
	43	恒邦财产	72168	39.21	0.06
	44	合众财产	20891	90.61	0.02
	45	燕赵财产	81777	-3.65	0.07
	46	华海财产	203283	30.80	0.17
	47	中原农业	165658	49.93	0.14
	48	中路财产	79491	112.28	0.07
	49	铁路自保	54946	-11.76	0.05
	50	阳光信用	24945	104.82	0.02
	51	泰康在线	295052	78.16	0.25
	52	易安财产	128423	53.05	0.11
	53	东海航运	18867	9.70	0.02
	54	久隆财产	18195	6.90	0.02
	55	安心财产	153014	92.61	0.13
	56	前海联合	114981	90.70	0.10
	57	珠峰产险	46151	11.95	0.04
	58	海峡金桥	40342	7.99	0.03
	59	建信财产	38398	57.02	0.03
	60	众惠相互	38396	472.12	0.03
	61	太平科技	4679	—	0.00
	62	中远海自保	40895	112.02	0.03
	63	汇友互助	3548	662.49	0.00
	64	粤电自保	5874	481.83	0.00
	65	黄河产险	26142	—	0.02
	66	融盛产险	1722	—	0.00
		小计	115278976	11.54	98.06
外资	67	史带财产	20213	9.88	0.02
	68	美亚财险	159036	12.02	0.14
	69	东京海上	60801	12.19	0.05
	70	瑞再企商	15070	9.05	0.01
	71	安达保险	54195	5.37	0.05
	72	三井住友	55006	21.13	0.05

续表

资本结构	序号	公司名称	保费收入	同比增长（%）	市场份额（%）
外资	73	三星财险	85241	-0.25	0.07
	74	安联财险	104908	14.95	0.09
	75	日本财产	39571	6.18	0.03
	76	利宝互助	194992	27.49	0.17
	77	中航安盟	230720	9.96	0.20
	78	安盛天平	633476	-20.28	0.54
	79	苏黎世	56799	10.40	0.05
	80	现代财产	9148	-12.64	0.01
	81	劳合社	1238	21.28	0.00
	82	中意财产	66975	19.01	0.06
	83	爱和谊	5491	3.30	0.00
	84	国泰财产	384691	195.60	0.33
	85	日本兴亚	6195	5.56	0.01
	86	乐爱金	13120	22.05	0.01
	87	富邦产险	78036	-15.72	0.07
	88	信利保险	3022	-12.59	0.00
		小计	2277947	10.37	1.94
全国合计			117556922	11.52	100.00

（三）市场集中度

市场集中度（Concentration Ratio，CR）是衡量整个行业的市场结构集中程度的测量指标，用来衡量企业的数目和相对规模的差异，是反映市场垄断程度的重要量化指标。此处对于国内财产保险行业市场集中度的分析是以前三家财产保险公司的市场份额之和（CR3）为标准衡量国内财险市场集中度。

从表1-17中的数据可以看出，2008—2011年国内财产保险市场集中度持续上升，从2012年开始市场集中度又有所下降，但是下降幅度较小。2018年市场集中度较2017年略有上升，为64.04%，上升0.54个百分点。总体来看，近年来市场集中度超过60%，这说明国内财产保险市场仍然趋向于垄断，整体竞争程度不够。具体来看，近年来约60%的市场份额仍然由三大财产保险公司贡献，而且人保财险一直稳居首位；平安财险的市场份额从2009年起超越太保财险，排名次席。

表 1-17　　2008—2018 年国内财产保险市场集中度

年份	2008	2009	2010	2011	2012	2013	2014	2015	2016	2017	2018
市场份额前三（由大到小）	人保、太保、平安	人保、平安、太保	人保、平安、太保	人保、平安、太保	人保、平安、太保	人保、平安、太保	人保、平安、太保	人保、平安、太保	人保、平安、太保	人保、平安、太保	人保、平安、太保
集中度（CR3）（%）	63.86	64.21	66.45	66.60	65.35	64.80	64.70	64.00	65.55	63.50	64.04

三、发展层次

（一）保险密度

保险密度是指按照当地人口计算的人均保费，它与保费收入总量从不同角度反映了保险的规模程度，同时也体现了一个国家或地区保险的普及程度。财产保险市场的保险密度说明了该地财产保险产品的普及程度，是衡量财产保险市场发展情况的一项重要指标。

2018 年，国内财产保险市场的保险密度达到了 842.70 元，较上年度增长 11.12%。从近 17 年的保险密度来看，国内保险市场的保险密度增长迅速，从 2002 年的 60.57 元/人增长到 842.70 元/人，增幅达到 1291%（见表 1-18 和图 1-12）。从近年来财产保险市场的保险密度数据来看，一方面，国内财产保险市场的发展较好，财产保险产品的普及程度越来越高；另一方面，国内财产保险市场发展程度还需要进一步深化。

表 1-18　　2002—2018 年国内财产保险市场保险密度

年份	保费收入/亿元	人口数量/万人	保险密度（元/人）
2002	778	12.85	60.57
2003	869	12.92	67.25
2004	1090	13.00	83.85
2005	1230	13.08	94.07
2006	1509	13.14	114.80
2007	1998	13.21	151.22
2008	2337	13.28	175.98
2009	2876	13.35	215.51
2010	3896	13.41	290.55
2011	4618	13.47	342.75

续表

年份	保费收入/亿元	人口数量/万人	保险密度（元/人）
2012	5530	13.54	408.41
2013	6212	13.61	456.43
2014	7203	13.68	526.60
2015	7995	13.81	579.07
2016	8725	13.83	630.84
2017	10541	13.90	758.37
2018	11756	13.95	842.70

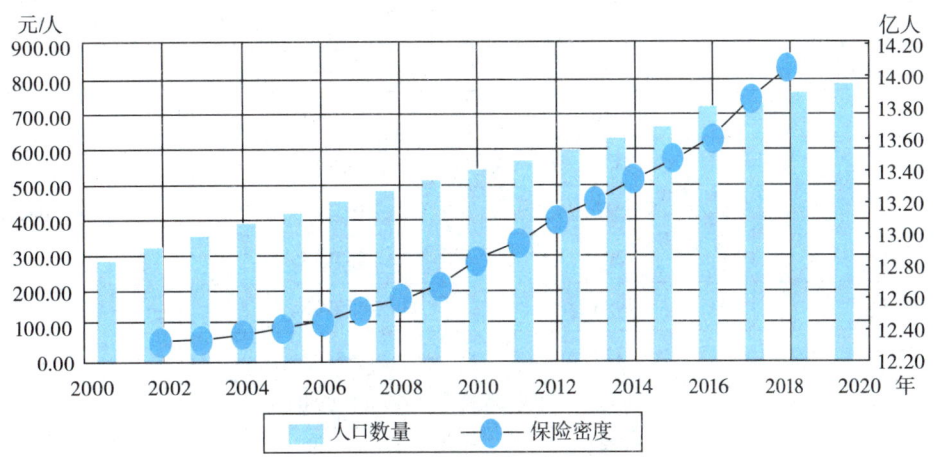

图 1-12　2002—2018 年国内财产保险市场保险密度

（二）保险深度

保险深度是指保费收入占该地区国内生产总值（GDP）之比，反映了该地区保险业在国民经济中所处的地位。财产保险市场的保险深度即财产保险保费占该地国内生产总值之比，说明了财产保险市场在国民经济中的重要程度。

2018 年，国内财产保险市场保险深度达到了 1.31%，较 2017 年的 2.45% 略有上升。从近十年保险深度的变化趋势来看，国内财产保险市场的保险深度表现为较为稳定的增长，从 2002 年的 0.64% 增长到 2018 年的 1.31%（见表 1-19 和图 1-13），增幅达到 104.28%。一方面，不断增长的保险深度说明国内财产保险市场在国民经济中的地位不断增强；另一方面，较低的保险深度说明国内财产保险市场在国民经济中的地位仍需要加强。

表 1-19　　　　　　　　　2002—2018 年国内财产保险市场保险深度

单位：亿元

年份	保费收入	国内生产总值	保险深度（%）
2002	778	121717	0.64
2003	869	137422	0.63
2004	1090	161840	0.67
2005	1230	187319	0.66
2006	1509	219438	0.69
2007	1998	270232	0.74
2008	2337	319516	0.73
2009	2876	349081	0.82
2010	3896	413030	0.94
2011	4618	489301	0.94
2012	5530	540367	1.02
2013	6212	595244	1.04
2014	7203	643974	1.12
2015	7995	676708	1.18
2016	8725	744127	1.17
2017	10541	827121	1.27
2018	11756	900309	1.31

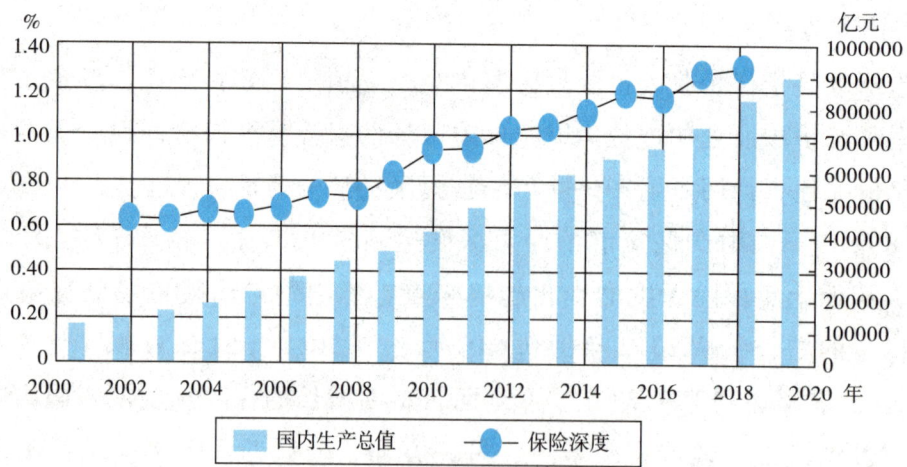

图 1-13　2002—2018 年国内财产保险市场保险深度

第三节 2018年中国寿险市场回顾

2018年，人身险行业保费收入为27246亿元，同比增长1.87%，行业提供风险保额1120万亿元，同比增长0.10%。2018年，人身险行业整体发展情况如下：

(1) 人身险业务原保险保费收入27246.54亿元，同比增加500.19亿元，同比增长1.87%。其中，寿险业务20722.86亿元，同比减少732.70亿元，同比下降3.41%，人身险业务占比为76.06%；健康险业务5448.13亿元，同比增加1058.67亿元，同比增长24.12%，人身险业务占比为20.00%；意外险业务1075.55亿元，同比增加174.23亿元，同比增长19.33%，人身险业务占比为3.95%。

未计入保险合同核算的保户投资款和独立账户本年新增交费8286.58亿元，同比增长30.24%。其中，寿险业务保户投资款和独立账户本年新增交费7767.03亿元；健康险业务保户投资款本年新增交费519.55亿元。

(2) 人身险公司人身险业务新单原保险保费收入11674.93亿元，同比下降23.97%，人身险公司业务占比为44.46%。其中，新单期交业务5575.23亿元，同比下降3.41%，占新单业务的47.75%。

在新单期交原保险保费收入中，3年期以下176.22亿元，占比为3.03%，同比上升0.44个百分点；3~5年期2063.46亿元，占比为35.54%，上升5.61个百分点；5~10年期828.94亿元，占比为14.28%，下降1.20个百分点；10年期及以上2737.78亿元，占比为47.15%，下降4.85个百分点。

(3) 普通寿险业务同比下降29.49%，分红寿险业务同比增长36.72%。普通寿险业务9120.97亿元，同比下降29.49%；分红寿险业务11489.15亿元，同比增长36.72%；投资连结保险业务4.12亿元，同比增长5.32%；万能险业务108.56亿元，同比下降2.98%。

人身险公司普通寿险业务保户投资款本年新增交费39.94亿元；分红寿险业务保户投资款本年新增交费87.60亿元；万能险业务保户投资款本年新增交费7306.64亿元；投连险业务独立账户本年新增交费332.85亿元。

(4) 人身险公司银邮代理业务同比下降24.11%；个人代理业务同比增长18.27%。银邮代理业务8032.34亿元，同比下降24.11%，人身险公司业务占比为30.59%，同比下降10.06个百分点；个人代理业务15452.21亿元，同比增长18.27%，占比为58.84%，同比上升8.67个百分点；公司直销业务2012.91亿元，同比增长 14.90%，占比为 7.67%，同比上升 0.94 个百分点。

（5）人身险业务赔款与给付支出 6400.55 亿元，同比增加 307.21 亿元，同比增长 5.04%。其中，寿险业务给付金额 4388.52 亿元，同比下降 4.07%；健康险业务赔款与给付支出 1744.34 亿元，同比增长 34.72%；意外险业务赔款支出 267.70 亿元，同比增长 19.68%。

（6）人身险公司应收保费 589.26 亿元，同比增长 22.17%。

（7）人身险公司退保金 7210.11 亿元，同比增长 17.85%。退保率为 6.83%，同比上升 0.31 个百分点。

从公司来看，中资人身险公司退保金 6667.85 亿元，退保率为 6.75%；外资人身险公司退保金 542.27 亿元，退保率为 8.07%。

从险种来看，分红寿险退保金 984.96 亿元，占人身险公司退保金的 13.66%；普通寿险退保金 5747.86 亿元，占人身险公司退保金的 79.72%。

一、基本分析

（一）保费收入

（1）总体保费情况

2018 年，全国人身险公司原保费收入 27246.54 亿元，表 1-20 列出了 2018 年各月和累计的人身险公司保费收入；图 1-14 和图 1-15 分别显示了 2018 年人身保险各月和累计保费收入分布。

表 1-20　　　　　　　　2018 年人身险公司各月保费收入

单位：万元

月份	保费	占比（%）
1	5706	20.94
2	2225	8.17
3	3400	12.48
4	1623	5.96
5	1674	6.14
6	2299	8.44
7	1471	5.40
8	1945	7.14
9	2315	8.50
10	1571	5.77

续表

月份	保费	占比（%）
11	1489	5.46
12	1528	5.61

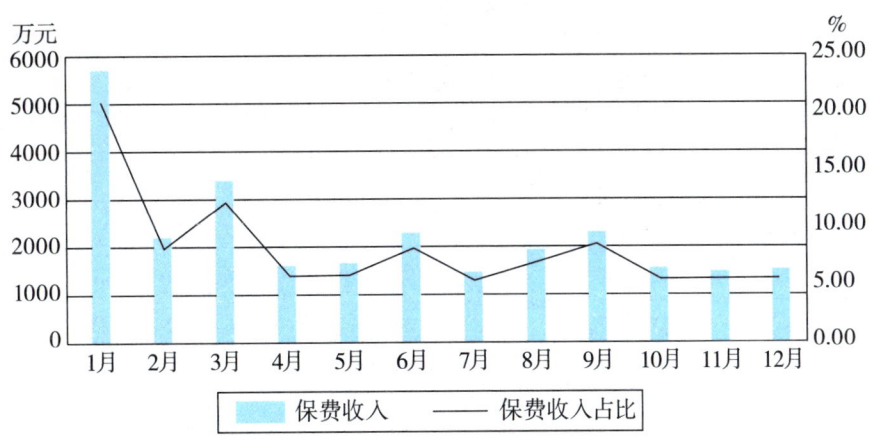

图 1-14　2018 年人身险公司各月保费收分布

图 1-15　2018 年人身险公司累计保费收入分布

（2）企业年金情况

2018 年，10 家养老保险公司全年共实现企业年金缴费 14123 亿元，同比增长 26.29%。投资管理资产 23512 亿元，同比增长 26.11%。表 1-21 给出了 2017—2018 年企业年金经营情况，包括企业年金缴费、投资管理资产；图 1-16 中显示了 2017—2018 年企业年金缴费及投资资产对比。

表 1-21　　2017—2018 年企业年金经营情况

单位：万元

项目 公司	企业年金当年缴费		企业年金投资资产	
	2018	2017	2018	2017
国寿养老	47167032	39639900	70930627	53865896
太平养老	11269966	6448978	21076032	16321933
平安养老	45231252	43590242	61014890	51849414
泰康养老	3784136	803660	6712582	3318440
长江养老	20151812	9882766	34683919	25606947
安邦养老	618789	75882	728630	93996
人保资产	683976	1057930	3103540	2470360
泰康资产	12215977	9851249	35214627	31387240
华泰资产	105302	119329	1652891	1526262
人保养老	69941		163082	
合计	141228243	111469935	235117738	186440487

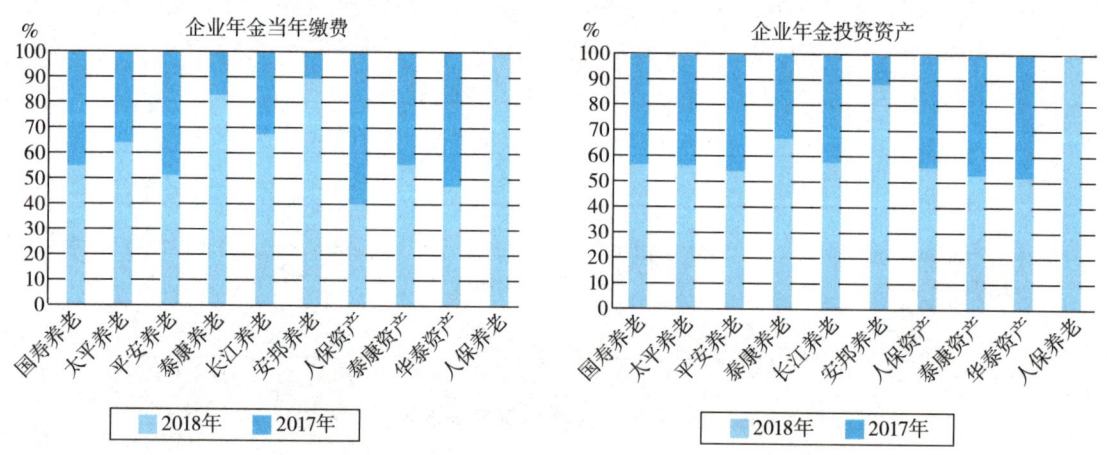

图 1-16　2017—2018 年企业年金经营情况

（3）分险种保费情况

近 10 年来，寿险业务结构总体趋向稳定。2018 年寿险保费规模为 20722.86 亿元，占人身险总保费的 76.1%，总体占比下降 4.2%。2018 年健康险保费收入为 5448.12 亿元，占人身险总保费的 20.0%，相比 2017 年占比提高 3.6%。2018 年人身意外伤害险保费达到 1075.55 亿元，占人身险保费的 3.9%，相比 2017 年占比提高 0.6%。表 1-22 给出了 2017—2018 年分险种保费收入比较；图 1-17 显示了 2017—2018 年人身险各险种保费收入分布情况。

表 1-22　　　　2017—2018 年人身险分险种保费收入比较

单位：亿元

险种	保费收入（2018）	险种占比（2018）（%）	保费收入（2017）	险种占比（2017）（%）	同比增长（%）
寿险	207228622	76.1	214555650	80.2	-4.2
健康险	54481261	20.0	43894604	16.4	3.6
人身意外伤害险	10755522	3.9	9013241	3.4	0.6

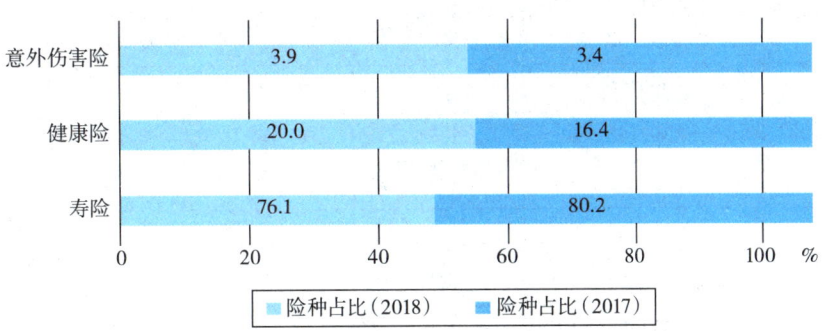

图 1-17　2017—2018 年人身险各险种保费收入占比分布

（4）分地区保费情况

2018 年，我国各地区人身险保费规模及增长情况如表 1-23 所示。2018 年人身险保费规模居前五位的地区分别是广东（2545.40 亿元）、江苏（2458.46 亿元）、山东（1899.80 亿元）、河南（1765.56 亿元）、四川（1466.00 亿元）；保费增幅居前五位的地区分别为内蒙古（19.23%）、贵州（14.09%）、深圳（13.36%）、陕西（13.02%）、湖南（12.78%）。东部地区 11 个省份保费收入达 15210.51 亿元，同比下降 1.5%，占比为 55.83%；中部地区 8 个省份保费收入达 6876.17 亿元，同比增长 5.09%，占比为 25.24%；西部地区 12 个省份保费收入达 5154.72 亿元，同比增长 8.31%，占比为 18.92%（具体见表 1-24 和图 1-18）。

表 1-23　　　　2018 年各地区人身险保费规模情况

单位：万元

地区	保费收入	保费占比（%）	占比排名	保费增速（%）	增速排名
广东	25454035	9.34	1	3.82	21
江苏	24584632	9.02	2	-6.72	33
山东	18997983	6.97	3	8.27	12
河南	17655572	6.48	4	11.99	6
四川	14660005	5.38	5	1.59	25

续表

地区	保费收入	保费占比（%）	占比排名	保费增速（%）	增速排名
北京	13706713	5.03	6	-12.63	34
浙江	12792315	4.70	7	4.64	20
河北	12608477	4.63	8	2.75	22
湖北	11189486	4.11	9	7.77	15
上海	9206991	3.38	10	-20.53	36
湖南	8977608	3.29	11	12.78	5
深圳	8473158	3.11	12	13.36	3
安徽	8009306	2.94	13	8.11	13
陕西	7397156	2.71	14	13.02	4
黑龙江	7113287	2.61	15	-6.63	32
福建	6359564	2.33	16	5.30	19
山西	6119354	2.25	17	-2.84	30
重庆	6037651	2.22	18	7.65	16
辽宁	5952247	2.18	19	-15.89	35
江西	5132182	1.88	20	-0.12	28
内蒙古	4650989	1.71	21	19.23	1
吉林	4564861	1.68	22	-6.13	31
天津	4155414	1.53	23	-1.87	29
广西	4099171	1.50	24	11.05	7
云南	3921733	1.44	25	9.50	9
新疆	3861525	1.42	26	9.12	10
青岛	3106438	1.14	27	7.51	18
甘肃	2731885	1.00	28	7.53	17
大连	2539081	0.93	29	1.24	26
贵州	2378513	0.87	30	14.09	2
宁波	1677504	0.62	31	2.27	24
厦门	1301869	0.48	32	2.70	23
宁夏	1189337	0.44	34	8.94	11
海南	1188633	0.44	33	10.37	8
青海	506326	0.19	35	8.09	14
西藏	112950	0.04	36	1.21	27
集团、总公司本级	51457	0.02	—	28.49	—
全国合计	272465405	100.00	—	1.87	—

表1-24　　2018年东中西部地区人身险保费收入占比

单位：万元

地区	保费收入（2018）	地区占比（2018）	保费收入（2017）	地区占比（2017）（%）
东部地区	152105051.27	55.83	154390023.62	57.73
中部地区	68761655.34	25.24	65431206.91	24.46
西部地区	51547241.15	18.92	47592319.41	17.79
集团、总公司本级	51457.28	0.02	40047.69	0.01

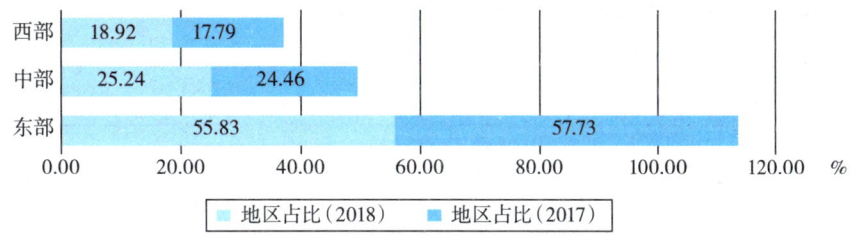

图1-18　2018年东中西部地区人身险保费收入分布

（二）赔付支出

2018年，人身险业务赔款与给付支出6400.55亿元，同比增加307.21亿元，增长5.04%。其中，寿险业务给付金额4388.52亿元，同比下降4.07%；健康险业务赔款与给付支出1744.34亿元，同比增长34.72%；意外险业务赔款支出267.70亿元，同比增长19.68%。表1-25展示了2018年人身保险保费收入和赔款支出；图1-19展示了2018年人身保险业务赔款与保费收入占比情况；图1-20展示了2018年人身保险业务累计赔款与保险保费收入对比情况。

表1-25　　2018年人身保险保费收入和赔款与给付支出

单位：亿元

月份	保费收入	占比（%）	赔款与给付支出	占比（%）
1	5706	20.94	838	13.09
2	2225	8.17	594	9.28
3	3400	12.48	582	9.09
4	1623	5.96	399	6.23
5	1674	6.14	440	6.88
6	2299	8.44	507	7.92
7	1471	5.40	440	6.88
8	1945	7.14	540	8.44
9	2315	8.50	641	10.01

续表

月份	保费收入	占比（%）	赔款与给付支出	占比（%）
10	1571	5.77	436	6.82
11	1489	5.46	500	7.81
12	1528	5.61	485	7.57

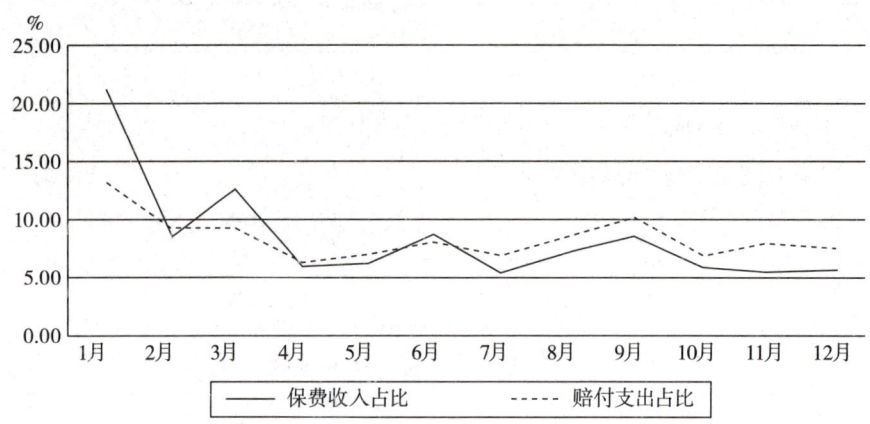

图1-19　2018年人身保险业务月度赔款与保费收入占比

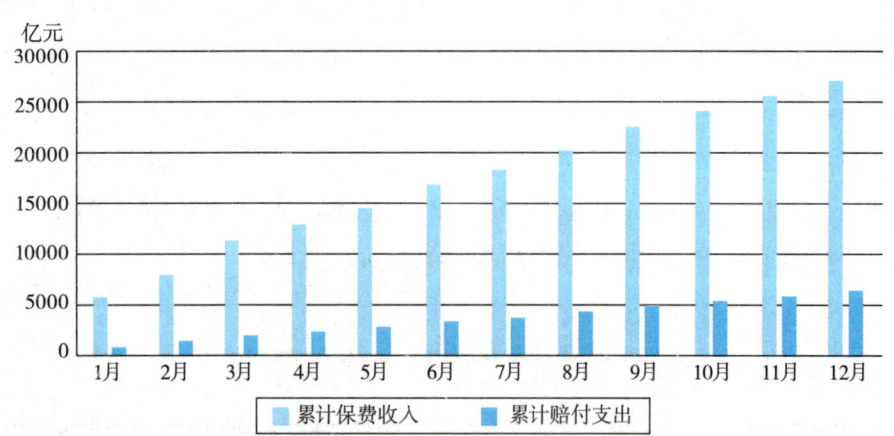

图1-20　2018年人身保险业累计赔款与保费收入

（三）退保情况

2018年，人身险公司退保金7210.11亿元，同比增长17.85%；退保率为6.83%，同比上升0.31个百分点。

从公司来看，中资人身险公司退保金6667.85亿元，退保率为6.75%；外资人身险公司退保金542.27亿元，退保率为8.07%。

从险种来看，分红寿险退保金984.96亿元，占人身险公司退保金的13.66%；普通寿险退保金5747.86亿元，占人身险公司退保金的79.72%。

二、竞争态势

(一) 经营主体数量

随着中国加入世贸组织,保险市场进一步开放,大量外资寿险公司进入中国市场,本土中小保险企业也迅速发展壮大。如图1-21所示,截至2002年年底,人寿保险公司仅为23家。但到了2006年年底,全国已发展到48家,其中,中资人寿险公司23家,外资公司25家;综合性人寿险公司41家,专业健康险公司4家,专业养老金公司3家。截至2018年年底,全国人寿保险公司达到91家,较2017年年末增加了5家;其中,中资公司63家,外资公司28家。

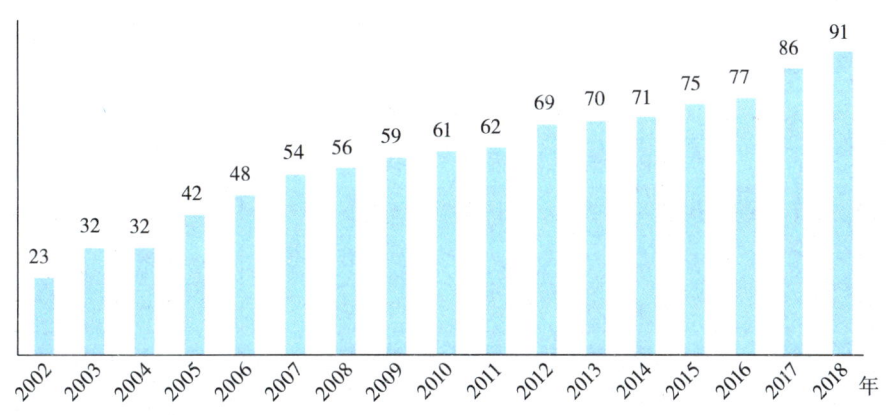

图1-21 2002—2018年国内人寿保险公司数量变化情况

(二) 市场份额

2018年,各人寿保险公司的保费规模及市场份额如表1-26、表1-27、图1-22所示。2018年,保费规模超过100亿元的有32家公司,市场份额合计为94.14%,较上年下降0.68%。保费规模在10亿~100亿元的有34家公司,市场份额合计为5.60%,较上年增长0.72%;保费规模在1亿~10亿元的有15家公司,市场份额合计为0.25%,较上年下降0.04%;保费规模在1亿元以下的有10家公司,市场份额合计为0.01%。

表1-26　　　　　　　2018年人身保险公司原保险保费收入情况

单位:万元

资本结构	序号	公司名称	保费收入	同比增长(%)	市场占有率(%)
中资	1	国寿股份	53620555	4.67	20.42
	2	太保寿险	20134337	15.73	7.67
	3	平安寿险	44688452	21.13	17.02
	4	新华寿险	12228558	11.89	4.66

续表

资本结构	序号	公司名称	保费收入	同比增长（%）	市场占有率（%）
中资	5	泰康寿险	11735843	1.72	4.47
	6	太平人寿	12361865	8.51	4.71
	7	建信人寿	2490673	-15.70	0.95
	8	天安人寿	5857239	21.75	2.23
	9	光大永明	1034443	46.08	0.39
	10	民生人寿	1151783	3.75	0.44
	11	富德生命人寿	7173095	-10.79	2.73
	12	国寿存续	243457	-61.76	0.09
	13	平安养老	2111208	20.23	0.80
	14	中融人寿	507774	43.84	0.19
	15	合众人寿	1513560	-36.06	0.58
	16	太平养老	486275	5.62	0.19
	17	人保健康	1479792	-23.13	0.56
	18	华夏人寿	15827519	82.01	6.03
	19	君康人寿	2955608	7.63	1.13
	20	信泰人寿	738987	-37.43	0.28
	21	农银人寿	1763780	-26.09	0.67
	22	长城人寿	618876	21.88	0.24
	23	昆仑健康	191603	19.39	0.07
	24	和谐健康	36626	-98.99	0.01
	25	人保寿险	9371685	-11.78	3.57
	26	国华人寿	3452495	-25.16	1.31
	27	国寿养老	—	—	0.00
	28	长江养老	—	—	0.00
	29	英大人寿	540548	34.38	0.21
	30	泰康养老	685311	33.33	0.26
	31	幸福人寿	916568	-50.39	0.35
	32	阳光人寿	3800836	-25.47	1.45
	33	百年人寿	3856503	36.57	1.47
	34	中邮人寿	5765760	40.36	2.20
	35	安邦人寿	1959966	-89.66	0.75
	36	利安人寿	1109653	29.41	0.42
	37	前海人寿	4955157	54.66	1.89

续表

资本结构	序号	公司名称	保费收入	同比增长（%）	市场占有率（%）
中资	38	华汇人寿	1997	-91.44	0.00
	39	东吴人寿	189450	-63.23	0.07
	40	珠江人寿	421600	-58.89	0.16
	41	弘康人寿	813812	39.65	0.31
	42	吉祥人寿	279342	-47.83	0.11
	43	安邦养老	36289	-54.05	0.01
	44	渤海人寿	475021	11.93	0.18
	45	国联人寿	182344	104.84	0.07
	46	太保安联健康	26329	68.63	0.01
	47	上海人寿	640824	-0.95	0.24
	48	中华人寿	133646	196.51	0.05
	49	新华养老	—	—	0.00
	50	三峡人寿	1104	—	0.00
	51	横琴人寿	246226	185.42	0.09
	52	复星联合健康	52013	781.62	0.02
	53	信美人寿	53870	13.64	0.02
	54	华贵人寿	64661	52.52	0.02
	55	爱心人寿	30346	584.45	0.01
	56	和泰人寿	65962	331.56	0.03
	57	招商仁和	206769	457.68	0.08
	58	瑞华健康	75	—	0.00
	59	北京人寿	19087	—	0.01
	60	人保养老	—	—	0.00
	61	海保人寿	8169	—	0.00
	62	国富人寿	15142	—	0.01
	63	国宝人寿	12809	—	0.00
	小计		241343277	0.12	91.90
外资	64	中宏人寿	809654	20.10	0.31
	65	中德安联	494611	22.38	0.19
	66	工银安盛	3368064	-15.06	1.28
	67	中信保诚	1538458	27.97	0.59
	68	交银康联	801799	-38.94	0.31
	69	中意人寿	1401223	49.13	0.53

续表

资本结构	序号	公司名称	保费收入	同比增长（%）	市场占有率（%）
外资	70	友邦人寿	2613429	25.89	1.00
	71	北大方正人寿	208983	2.75	0.08
	72	中荷人寿	469429	16.73	0.18
	73	中英人寿	795956	8.02	0.30
	74	同方全球人寿	368146	36.41	0.14
	75	招商信诺	1506165	17.54	0.57
	76	长生人寿	231587	24.98	0.09
	77	恒安标准	327905	24.83	0.12
	78	瑞泰人寿	56044	46.30	0.02
	79	中法人寿	11	-37.44	0.00
	80	华泰人寿	531933	18.74	0.20
	81	陆家嘴国泰	232375	46.03	0.09
	82	中美联泰	1160167	15.56	0.44
	83	平安健康	370314	72.46	0.14
	84	中银三星	286637	-26.01	0.11
	85	恒大人寿	3237167	15.20	1.23
	86	新光海航	9264	-6.01	0.00
	87	汇丰人寿	142474	20.28	0.05
	88	君龙人寿	61150	-20.70	0.02
	89	复星保德信	125995	90.34	0.05
	90	中韩人寿	56471	22.44	0.02
	91	德华安顾	60034	44.95	0.02
		小计	21265445	9.98	8.10
		合计	262608722	0.85	100.00

表1-27   2018年寿险公司保费收入分布情况

保费规模	公司数目		市场份额合计	
	2018年	2017年	2018（%）	2017（%）
大于100亿元	32	34	94.14	94.82
介于10亿~100亿元之间	34	28	5.60	4.88
介于1亿~10亿元之间	15	15	0.25	0.29
小于1亿元	10	8	0.01	0.01

第一章 2018年中国保险市场分析

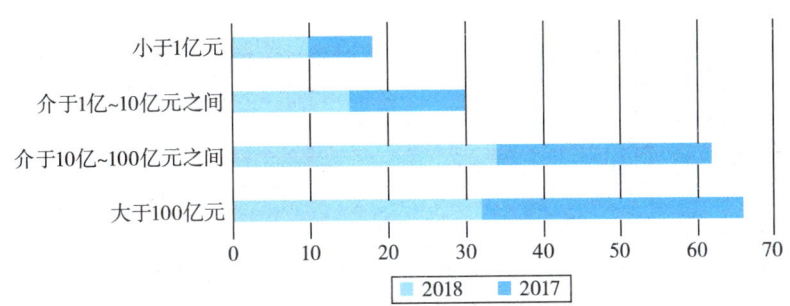

图1-22 2017—2018年寿险公司市场份额分布

（三）市场集中度

2018年，中国人寿保险市场格局发生了变化，太保人寿回到第三名（2018年前五名分别为：中国人寿、平安人寿、太保人寿、华夏人寿、新华人寿）。

随着市场主体的增加，人寿险市场的竞争格局也悄然在改变，市场从寡头垄断竞争阶段进入垄断竞争时期。2004年，中国人寿的人寿险保费占总保费的46.87%，其他4家人寿险公司中国平安、中国太保、新华保险、泰康人寿的人寿险保费占比分别为17.18%、10.80%、5.87%、5.54%，前5家公司的市场份额合计超过86%。2018年，中国人寿的市场份额在上升至20.42%；前5家公司总份额为55.79%，较2017年上升了3.56个百分点。在5家市场总份额略有上升的同时，中小型人寿险公司的市场份额正开始有所下降（见表1-28）。

表1-28　　　　2004—2018年国内5家人寿保险公司市场占有份额　　　　（%）

年份	中国人寿	中国平安	中国太保	新华保险	泰康人寿	合计
2004	46.87	17.18	10.80	5.87	5.54	86.26
2005	44.07	16.14	9.93	5.78	4.88	80.80
2006	45.27	16.99	9.32	6.56	5.12	83.26
2007	39.73	16.00	10.24	6.59	6.92	79.48
2008	40.28	13.79	9.01	7.59	7.87	78.54
2009	43.09	15.65	8.23	6.19	8.16	81.32
2009	36.23	16.24	8.30	8.20	8.23	77.20
2010	31.72	15.15	8.76	8.92	8.26	72.81
2011	33.29	12.44	9.75	9.92	7.11	72.51
2012	32.41	12.93	9.39	9.81	6.18	70.72
2013	32.21	14.40	9.38	10.22	6.03	72.24
年份	中国人寿	中国平安	中国太保	新华保险	人保寿险	合计
2014	26.10	13.71	7.78	8.66	6.20	62.45
2015	22.96	13.14	7.05	6.85	5.64	54.64

续表

年份	中国人寿	中国平安	中国太保	安邦人寿	新华保险	合计
2016	19.85	12.69	6.33	5.26	5.19	49.32
年份	中国人寿	中国平安	安邦人寿	中国太保	泰康人寿	合计
2017	19.67	14.17	7.28	6.68	4.43	52.23
年份	中国人寿	中国平安	中国太保	华夏人寿	新华人寿	合计
2018	20.42	17.02	7.67	6.03	4.66	55.79

三、发展层次

（一）保险密度

2018年，国内人身保险市场的保险密度达到了1882.50元/人，较上年增长0.5%。从近年的保险密度来看，国内保险市场的保险密度增长迅速，从2002年的177.11元/人增长到1882.50元/人，增幅达到10.63倍（见表1-29和图1-23）。从近年人身保险市场的保险密度数据来看，一方面，国内人身保险市场的发展较好，人身保险产品的普及程度越来越高；另一方面，国内人身保险市场发展程度还需要进一步深化。

表1-29　　　　　　　2002—2018年国内人身保险市场保险密度

年份	保费收入/亿元	人口数量/万人	保险密度（元/人）
2002	2275	12.85	177.11
2003	3011	12.92	233.00
2004	3128	13.00	240.64
2005	3697	13.08	282.74
2006	4132	13.14	314.34
2007	5038	13.21	381.29
2008	7447	13.28	560.76
2009	8261	13.35	619.03
2010	9078	13.41	677.00
2011	9721	13.47	721.49
2012	9958	13.54	735.43
2013	11010	13.61	808.96
2014	13032	13.68	952.74
2015	16288	13.81	1179.72
2016	22235	13.83	1607.71

续表

年份	保费收入/亿元	人口数量/万人	保险密度（元/人）
2017	26040	13.90	1873.36
2018	26261	13.95	1882.50

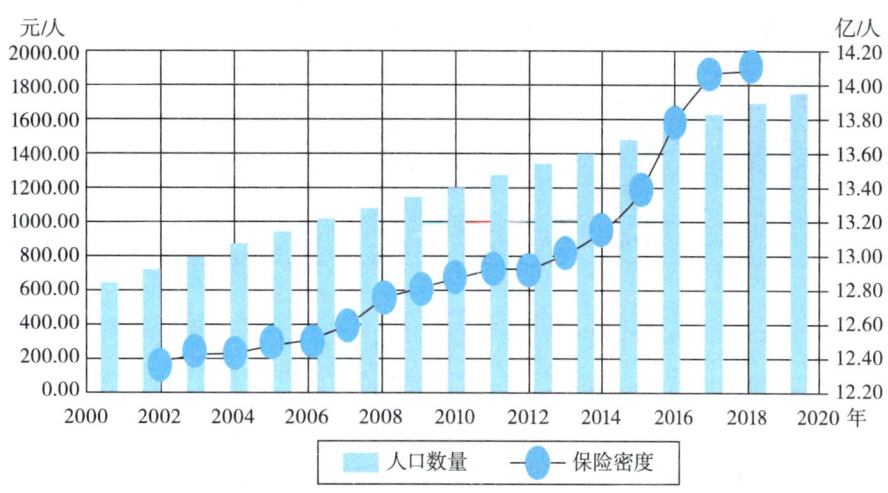

图1-23　2002—2018年国内人身保险市场保险密度

（二）保险深度

2018年国内人身险保险深度升至2.92%，较2017年下降0.23%。从近10年保险深度的变化趋势来看，国内人身险市场的保险深度波动性较大，从2002年的1.87%逐年增长到2010年的2.20%，2011年又逐年下降，2018年上涨到2.92%（见表1-30和图1-24）。较低的保险深度说明国内人身险市场在国民经济中的地位仍需要加强。

表1-30　　　　　　　2002—2018年国内人身保险市场保险深度

年份	保费收入/亿元	国内生产总值/亿元	保险深度（%）
2002	2275	121717	1.87
2003	3011	137422	2.19
2004	3128	161840	1.93
2005	3697	187319	1.97
2006	4132	219438	1.88
2007	5038	270232	1.86
2008	7447	319516	2.33
2009	8261	349081	2.37
2010	9078	413030	2.20

续表

年份	保费收入/亿元	国内生产总值/亿元	保险深度（%）
2011	9721	489301	1.99
2012	9958	540367	1.84
2013	11010	595244	1.85
2014	13032	643974	2.02
2015	16288	676708	2.41
2016	22235	744127	2.99
2017	26040	827121	3.15
2018	26261	900309	2.92

图1-24 2002—2018年国内人身保险市场保险深度

第四节 2019年中国保险业发展展望

一、发展环境

近年来，我国经济得到了迅速发展，国民生产总值以极快的速度增长（见表1-31），2000—2018年，我国国民生产总值增长了8.98倍，而2018年我国人均国民生产总值已经达到64520元。从图1-25中可以看出，近五年来我国国民生产总值增长率稳中有降，2018年增速已达19年新低，中国经济运行尚在合理区间。总体来看，2018年国民经济仍运行在合理区间，经济结构进一步优化，转型升级进一步加快，新兴动力进一步积聚，人民生活进一步改善。与此同时，国际环境仍然错综复杂，国内结构调整转型升级正处在"爬坡过坎"的关键阶段，全面深化改革任务艰巨。

表1-31　2001—2018年我国国内生产总值和人均国内生产总值

年份	国内生产总值/亿元	人均国内生产总值/元	国内生产总值增幅（%）	人均国内生产总值增幅（%）
2000	100280	7942.07	8.43	7.58
2001	110863	8716.68	8.30	7.52
2002	121717	9506.20	9.08	8.36
2003	137422	10666.10	10.02	9.34
2004	161840	12486.94	10.08	9.43
2005	187319	14368.03	11.35	10.70
2006	219438	16738.00	12.69	12.06
2007	270232	20505.00	14.20	13.60
2008	319516	24120.66	9.62	9.06
2009	349081	26221.88	9.24	8.69
2010	413030	30876.04	10.63	10.10
2011	489301	36402.77	9.49	8.96
2012	540367	40006.62	7.75	7.22
2013	595244	43852.45	7.69	7.15
2014	643974	47202.83	7.27	6.73
2015	676708	49351.00	6.90	6.40
2016	744127	53980.00	6.70	6.10
2017	827121	59201.00	6.90	6.30
2018	900309	64520.00	6.60	6.50

资料来源：国家统计局。

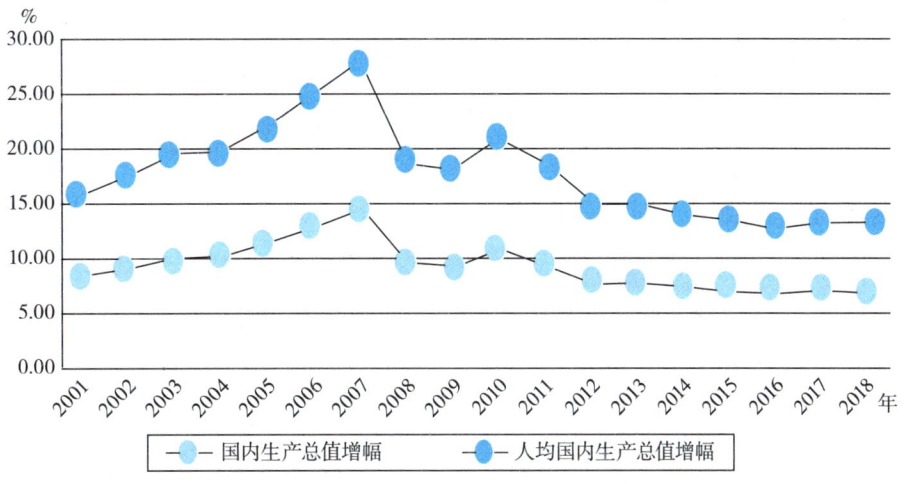

图1-25　2002—2018年我国国内生产总值和人均国内生产总值增幅

党的十九大在政治上、理论上、实践上取得了一系列重大成果,其中一个重要论断,就是中国特色社会主义进入新时代,我国社会主要矛盾已经转化为人民日益增长的美好生活需要和不平衡不充分的发展之间的矛盾。同样地,我国保险业也已经进入新时代,面临的主要矛盾已经演进为不平衡不充分的保险供给与人民群众日益迸发、不断升级的保险需求之间的矛盾。2017年召开的全国金融工作会议和中央经济工作会议对金融工作作出了全面部署。可以说,新时代我国保险业的历史方位同国家、民族的历史方位紧密相连,使命和任务无比清晰,那就是在实现中华民族伟大复兴中国梦中贡献行业全部力量、切实履行职责,把握机遇、迎接挑战,努力建设现代保险服务业。

2019年保险行业面临前所未有的良好外部发展环境,之所以说好的发展环境前所未有,主要是习近平新时代中国特色社会主义思想进一步升华,保险业发展的指导思想前所未有地清晰;党的十九大确立了到2050年把我国建成富强民主文明和谐美丽的社会主义现代化强国的战略目标,保险将成为人民群众幸福生活的必需品。

一方面,习近平新时代中国特色社会主义思想的确立,是保险工作沿着正确方向前进的根本依据。近一段时期以来,习近平总书记对金融工作作出了系列重要指示,这些重要指示展现了习近平总书记对现代金融发展规律的深邃思考,是一部鲜活的金融工作教科书。中央已经为我们指明了保险工作的政治站位和方向,厘清了保险监管的职能定位,确保全行业始终沿着正确方向行进。

党的十九大、中央经济工作会议、全国金融工作会议和全国"两会"等,不仅有对当前形势"怎么看"的判断,还有对下一步工作应该"怎么干"的谋划;不仅有对工作的部署和安排,还强调了金融保险工作必须坚持的主要原则;不仅明确了目标任务,还提供了实现路径和思路方法。比如全国金融工作会议科学回答了"为什么要做好金融工作""我国金融业面临什么样的风险挑战""金融工作重点任务是什么""怎样做好金融工作""如何加强对金融工作领导"等一系列事关金融业改革发展大局的根本性问题。中央经济工作会议深入分析了中国特色社会主义进入新时代后我国经济工作面临的国际国内形势,深刻阐明了2019年经济工作的总体要求、政策导向、重点任务,为金融保险业更好地服务于经济社会发展全局、找准工作重点指明了方向。总体来看,当前中央对金融保险工作的目标、方针、任务都十分具体和明确,这是做好保险工作和保险监管工作的根本遵循和重要依托。

另一方面,党的十九大描绘了把我国建成富强民主文明和谐美丽的社会主义现代化强国的宏伟蓝图,全社会对保险这种市场化的社会互助、社会管理机制的需求将极大迸发。党的十九大报告中指出，从现在到 2020 年，是全面建成小康社会决胜期。然后再奋斗 30 年，到新中国成立 100 年时，基本实现现代化，把我国建成社会主义现代化国家。可以预见，随着党的十九大报告提出的发展目标逐步实现，保险将融入人们生产生活的方方面面，成为保障人民群众美好生活的重要制度安排。

一是我国社会的主要矛盾已经转化为"人民日益增长的美好生活需要和不平衡不充分的发展之间的矛盾"，需要更好地发挥保险作用。经过改革开放 40 多年发展，我国社会生产力水平明显提高，社会需求升级，在生老病死、衣食住行、体育文娱等各个领域的保险服务成为保障人民群众美好生活的必需品。在养老、医疗、农业、巨灾、责任保险等领域的巨大保障缺口，为保险业提供了广阔的发展空间。

二是党的十九大确立的一系列重大发展战略，需要更好地发挥保险的作用。党的十九大提出了加快建设创新型国家、乡村振兴、区域协调发展等一系列重大战略，为保险业的发展提供了难得的历史机遇。保险作为市场化的风险管理、社会管理和灾害救助机制，必须通过服务国家重大战略实现行业价值的提升。

三是我国经济由高速增长阶段转向高质量发展阶段，需要更好地发挥保险的作用。党的十九大作出了我国经济由高速增长阶段转向高质量发展阶段的重大判断，这一过程要求坚持市场化改革，更好地发挥市场配置资源的决定性作用。在我国经济由高速增长阶段转向高质量发展阶段这一历史进程中，通过商业保险市场化手段解决转型过程中可能出现的风险问题，可以有效促进社会和谐稳定。

二、发展展望

（一）保险改革将进一步深化，全面开放新格局将逐步形成

2019 年是新中国成立 70 周年，也是中国银保监会组建后的第一个完整年份。现代保险服务业既是我国改革开放的必然产物，又是我国经济金融改革开放的重要力量。我们相信，2019 年，在党中央国务院的正确领导下，中国银保监会一定会解放思想、与时俱进，不忘初心、牢记使命，在现代保险监管体系建设的道路上迈出新的步伐。监管理念将更加成熟，监管定位将更加清晰，"监管姓监、从严监管"理念将逐渐树立。监管组织体系将进一步健全，监管队伍的专业化水平将显著提升。保险监管框架将日臻完善，"偿二代"监管制度全面实施，三支柱现代监管框架将进一步完善，机构监管和功能监管相结合、微观审慎和宏观审慎监管相结合的现代保险监管机制将不断健全。监管法规体系将更加完备，监管技术手段将逐步改进，全覆盖、标准化的保险统计数据体系将基本建成，现场和非现场监管信息系统将基本齐全。

在银保监会的引领下，2019年，保险业将不断发展壮大，在服务经济发展、社会治理和民生保障方面将发挥越来越重要的作用。2019年，保险市场主体发展到238家，目前有财产险公司88家，人身险公司91家，再保险公司12家，保险集团（控股）公司12家，保险资产管理公司24家；全国共有保险中介集团公司5家，全国性保险代理公司240家，区域性保险代理公司1550家，保险经纪公司499家，已备案保险公估公司353家，个人保险代理人871万人，保险兼业代理机构3.2万家（代理网点22万余家），银行类保险兼业代理法人机构1971家（代理网点18万余家）。截至2018年年底，保险营销人员预计为1000万人，增长约200万人。不同业务类型、多种组织形式的市场主体日趋丰富，专业化分工与合作的市场格局初步奠定。保费规模达到3.80万亿元，保险业总资产达到18.33万亿元，我国已成为世界第二保险大国。保险改革取得突破性进展，保险公司改制上市、产品定价机制改革、市场准入退出改革、资金运用体制改革等深入推进，市场配置保险资源的决定性作用得到发挥。农业保险、巨灾保险、大病保险、责任保险、养老保险、健康保险等关系国计民生的保险业务不断壮大，资金运用规模达到16.41万亿元，保险从业人员已达1000多万人，保险业的服务能力显著提升。

（二）服务国家重大战略，支持现代化经济和社会体系建设

2019年，保险业风险总体可控，但面临的形势依然复杂严峻。要按照党中央国务院的部署，开拓进取，奋发有为，扎实推进各项工作。要全面贯彻党的十九大、十九届二中、三中全会精神和中央经济工作会议精神，坚持党对金融工作的集中统一领导，坚持稳中求进的工作总基调，践行新发展理念，以服务供给侧结构性改革为主线，着力提高保险服务实体经济能力，打好防范化解保险风险攻坚战，坚定不移深化改革、扩大开放，推动保险业向高质量发展转变，为全面建成小康社会提供更有力的保险支撑。推动保险业回归本源，充分发挥保险保障和保险资金的独特优势，更好地服务国家战略和实体经济。

一是服务精准脱贫攻坚战。推进大病保险精准脱贫，推动保险业开展建档立卡贫困人口补充商业医疗保险，提高覆盖面和服务水平。完善农业保险制度，加快发展多种形式的农业保险，提高农业保险保障水平，助力乡村振兴战略；加大对深度贫困地区的支持力度，适当降低涉农保险产品费率；启动部分粮食主产省收入保险和完全成本保险试点，推进巨灾保险实践探索，稳步扩大"保险+期货"试点；稳步推进保险资金支农支小服务试点；研究设立中国农业再保险公司，完善财政支持的大灾风险分散机制。

二是服务污染防治攻坚战。大力推进绿色保险产品和服务升级创新，推动涉及重金属、石油化工等领域的环境污染责任保险试点。积极推动将投保环境污染责任保险纳入相关法律法规，组织行业制定环境污染责任保险示范条款。积极引导保险资金支持绿色低碳产业发展，主动将环境风险因素纳入投资决策体系。积极参与环境风险治理体系建设，充分借助环境风险管理评估专业机构力量，提升保险业支持环境改善的服务能力。

三是服务国家供给侧结构性改革。围绕"三去一降一补"，支持保险资产管理机构发起设立去产能并购重组基金，促进钢铁、煤炭等行业加快转型升级。建立财务性股权投资负面清单管理方式，发挥保险资金适合转化为长期资本的优势。重点把握供给侧结构性改革、基础设施网络建设、区域发展战略、国家重大科技项目、先进制造业和高新技术产业等战略机遇，拓宽保险资金支持国家重大战略的渠道。研究推进中国保险投资基金设立服务国家战略专项基金，高效对接国家战略。

四是服务其他战略。鼓励保险机构服务京津冀协同发展、长江经济带、粤港澳大湾区等区域发展。推动关系国计民生的责任保险发展，研究规范责任保险经营行为，助力社会治理创新。研究启动新材料首批应用保险补偿和专利保险试点，更好地服务中国制造2025。推动商业长期护理保险发展，鼓励保险业参与长期护理保险制度试点；积极发展商业健康保险，推动税优健康保险平台与国家税务平台对接，助力多层次医疗保障体系建设。支持保险机构拓展企业年金和职业年金业务，开展税延养老保险试点，积极参与基本养老保险基金等市场化投资管理，助力多层次养老保障体系建设。

党的十九大提出，中国特色社会主义进入新时代，我们比历史上任何时期都更接近、更有信心和能力实现中华民族伟大复兴的目标。中央的蓝图就是保险工作的根本遵循，可以说，保险业的奋斗目标与我国进入高质量发展阶段相适应，与"两个一百年"特别是到新中国成立100年时把我国建成社会主义现代化国家相匹配。在实现宏伟目标的伟大历史进程中，在推动我国经济实现高质量发展的过程中，2019年保险业肩负着光荣而神圣的使命，必须在维护金融安全、服务实体经济、完善社会保障、分散社会风险等任务中努力成为中坚力量，发挥支柱作用，绝不能成为建设社会主义现代化强国的短板和弱项，要努力建设与社会主义现代化强国相匹配的新时代现代保险服务业。

第二章
保险公司信息披露情况分析

信息披露情况的分析是进行竞争力评价以及信用评价的重要基础，也是监管机构进行宏观监管的重要参考。那么保险公司发布的报告信息披露的情况如何？是否符合银保监会的规定？哪些公司信息披露质量较好，又有哪些公司在信息披露方面存在欠缺？同时信息披露质量是否较上年有所提升？这些问题都是在进行竞争力评价之前需要解决的。本章将从信息披露行为、信息披露内容、信息披露准确性以及信息披露合规性方面进行分析，给出相应的统计结果，并将2018年度和2017年度的信息披露质量作了对比。最后，本章还给出了信息披露情况综合评价的结果，该结果基于"信息熵模型"方法进行客观分析得出，包括得分和排名。评价结果同时按照人身险和财产险分别给出，共涉及84家人身险公司和86家财产险公司。

第一节 保险公司信息披露情况介绍

中国保险公司竞争力评价是以保险公司信息披露报告为基础，信息披露报告的内容对评价结果有直接影响。所以为了使保险公司竞争力评价更具科学性，笔者对保险公司信息披露质量作了科学评估，目的是了解2018年各家保险公司信息披露的整体情况，是否符合银保监会对信息披露的监管规定。

对于信息披露的监管规定包括：

（1）原保监会在2010年4月发布的《保险公司信息披露办法》。

（2）银保监会在2018年4月发布的《保险公司信息披露管理办法（2018）》（以下简称《办法》）。

本章的披露情况分析基于最新的《保险公司信息披露办法（2018）》[①]，该《办法》明确了"信息披露"的含义，即指"保险公司向社会公众公开其经营管理相关信息的行为"，并且要求保险公司信息披露应当遵循真实、准确、完整、及时、有效的原则，不得有虚假记载、误导性陈述和重大遗漏，同时鼓励保险公司在法律、行政法规和中国银保监会规定的基础上披露更多的信息。从中可以看出，信息的"完全性""准确性""真实性""充足性"是《办法》要求的着力点，也是笔者进行质量评估的重要视角。

除此之外，《办法》也对信息的"及时性"进行了说明，如在"信息披露方式和时间"上作了明确规定，即保险公司应当在公司网站上披露公司的基本信息；同时应当制作年度信息披露报告，且在每年4月30日前在公司互联网站和中国银保监会指定的报纸上发布年度信息披露报告，如果保险公司发生重大交易信息、重大事项信息，则应当自事项发生日起10个工作日内编制临时信息披露报告，并在互联网站上发布。

为了使信息披露的工作更加规范，新的《保险公司信息披露管理办法（2018）》对"信息披露内容"作了增加，即从原来的七大块内容增加为九大块：

（1）原《办法》包括的披露内容：基本信息、财务会计信息、风险管理状况信息、保险产品经营信息、偿付能力信息、重大关联交易信息、重大事项信息。

（2）新《办法》包括的披露内容：基本信息、财务会计信息、保险责任准备金信息、风险管理状况信息、保险产品经营信息、偿付能力信息、重大关联交易信息、重大事项信息，以及中国银行保险监督管理委员会规定的其他信息。

从对比中可以看出，新《办法》增加了"保险责任准备金信息"和"中国银行保险监督管理委员会规定的其他信息"。这使得公众对保险公司风险更能充分了解，也方便专业监督机构对保险公司风险进行全面评价。

为了维持稳定性和可比性，我们的评价方法仍然使用了七类的内容，主要处理逻辑如下：

（1）"保险责任准备金信息"是专业信息，保险公司如果没有及时进行评价，我们将在基本信息中的C（信息量）和D（具体内容合规性）上体现。从本次评测看，保险公司基本都进行了公布，没有影响最终成绩。

（2）"中国银行保险监督管理委员会规定的其他信息"的范围很大，我们根据银保监会的具体规定处理。

[①] 以下如果没有特别说明，都简称为《办法》。

无论新《办法》还是旧《办法》，其中的详细规定都为笔者进行质量评估提供了标准，笔者的信息披露质量评估完全从"合规"的角度来对保险公司的信息披露报告进行评价，它试图回答这样一些问题：各家保险公司的信息披露报告的情况到底如何，披露行为是否符合银保监会《办法》中的各项要求，披露的信息是否具备完整性、有效性和真实性，保险公司整体上信息披露相对于上年是否有所提高，人身险公司和财产险公司信息披露整体状况如何，中资和外资公司信息披露情况有无差异等。

那么回答这些问题能够带来哪些益处呢？主要集中在以下一些方面：

第一，监管部门可以更直观地了解规章的执行力度和执行效率。长期以来，对规章制度的执行情况的评价是一个令人头痛的问题，除一方面调查存在困难之外，没有有效的量化措施和量化标准也是一个令人困扰的地方。

第二，有助于了解行业整体的信息披露情况。为加强社会主义市场经济体系建设，无论是国家层面还是行业层面，都在努力加强信息披露工作。保险行业的信息披露质量如何？至少笔者的研究可以从此角度给出一个量化的参考。

第三，有助于公司对自身披露质量有一个客观真实的认识，有更加明确的定位。特别是对各家保险公司进一步提高信息披露的质量具有指导意义。

在进行信息披露质量评估中，笔者选取银保监会公布的《办法》作为唯一标准，从《办法》中强调的"真实、准确、完整、及时、有效"等方面进行量化研究。

同时，笔者注意到《办法》中对人身保险公司和财产保险公司有不同的要求，这主要体现在第四类"保险产品经营信息"上，其区别如下：

人身保险公司披露的产品经营信息是指上一年度保费收入居前五位的保险产品经营情况，包括产品的保费收入和新单标准保费收入。

财产保险公司披露的产品经营信息是指上一年度保费收入居前五位的商业保险险种经营情况，包括险种名称、保险金额、保费收入、赔款支出、准备金、承保利润。

这样，笔者的信息披露质量评估也分为人身险公司和财产险公司。

在人身险方面，笔者的信息披露质量评估对象包含84家保险公司；在财产险方面，笔者的信息披露质量评估对象包含86家保险公司。

需要说明的是，随着国内保险市场的发展和监管环境的变化，传统的中资和外资保险公司在许多指标方面已经没有明显差异，同时考虑到区分中资、外资以及中资公司和外资公司有一定的困难，有些公司的股权是对等的（如信诚人寿保险公司，为中国中信集团和英国的保诚人寿，各占50％的股权），在本章信息披露方面我们不再区分中资外资。

这从另一个角度说明我国金融领域正在逐步与国际接轨，正因如此，保险公司的中资外资区别越来越小，换句话说，从某种意义上说，外资公司已经完成了本土化的转变，而中资公司也完成了国际化的转变。

从整体上看，2018年信息披露质量的评估对象共170家，基本涵盖了所有在2019年5月底已经公布信息披露报告的保险公司（见表2-1），和谐健康、安邦人寿、安邦养老、出口信用保险共4家保险公司在截稿前仍未发布数据，故不在本次评估的范围之内。

表2-1　　　　　　　　　　参与信息披露质量评估的保险公司

	人身险公司	财产险公司
合计	84	86

第二节　指标设立和赋值

指标的设定除了满足《办法》要求的真实、准确、完整、及时、有效，还应该能同时反映整体信息和单项信息，鉴于此，笔者设立的指标分为四类，分别反映信息披露质量的不同角度：

A披露行为角度，主要度量披露行为的及时性和合规性。

该指标包括：

A1：披露时间，该指标以银保监会公布的4月30日为红线，在此之前为正值，之后为负值，同时根据银保监会要求，除在网站公布之外，还需要在指定媒体进行公布，披露时间取两者最晚的公布时间。

A2：重大事项及时公告，该指标看公司信息披露质量报告中是否有重大事项及是否及时公告，符合要求的为1，不符合的为0。

A3：网站披露信息，该指标衡量被评估公司是否在网站上及时公布信息，符合要求的为1，不符合的为0。

A4：指定媒体披露信息，该指标衡量被评估公司是否在网站上及时公布信息，符合要求的为1，不符合的为0。

B内容角度，主要衡量内容的可靠性、一致性以及准确性。

该指标包括：

B1：内容冲突检验，主要衡量信息披露报告是否内容冲突，如果有则为0，没有为1。

B2：更正与补充行为，主要衡量信息披露报告是否有更正行为或者补充行为，如果有则为0，没有为1。

B3：质疑记录，主要衡量信息披露报告是否有他人质疑记录，这主要包括媒体质疑、第三方质疑等，如果有则为0，没有为1。

B4：内容可靠性抽验，主要衡量信息披露报告是否可靠，这个通过抽验来完成，如果通过则为1，否则为0。

C 信息量角度，主要衡量信息披露报告的信息量大小。

该指标包括：

C1：页码，主要统计信息披露报告的页码数。

C2：字数，主要统计信息披露报告的字数。

C3：补充信息，主要衡量补充信息是否充足，充足为1，不充足为0。

D 具体内容信息。信息合规性，主要衡量信息披露报告的完整性、可靠性、准确性、真实性。在第D类信息合规角度中有7个分项指标，对应了《办法》中详细规定的七大类披露内容[①]。包括：D1 基本信息；D2 财务会计信息；D3 风险管理状况信息；D4 保险产品经营信息；D5 偿付能力信息；D6 重大关联交易信息；D7 重大事项信息。需要注意的是，在这里我们没有按照新《办法》分成九类是因为按照《办法》要求，D1 到 D5 每项分量都包含若干小项。对每项分量进行评估，就是看披露报告中这项分量是否涵盖了这些小项的情况。每个小项1分，如果涵盖了则记为1，没有涵盖记为0。最后得的分数加和作为该分量的最后得分。

该指标包括：

D1：基本信息，共20小项，每项有则得分为1，没有为0，结果加和。

20小项包括：①法定名称及缩写；②注册资本；③注册地；④成立时间；⑤经营范围；⑥法定代表人；⑦客服电话和投诉电话；⑧各分支机构营业场所和联系电话；⑨经营的保险产品目录及条款；⑩近三年股东大会主要决议；⑪董事简历；⑫董事履职情况；⑬监事简历；⑭监事履职情况；⑮高级管理人员简历；⑯高级管理人员职责；⑰高级管理人员履职情况；⑱公司部门设置情况；⑲持股5%以上的

---

① 为了维持方法的稳定性和可比性，这里我们仍然采用七大类信息，但是新《办法》中要求的九大类信息的另两类我们也通过其他维度体现，具体请参考前述。

股东情况；⑳持股5%以上的股东持股情况。

D2：财务会计信息，15小项，每项有则得分为1，没有为0，结果加和。

15小项包括：①资产负债表；②利润表；③现金流量表；④所有者权益变动表；⑤财务报表的编制基础；⑥重要会计政策说明；⑦会计估计的说明；⑧重要会计政策变更说明；⑨会计估计变更的说明；⑩或有事项；⑪资产负债表日后事项；⑫表外业务的说明；⑬对公司财务状况有重大影响的再保险安排说明；⑭企业合并、分立的说明；⑮财务报表中重要项目的明细。

D3：风险管理信息，共7小项，每项有则得分为1，没有为0，结果加和。

7小项包括：①对保险风险的识别和评价；②对市场风险的识别和评价；③对信用风险的识别和评价；④对操作风险的识别和评价；⑤对风险管理组织体系简要介绍；⑥风险管理总体策略；⑦风险管理总体策略执行情况；

D4：保险产品经营信息，财产险共3小项，人身险共6小项，每项有则得分为1，没有为0，结果加和。

财产险3小项包括：①上一年度保费收入居前五位的保险产品名称；②前五位保险产品的保费收入；③前五位保险产品新单标准保费收入。

人身险6小项包括：①上一年度保费收入居前五位的商业保险险种名称；②保险金额；③保费收入；④赔款支出；⑤准备金；⑥承保利润。

D5：偿付能力信息，共6小项，每项有则得分1，没有为0，结果加和。

6小项包括：①公司的实际资本；②公司最低资本；③资本溢额或者缺口；④偿付能力充足率状况；⑤相比报告前一年度偿付能力充足率的变化及其原因；⑥（如果偿付能力充足率不足）偿付能力充足率不足的原因。

D6：重大关联交易，通过媒体查验，如果有且披露了，则记分1；如果有但没有披露，则违反了《办法》规定，记分0；其他情况记分1。

该分量在《办法》里的要求是有则披露。笔者评估的方法是媒体查验，看报告中是否披露了"公开渠道已经公布"的以下6项内容：①交易对手；②定价政策；③交易目的；④交易的内部审批流程；⑤交易对公司本期和未来财务及经营状况的影响；⑥独立董事的意见。如果有且披露了，则记分1；有没有披露，则违反了《办法》规定，记分0；其他情况记分1。

D7：重大事项，如果有且披露了，则记分1；如果有但没有披露，则违反了《办法》规定，记分0；其他情况记分1。

该分量类似于D6，在《办法》里的要求是有则披露。评估方法仍然是媒体查验，看报告中是否披露了"公开渠道已经公布"的以下13项信息：①控股股东或者实际控制人发生变更；②更换董事长或者总经理；③当年董事会累计变更人数超过董事会成员人数的1/3；④公司名称、注册资本或者注册地发生变更；⑤经营范围发生重大变化；⑥合并、分立、解散或者申请破产；⑦撤销省级分公司；⑧偿付能力出现不足或者发生重大变化；⑨重大战略投资、重大赔付或者重大投资损失；⑩保险公司或者其董事长、总经理因经济犯罪被判处刑罚；⑪重大诉讼或者重大仲裁事项；⑫保险公司或者其省级分公司受到中国银保监会的行政处罚；⑬更换或者提前解聘会计师事务所。如果有且披露了，则记分1；有没有披露，则违反了《办法》规定，记分0；其他情况记分1。

为使上述指标得分结果具有一致性，也是为了后期处理方便，我们对上述指标进行了变换，将其转换为1~2之间的数值。1意味着完全没有提供信息，2意味着完全符合规定。

指标转换需要考虑三种情况：

第一类是取值为0和1的指标：变换只需要将0变为1，1变成2即可。

第二类是0到1之间的指标，主要指D类前5个小项指标D1，D2，D3，D4，D5：只需要将其结果加1即可，这样结果就位于1到2之间；

第三类是其他取值为整数的指标：变换时使用距离法，设该指标初始为"t原始"，所有样本原始指标的"最大值""最小值"变换后的指标为t，则变换公式为：

$$A1 = \begin{cases} 2\,(A1_0 \leq 0) \\ 2 - A1_0/\max(A1_0)\,(A1_0 > 0) \end{cases}$$

$$C1 = 1 + C1_0/\max(C1_0)$$

这样转换后，结果为一个1到2之间的数。

第三节 人身险公司信息披露质量统计与分析

根据以上四大类18个分项指标，对170家保险公司的信息披露报告进行统计赋值，最后得到人身险和财产险的得分结果：

人身险公司84家，每家有18个指标得分，共84×18个数据；

财产险公司86家，每家有18个指标得分，共86×18个数据。

然后对上述数据进行统计分析。

一、指标维度的统计结果

对18项指标中的每项指标进行统计,对于人身险公司来说,计算该指标下84家公司得分的平均值和最大值、最小值;对于财产险公司来说,计算该指标下86家公司得分的平均值和最大值、最小值。该结果可以清晰地展示信息披露情况,了解哪些指标角度下信息披露尚有欠缺。表2-2给出了人身险公司指标维度的统计结果。

表2-2　　　　　　　　　2018年人身险公司指标统计结果

评价角度及原则	分项指标	最大值	最小值	平均值	标准差
A 行为角度:及时性、合规性	A1 披露时间	2.0	1.0	1.8	0.17
	A2 重大事项及时公布	2.0	2.0	2.0	0.0
	A3 网站披露信息	2.0	1.0	1.96	0.19
	A4 指定媒体披露信息	2.0	1.0	1.89	0.31
B 内容角度:准确性、可靠性、一致性	B1 内容冲突检验	2.0	2.0	2.0	0.0
	B2 更正与补充行为	2.0	1.0	1.85	0.36
	B3 质疑记录	2.0	2.0	2.0	0.0
	B4 内容可靠性抽验	2.0	2.0	2.0	0.0
C 信息量角度:充分性	C1 页码	2.0	1.09	1.27	0.13
	C2 字数	2.0	2.0	2.0	0.0
	C3 补充信息	2.0	1.0	1.15	0.36
D 信息合规:完整性、可靠性、准确性、真实性	D1 基本信息	2.0	1.35	1.88	0.16
	D2 财务会计信息	2.0	1.33	1.8	0.15
	D3 风险管理信息	2.0	1.0	1.92	0.19
	D4 保险产品经营信息	2.0	1.0	1.71	0.16
	D5 偿付能力信息	2.0	1.0	1.85	0.18
	D6 重大关联交易	2.0	1.0	1.76	0.43
	D7 重大事项	2.0	1.0	1.63	0.49

表2-3　　　　　　　　　2017年(上年)人身险公司指标统计结果

评价角度及原则	分项指标	最大值	最小值	平均值	标准差
A 行为角度:及时性、合规性	A1 披露时间	2.00	1.35	1.82	0.23
	A2 重大事项及时公布	2.00	2.00	2.00	0.00
	A3 网站披露信息	2.00	1.00	1.99	0.11
	A4 指定媒体披露信息	2.00	1.00	1.46	0.50

续表

评价角度及原则	分项指标	最大值	最小值	平均值	标准差
B 内容角度： 准确性、可靠性、一致性	B1 内容冲突检验	2.00	2.00	2.00	0.00
	B2 更正与补充行为	2.00	1.00	1.68	0.47
	B3 质疑记录	2.00	2.00	2.00	0.00
	B4 内容可靠性抽验	2.00	2.00	2.00	0.00
C 信息量角度：充分性	C1 页码	2.00	1.00	1.27	0.14
	C2 字数	2.00	2.00	2.00	0.00
	C3 报告补充信息	2.00	1.00	1.06	0.25
D 信息合规： 完整性、可靠性、准确性、 真实性	D1 基本信息	2.00	1.35	1.95	0.12
	D2 财务会计信息	2.00	1.00	1.48	0.13
	D3 风险管理信息	2.00	1.57	1.96	0.11
	D4 保险产品经营信息	2.00	1.00	1.95	0.20
	D5 偿付能力信息	2.00	1.00	1.73	0.16
	D6 重大关联交易	2.00	1.00	1.69	0.46
	D7 重大事项	2.00	1.00	1.58	0.50

从表2-2和表2-3中看，本年度信息披露情况总体较好，18个指标中，有9个指标平均分超过了1.9，较2017年减少2个指标，这意味着，大部分公司在这些指标上符合银保监会的规定，但由于部分公司的指标不符合规定而影响了总体情况。其中5项指标平均分达到2，与2017年持平。结果表明2018年保险公司信息披露质量较2017年有所提升。

具体来看，在重大事项及时公布、内容冲突、质疑记录、字数统计、内容可靠性抽验、网站披露信息、风险管理信息方面，公司整体平均分都达到或超过了1.9，这意味着在这些方面信息披露工作较好。

表2-4、表2-5以及表2-6分别给出了2018年、2017年和2016年各指标的得分顺序。

表2-4　　　　　　　　2018年人身险公司整体指标得分顺序

得分顺序	原名称	平均值
1	重大事项及时公布	2.00
2	内容冲突检验	2.00
3	质疑记录	2.00
4	内容可靠性抽验	2.00

续表

得分顺序	原名称	平均值
5	字数	2.00
6	网站披露信息	1.96
7	风险管理	1.92
8	其他媒体披露信息	1.89
9	基本信息	1.88
10	更正与补充行为	1.85
11	偿付能力	1.85
12	披露时间	1.80
13	财务会计	1.80
14	关联交易	1.76
15	经营产品	1.71
16	重大事项	1.63
17	页码	1.27
18	补充信息	1.15

表2－5　　　　2017年人身险公司整体指标得分顺序

得分顺序	原名称	平均值
1	重大事项及时公布	2.00
2	内容冲突检验	2.00
3	质疑记录	2.00
4	内容可靠性抽验	2.00
5	字数统计	2.00
6	网站披露信息	1.99
7	风险管理	1.96
8	基本信息	1.95
9	经营产品	1.95
10	披露时间	1.82
11	偿付能力	1.73
12	关联交易	1.69
13	更正与补充行为	1.68
14	重大事项	1.58
15	财务会计	1.48
16	其他媒体披露信息	1.46

续表

得分顺序	原名称	平均值
17	页码	1.27
18	补充信息	1.06

表2-6　　2016年人身险公司整体指标得分顺序

得分顺序	原名称	平均值
1	重大事项及时公布	2.00
2	内容冲突检验	2.00
3	质疑记录	2.00
4	内容可靠性抽验	2.00
5	字数统计	2.00
6	经营产品	2.00
7	基本信息	1.97
8	网站披露信息	1.96
9	风险管理	1.95
10	偿付能力	1.95
11	披露时间	1.92
12	关联交易	1.88
13	重大事项	1.84
14	财务会计	1.79
15	更正与补充行为	1.68
16	其他媒体披露信息	1.61
17	补充信息	1.36
18	页码	1.25

二、公司维度的统计结果

表2-7给出了人身险公司18个指标的平均结果，并与上年平均结果的前30家公司进行对比，从平均分来看，2018年各公司指标较2017年各公司指标有所提高，提高幅度适中。和2017年整体情况相比，整体上2018年的平均分要高于2017年，同时排名中段公司提升幅度更大。

表 2-7　2018 年与 2017 年人身险公司 18 个指标的平均分排序对比（前 30 家）

2018 年人身险公司 18 个指标的平均分排序对比			2017 年人身险公司 18 个指标的平均分排序对比		
排名	公司	平均分	排名	公司	平均分
1	新华人寿	1.92	1	弘康人寿	1.91
2	幸福人寿	1.91	2	中国人寿	1.89
3	中融人寿	1.90	3	富德生命	1.88
4	中英人寿	1.89	4	百年人寿	1.87
5	平安人寿	1.89	5	人保健康	1.86
6	天安人寿	1.89	6	汇丰人寿	1.86
7	长城人寿	1.88	7	民生人寿	1.86
8	太平养老	1.88	8	华泰寿险	1.86
9	汇丰人寿	1.88	9	长生人寿	1.86
10	建信人寿	1.87	10	光大永明保险	1.86
11	中意人寿	1.87	11	君龙人寿	1.86
12	吉祥人寿	1.87	12	交银康联	1.86
13	国寿股份	1.87	13	恒安标准人寿	1.85
14	人保健康	1.87	14	中华人寿	1.85
15	光大永明	1.87	15	工银安盛	1.85
16	国联人寿	1.87	16	人保人寿	1.85
17	同方全球	1.87	17	中意人寿	1.84
18	工银安盛	1.87	18	复星保德信人寿	1.84
19	中邮人寿	1.86	19	招商信诺	1.84
20	中法人寿	1.86	20	君康人寿	1.83
21	前海人寿	1.86	21	太平养老	1.81
22	渤海人寿	1.86	22	中邮人寿	1.80
23	中宏人寿	1.86	23	幸福人寿	1.80
24	国华人寿	1.85	24	建信人寿	1.80
25	陆家嘴国泰	1.85	25	阳光人寿	1.80
26	太保寿险公司	1.85	26	陆家嘴国泰	1.80
27	泰康养老	1.85	27	华夏人寿	1.80
28	信泰人寿	1.85	28	中美联泰	1.79
29	合众人寿	1.85	29	国联人寿	1.79
30	中荷人寿	1.84	30	中英人寿	1.78

三、综合排名结果

任何综合排名都需要一个成熟可靠的模型,在这里我们使用了经过广泛检验并获得一致好评的熵模型方法。

熵(entropy),本是热力学中的概念,用来度量系统的无序性,它在金融中的应用,并用来评价信息质量,源于熵与信息论的结合。1948年,信息论的开创者香农(Shannon)在 *Bell System Technical Journal* 上发表了"A Mathematical Theory of Communication"一文,在该文中,香农正式提出了"信息熵"的概念,并用它来衡量数据所包含的信息量。

为了客观、公正地衡量信息披露的质量情况,我们借助熵模型来对不同的指标维度进行综合考评,使最终结果体现出公司在信息披露方面所达到的水平。具体内容可以参考笔者基于熵模型的"2013年信息披露质量研究"(寇业富,2013)

根据熵模型的特点,对于分数,我们从两个角度来进行说明:一个角度是符合银保监会信息披露办法的程度,它反映在公司信息的熵值超过标准模板的熵值;另一个角度是对待"可披露可不披露的信息",它反映在其熵值和完整模板熵值的距离。具体说明如下:

60~69分:信息披露内容超过了1/2,但距离反映公司整体状况还有差距;

70~79分:基本符合银保监会信息披露办法要求,对"可披露可不披露的信息"主要采用了不披露、不标注的方式;

80~89分:较好地符合保监会信息披露办法要求,对"可披露可不披露的信息"进行了选择性披露;

90~100分:除了满足信息披露办法要求,还对其他信息进行了尽量多的披露,信息披露报告能够反映出公司最全面的状况。

2018年的前30家公司,最终综合排名如表2-8所示。

表2-8 人身险公司信息披露质量最终排名比较(2018年与2017年)

2018年人身险公司信息披露质量最终排名			2017年人身险公司信息披露质量最终排名		
排名	公司名称	得分(百分制)	排名	公司名称	得分(百分制)
1	新华人寿	97.27	1	弘康人寿	97.64
2	幸福人寿	94.82	2	中国人寿	97.39
3	平安人寿	93.70	3	百年人寿	95.48
4	中融人寿	93.68	4	富德生命	95.31

续表

2018年人身险公司信息披露质量最终排名			2017年人身险公司信息披露质量最终排名		
排名	公司名称	得分（百分制）	排名	公司名称	得分（百分制）
5	中英人寿	93.45	5	恒安标准人寿	95.14
6	天安人寿	93.19	6	人保健康	94.34
7	国寿股份	91.14	7	汇丰人寿	94.28
8	建信人寿	89.89	8	民生人寿	94.27
9	太平养老	89.69	9	光大永明保险	94.27
10	长城人寿	89.59	10	华泰寿险	94.20
11	汇丰人寿	89.56	11	交银康联	94.07
12	中意人寿	89.53	12	长生人寿	94.06
13	吉祥人寿	89.35	13	君龙人寿	94.02
14	国联人寿	89.12	14	君康人寿	93.98
15	光大永明	88.82	15	中意人寿	93.69
16	人保健康	88.56	16	工银安盛	93.69
17	工银安盛	88.36	17	人保人寿	93.68
18	同方全球	88.10	18	中华人寿	93.62
19	中邮人寿	88.08	19	复星保德信	93.47
20	中法人寿	88.05	20	招商信诺	93.29
21	前海人寿	87.81	21	华夏人寿	91.91
22	中宏人寿	87.73	22	中邮人寿	91.84
23	渤海人寿	87.65	23	太平养老	91.82
24	陆家嘴国泰	87.60	24	阳光人寿	91.74
25	泰康养老	87.38	25	幸福人寿	91.64
26	太保寿险	87.30	26	陆家嘴国泰	91.56
27	国华人寿	87.27	27	建信人寿	91.44
28	信泰人寿	87.17	28	中美联泰	91.42
29	恒安标准	87.11	29	和泰人寿	91.04
30	合众人寿	86.96	30	国联人寿	91.03

通过统计2018年全部84家公司，我们发现，有20家得分在88～100分之间，结果与2017年相比有一定差距；2018年有39家得分在80～88分，有21家公司得分低于80分。这样从分布上，我们认为整体质量较2017年披露的结果有所下滑。

从最高分来看，2018年略低于2017年，整体上看，2018年保险公司信息披露质量得分同样低于2017年的结果。根据前几年的数据我们也发现，排名名次并不稳定，这一方面是熵方法考虑了全体公司的情况,另一方面也说明某一年靠前的公司没有进行持续的努力以保持相对优势,据此,我们认为整体披露质量还需要保险公司进一步重视,以实现一个稳定的结果,这是保险业信息披露质量的发展方向。

第四节 财产险公司信息披露质量统计与分析

一、指标维度的统计结果

类似于人身险公司的处理过程,我们从指标维度出发来看一下财产险公司的情况。表2-9给出了2018年财产险公司披露分析的指标维度统计结果。作为对比,表2-10给出了2017年披露分析的指标维度结果。

表2-9　　　　　　　2018年财产险公司披露分析指标维度统计结果

评价角度及原则	分项指标	最高分	最低分	平均分
A 行为角度:及时性、合规性	A1 披露时间	2.0	1.0	1.74
	A2 重大事项及时公布	2.0	2.0	2.0
	A3 网站披露信息	2.0	1.0	1.98
	A4 指定媒体披露信息	2.0	1.0	1.98
B 内容角度:准确性、可靠性、一致性	B1 内容冲突检验	2.0	2.0	2.0
	B2 更正与补充行为	2.0	1.0	1.95
	B3 质疑记录	2.0	2.0	2.0
	B4 内容可靠性抽验	2.0	2.0	2.0
C 信息量角度:充分性	C1 页码	2.0	1.01	1.42
	C2 字数	2.0	2.0	2.0
	C3 补充信息	2.0	1.0	1.09
D 信息合规:完整性、可靠性、准确性、真实性	D1 基本信息	2.0	1.3	1.84
	D2 财务会计信息	2.0	1.4	1.76
	D3 风险管理信息	2.0	1.14	1.93
	D4 保险产品经营信息	2.0	1.33	1.98
	D5 偿付能力信息	2.0	1.67	1.9
	D6 重大关联交易	2.0	1.0	1.73
	D7 重大事项	2.0	1.0	1.73

表 2-10　　　　　　　　2017 年财产险公司披露分析指标维度统计结果

评价角度及原则	分项指标	最高分	最低分	平均分
A 行为角度：及时性、合规性	A1 披露时间	2.00	1.00	1.91
	A2 重大事项及时公布	2.00	2.00	2.00
	A3 网站披露信息	2.00	1.00	1.97
	A4 指定媒体披露信息	2.00	1.00	1.43
B 内容角度：准确性、可靠性、一致性	B1 内容冲突检验	2.00	2.00	2.00
	B2 更正与补充行为	2.00	1.00	1.99
	B3 质疑记录	2.00	2.00	2.00
	B4 内容可靠性抽验	2.00	2.00	2.00
C 信息量角度：充分性	C1 页码	2.00	1.08	1.39
	C2 字数	2.00	2.00	2.00
	C3 补充信息	2.00	1.00	1.01
D 信息合规：完整性、可靠性、准确性、真实性	D1 基本信息	2.00	1.35	1.92
	D2 财务会计信息	2.00	1.27	1.76
	D3 风险管理信息	2.00	1.43	1.93
	D4 保险产品经营信息	2.00	1.00	1.97
	D5 偿付能力信息	2.00	1.00	1.83
	D6 重大关联交易	2.00	1.00	1.56
	D7 重大事项	2.00	1.00	1.49

从表 2-9、表 2-10 中可以看出，2018 年的各公司信息披露质量得分较 2017 年整体有所提高，从平均值较高的数值上看，2018 年有 11 项指标的平均分在 1.90（含 1.90）以上，与 2017 年数目持平，而从整体上看，指标平均分有所提升。与此同时，2018 年指标平均分低于 1.50 的数目为 1 个，较 2017 年减少 3 个，指标间差异有所改善。

表 2-11、表 2-12 以及表 2-13 分别给出了 2018 年，2017 年和 2016 年各指标的得分顺序。

表 2-11　　　　　　　　　2018 年各指标平均值排名

排序	事项类别	平均值
1	A2 重大事项及时公布	2.0
2	C2 字数	2.0
3	B4 内容可靠性抽验	2.0

续表

排序	事项类别	平均值
4	B3 质疑记录	2.0
5	B1 内容冲突检验	2.0
6	A4 指定媒体披露信息	1.98
7	D4 保险产品经营信息	1.98
8	A3 网站披露信息	1.98
9	B2 更正与补充行为	1.95
10	D3 风险管理信息	1.93
11	D5 偿付能力信息	1.9
12	D1 基本信息	1.84
13	财务会计信息	1.76
14	披露时间	1.74
15	重大事项	1.73
16	关联交易	1.73
17	页码	1.42
18	补充信息	1.09

表 2-12　　　　2017 年各指标平均值排名

排序	事项类别	平均值
1	重大事项及时公布	2.00
2	内容冲突检验	2.00
3	质疑记录	2.00
4	内容可靠性抽验	2.00
5	字数	2.00
6	更正与补充行为	1.99
7	网站披露信息	1.97
8	经营产品	1.97
9	风险管理	1.93
10	基本信息	1.92
11	披露时间	1.92
12	偿付能力	1.83
13	财务会计	1.76
14	关联交易	1.56
15	重大事项	1.49

续表

排序	事项类别	平均值
16	其他媒体披露信息	1.43
17	页码	1.39
18	补充信息	1.01

表 2-13　　2016 年指标得分排名

排序	事项类别	平均值
1	字数统计	2.00
2	内容可靠性抽验	2.00
3	质疑记录	2.00
4	内容冲突检验	2.00
5	重大事项及时公布	2.00
6	经营产品	1.97
7	基本信息	1.96
8	网站披露信息	1.96
9	偿付能力	1.94
10	风险管理	1.90
11	重大事项	1.88
12	关联交易	1.86
13	财务会计	1.76
14	更正与补充行为	1.65
15	披露时间	1.64
16	其他媒体披露信息	1.52
17	页码	1.50
18	页码	1.33

二、公司维度的统计结果

表 2-14 给出了 2018 年财产险公司 18 个指标平均结果的排序与 2017 年指标的对比。从总体上可以看出，2018 年公司平均分较上年有所提高，其中排名分段居于前位的公司提升幅度相对较大。

表 2-14　　2018 年与 2017 年财产险公司 18 个指标平均结果

2018 年财险公司 18 个指标的平均分排序对比			2017 年财险公司 18 个指标的平均分排序对比		
排名	公司	平均分	排名	公司	平均分
1	新疆前海联合	1.96	1	亚太财险	1.94
2	平安财险	1.93	2	中银财险	1.90
3	众诚财险	1.93	3	平安财产	1.90
4	国泰财险	1.92	4	国元农业	1.90
5	劳合社	1.92	5	北部湾财险	1.89
6	北部湾财险	1.91	6	大地财	1.88
7	三星财险	1.91	7	安盛天平	1.87
8	太平财险	1.91	8	中路财险	1.87
9	富德产险	1.90	9	都邦财险	1.86
10	安华农业	1.90	10	安达财险	1.86
11	美亚财险	1.90	11	太保财	1.85
12	亚太财险	1.90	12	三星财险	1.85
13	英大泰和	1.90	13	安信农业	1.85
14	长安责产	1.90	14	安联财险	1.85
15	阳光财险	1.90	15	富邦财险	1.84
16	华安财险	1.89	16	泰山财险	1.84
17	日本兴亚	1.89	17	日本兴亚	1.84
18	长江财险	1.89	18	华安财险	1.84
19	太平科技	1.89	19	长安责产	1.84
20	乐爱金财险	1.89	20	阳光信保	1.84
21	融盛财险	1.88	21	史带财险	1.84
22	国元农业	1.88	22	建信财产	1.84
23	华海财险	1.88	23	阳光财险	1.84
24	建信财险	1.88	24	劳合社	1.84
25	阳光农业	1.88	25	安诚财险	1.83
26	鼎和财险	1.88	26	鼎和财险	1.83
27	苏黎世财险	1.87	27	国寿财	1.83
28	中航安盟	1.87	28	海峡财险	1.83
29	华泰财产	1.87	29	泰康在线	1.82
30	太平洋财险	1.87	30	众安保险	1.82

从平均值的角度看，2018 年财产险整体情况与 2017 年相近，稍有提高，但不

同位次公司的提升幅度有所差异。

三、综合排名结果

类似于人身险情况，得分含义如下（见表2-15）：

60~69分：信息披露内容超过了1/2，但与反映公司整体状况还有差距。

70~79分：基本符合银保监会信息披露办法要求，对"可披露可不披露的信息"主要采用了不披露、不标注的方式。

80~89分：较好地符合银保监会信息披露办法要求，对"可披露可不披露的信息"进行了选择性披露。

90~100分：除了满足信息披露办法要求，还对其他信息进行了尽量多的披露，信息披露报告能够反映出公司最全面的状况。

表2-15给出了基于信息熵模型的最终综合排名结果（前30名）。

表2-15 财产险公司信息披露质量最终排名比较（2018年与2017年）

2018年财产险公司信息披露质量最终排名			2017年财产险公司信息披露质量最终排名		
排名	公司名称	得分（百分制）	排名	公司名称	得分（百分制）
1	新疆前海联合	98.25	1	亚太财险	97.24
2	国泰财险	95.04	2	平安财产	94.18
3	劳合社	94.65	3	中银财险	94.10
4	平安财险	93.45	4	国元农业	94.04
5	安华农业	93.41	5	北部湾财险	93.75
6	众诚财险	93.29	6	大地财	93.42
7	华泰财险	90.95	7	安盛天平	92.94
8	北部湾财险	90.95	8	中路财险	92.87
9	安心财险	90.82	9	安达财险	92.40
10	三星财险	90.82	10	太保财	92.32
11	太平财险	90.81	11	长安责产	92.07
12	泰山财险	90.68	12	安联财险	92.01
13	富德产险	90.66	13	泰山财险	91.82
14	亚太财险	90.20	14	都邦财险	91.72
15	阳光财险	90.12	15	日本兴亚	91.60
16	长安责任	90.10	16	阳光信保	91.48
17	英大泰和	90.03	17	史带财险	91.41
18	美亚财险	89.94	18	阳光财险	91.40

续表

2018年财产险公司信息披露质量最终排名			2017年财产险公司信息披露质量最终排名		
排名	公司名称	得分（百分制）	排名	公司名称	得分（百分制）
19	华安财险	89.71	19	三星财险	91.39
20	长江财险	89.54	20	劳合社财险	91.35
21	日本兴亚	89.32	21	安信农业	91.29
22	燕赵财险	89.22	22	海峡财险	91.12
23	太平科技	89.19	23	富邦财险	91.10
24	乐爱金财险	89.08	24	安华农业	90.97
25	国元农险	88.99	25	阳光农互	90.94
26	华海财险	88.82	26	华安财险	90.92
27	融盛财险	88.81	27	泰康在线	90.90
28	建信财险	88.42	28	安诚财险	90.87
29	阳光农险	88.39	29	建信财产	90.76
30	都邦财险	88.01	30	鼎和财险	90.48

从2018年的排名可以看出，该结果与指标直接平均排列顺序相差较大，体现出信息熵和平均分法之间的差异性。因为信息熵方法考虑了全体公司的情况，使得信息熵方法下的排名较平均分法更加客观。

通过统计2018年全部88家公司，我们发现，有31家得分在88~100分，有39家得分在80~88分，有18家低于80分的公司。对比来说，2017年，在77家公司里，有34家得分在90~100分，有43家得分在80~90分，没有低于80分的公司。从整体上看，2018年信息披露情况较2017年有所下滑，但从最高分的角度看，2018年数据要好于2017年数据。

对于财产险公司来说，2018年信息披露质量与2017年相比有所退步，这也是2014—2016年信息披露质量持续保持稳步提升后的连续第二年下滑。

综合人身险公司、财产险公司结果，我们认为在实施了新的《保险公司信息披露管理办法（2018）》后，保险公司的信息披露质量基本维持了稳定，但是注意到整体成绩有下滑的现象，应持续加强信息披露的质量管控。

第三章
中国保险公司竞争力评价的理论与方法

第一节 保险公司竞争力的定义

中国对保险公司竞争力的实证研究还处于初级阶段，目前国际上对保险公司竞争力还没有一个比较明确的、较为广泛接受的定义。竞争力是参与者双方或多方的一种角逐或者比较而体现出来的综合能力，它是一种相对指标，通过竞争表现出来。MBA 百科把企业竞争力定义为：在竞争性市场条件下，通过培育自身资源和能力，获取外部可获得资源，并综合加以利用，在为顾客创造价值的基础上，实现自身价值的综合性能力。

姚壬元（2004）将保险公司竞争力定义为：保险公司在市场机制的作用下，合理、充分地运用自身拥有的资源，提供适应市场经济要求和保险业发展规律的产品和服务，使之在市场竞争中相对于其竞争对手所表现出的长久和持续发展的能力。他认为，保险公司的竞争力是一个包括资源、能力、环境三要素在内的综合系统，每种要素又分解为不同的能力和指标体系，通过对指标赋予权重，实现对保险公司竞争力的评价。指标权重的准确性在很大程度上影响了保险公司竞争力评价结果的科学性和正确性。

王成辉、江生忠（2006）指出，保险竞争力是一个保险行为主体与其他保险行为主体竞争保险资源的能力，它既指某一保险产品的竞争力，又指某一保险公司的竞争力，还指保险行业竞争力和保险业的国际竞争力。他认为国内对保险公司竞争力的定义并没有定论，大多数研究是从定性分析的角度进行的。

由《21 世纪经济报道》、21 世纪研究院金融研究中心联合美国加州大学组成的课题组（2009）认为，保险公司的竞争力是指在同一市场环境下，同业竞争者实现其经营目标的综合实力。保险公司的经营目标是满足保险经营的各利益参与者（所有者、投资者、管理者和客户）的利益，并且为保险公司自身创造持续、安全和稳健的价值。

王小平（2005）指出，人寿保险公司的核心竞争力就是人身险公司长期形成的，建立在先进的经营要素（如客户关系、产品开发、销售体系、员工队伍等）基础上的相互融通、相互依存、相互促进、整体运作的能力。借助这一能力，人身险公司能够按国内寿险行业的一流标准销售保单、提供服务，保费收入和盈利能力领先于其他人身险公司。

冯占军、李秀芳（2012）主要基于中国保险年鉴的相关数据，提出了保险企业竞争力"三段式"评价分析模型。魏伟（2012）认为，保险公司的核心竞争力是指其能够经受国内外激烈的竞争考验，具有显著竞争优势、扩展应用潜力和竞争对手难以模仿的整合各种资源的能力。其中，创新能力是保险公司的重要核心竞争力，包括科研和开发能力、技术和开发成果转化为产品和提高业务规模和业务质量的能力、组织协调公司内各种资源进行有效经营的能力，以及公司为应付制度环境、市场变化和不可预测因素的应变能力。周毅（2013）在讨论我国中小型财产保险公司核心竞争力的提升策略时指出，保险公司的核心竞争力主要包括五个方面：组织学习能力、险种研发能力、市场开拓能力、风险管理能力和企业文化的影响能力。其中，险种研发与风险控制能力、公司品牌意识与服务水平是制约中小型财险公司提升核心竞争力的主要因素。

孔婷婷（2015）认为构成保险企业核心竞争能力包括市场开拓、信息吸收、协调整合、开发创新和组织学习能力，保险企业核心竞争能力不是单一的某种能力，而是面对市场、面对环境所表现出的一种综合能力。施淑蓉（2015）认为寿险公司的核心竞争力既表现为公司的经营状况与投入产出效率等显性实力，又体现为支撑起整个寿险公司运行的潜在能力。李德立、于佳睿（2017）利用价值链分析法评价我国寿险公司核心竞争力时认为，保险公司的核心竞争力源于企业内部，是外在力量与内部控制相结合的产物，它包括了公司对内部资源的整合与协调能力和对外部环境变化的适应能力。马振涛（2018）以保险价值链及基于其上的保险企业核心竞争力为分析框架，提出科技重塑保险价值链在产品定制化、定价动态化、销售场景化、理赔自动化等四个方面表现，保险公司面临诸多挑战，需扬长避短，培育风险管理、产品服务和资产管理三大核心能力。

综合以上结果，并结合我们的经验和理解，现对保险公司竞争力给出如下定义。

保险公司竞争力是在市场经济环境中，保险公司根据行业和自身特点综合运用人力、物力、财力等各种资源，获得相对于竞争对手所表现出来的生存能力、创新能力和持续发展能力的总和，是保险企业综合能力的体现。竞争力是一个相对的概念，强调的是保险行业内竞争者之间的比较。

中国银行保险监督管理委员会于2018年4月颁布了《保险公司信息披露管理办法》，绝大部分保险公司都按照此文件的规定对公司信息进行了披露。我们主要是根据保险公司据此披露的信息以及保险年鉴、银保监会网站等方面的有关信息，将"生存能力、创新能力和持续发展能力"细化为五个可度量的部分，这五个部分为：盈利能力、资本管理能力、经营能力、风险管理能力和业务发展潜力，然后通过这五个方面来评价保险公司竞争力。

第二节　保险公司竞争力研究方法综述

石新武（2004）在其博士后的研究报告《开放条件下的保险竞争力》中把保险公司的竞争力指标分为三级，一级指标为权重20%的直接指标和权重80%的间接指标，直接指标为市场份额，间接指标包括规模实力（10%）、运营能力（20%）、成长能力（15%）、偿付能力（10%）、盈利能力（15%）和经营安全（10%）6项二级指标。每个二级指标下有1~3项三级指标。

姬便便（2005）应用标杆测定法对我国财险保险公司的竞争力进行研究，把财产公司竞争力的构成要素分为外部市场要素、内部市场要素和外部政策环境，根据这三种要素分别构造评价指标，得出影响我国财产保险公司竞争力的主要因素。

冯占军、李秀芳（2012）认为，企业的竞争力主要体现在对市场地位的竞争、对市场要素的竞争、对盈利水平的竞争，以及综合性的发展竞争等方面，在《2012中国保险企业竞争力研究》一书中，对中国保险企业的竞争力用竞争力绩效评价指标、竞争力状况评价指标和竞争力成因分析指标进行评价。

鲁维丽、谢晓迎等在《2017亚洲保险公司竞争力评价研究报告》中，主要基于保险公司财务实力来评估保险公司的竞争力，财务实力通过市场规模、资本金充足性、赔付准备金充足性、盈利能力、流动性和稳定性测试六部分数据来衡量。此外，该报告尽管参考了A. M. Best，Weiss和Fitch三大评级机构对保险公司的评级模型，在此基础上衍生出评估体系中所使用财务比率的主要类别和估算方法，但是，该报告对各国保险公司采用相同的评价方法、权重设定等，没有考虑不同的经济制度、财务制度和发展阶段等。

由于保险公司竞争力指标是保险企业在整个社会经济现象中多面性、复杂性和交叉性的客观反映，不能人为地、主观地去掉或保留哪些指标，必须运用科学、严格的定性和定量相结合的分析理论。国内文献中关于筛选、综合、优化保险公司竞争力指标体系的分析方法主要分为以下几种。

一、主成分分析法和因子分析法

这两种方法都是通过简化数据结构达到降低维数的目的，把多个存在相关关系的指标简化成少数几个互不相关的新的综合性指标。或者对原众多指标，按一定"原则"寻求原始指标的某种线性组合而形成新的综合指标（主成分变量）；或者把原始指标试图分解为公因子和特殊因子的线性组合（有时可忽略特殊因子）。这些新产生的主成分和公因子最大限度地反映了原始指标的信息（涵盖量达85%以上），之间互不相关，剔除了重叠信息，个数又较少，而且层次较高、综合性较强，使形成的新指标体系达到最优。

在综合评价中，优化指标体系多用该类方法，即主成分分析法和因子分析法。这两种方法既有联系，又有本质区别，应用范围也不尽相同。主成分分析法和因子分析法简化数据结构的机理不同，主成分分析法是对具有复杂相关关系的原始指标 $X=(x_1,\cdots,x_p)$，寻求投影向量 a，选择具有方差最大或较大的新的线性组合变量，而舍去方差较小的变量重新组合成个数较少、互不相关，但又在很大程度上反映了原始指标信息的主成分向量 $Y=(y_1,\cdots,y_m)$ $(m<p)$，于是由原始评价指标 $x_1,\cdots,x_p$ 简化并优化为综合性指标 $y_1,\cdots,y_m$。

因子分析法与主成分分析法不同，其实质不是对数据进行数学变换，而是对于具有复杂相关关系的原始指标（变量）$X=(x_1,\cdots,x_p)$，通过寻找原始变量的共同方面来简化存在于原始变量之间的复杂关系，把各个测量本质相同的变量归入一个因子（公因子），这些公因子对原始变量起着重要的支配作用，公因子之间不相关，往往不可测，个数比原始变量个数要少（如 m 个，$m<p$），是所有变量共同具有的公共因素。这样 p 个原始变量 $x_1,\cdots,x_p$ 和每一原始变量独自具有的特殊因子 e 两部分来描述或解释（通常只考虑公因子，忽略特殊因子）。从而达到简化数据结构的目的，即把原始评价指标化为 m 个公因子（综合指标），形成优化的指标体系。因子分析法的最大优势在于各综合因子的权重不是主观赋值而是根据各自的方差贡献率大小来确定的，方差越大的变量越重要，从而具有较大的权重；相反，方差越小的变量所对应的权重也就越小。这就避免了人为确定权重的随意性，使得评价结

果唯一，而且较为客观、合理。

叶欣（2007）通过运用主成分分析法构建评价模型，对上海主要中外资保险公司的竞争力进行排名和比较分析。王成辉、江生忠（2006）在建立我国保险业竞争力指标体系的基础上，应用因子分析法，结合我国保险市场的实际数据，对竞争力进行了实证分析，并分别对我国的财险和人身险公司进行了竞争力比较和排名。胡永红（2007）利用因子分析法对我国人寿保险公司竞争力进行了研究。张晶（2011）运用因子分析法对我国保险市场中28家保险企业的竞争能力进行了排序。吴成浩（2012）在现有关于上市公司特别是保险类上市公司竞争力指标体系研究的基础上，选取证监会分类的4家国内保险类上市的2011年财务数据，利用因子分析来构建竞争力评价指标体系。王光毅（2013）利用综合指标选择方法，综合利用聚类分析、相关性分析、主成分分析等多元统计分析方法，并根据保险年鉴数据，选取代表性公司，对保险公司竞争力评价指标进行选择和精简，最终构造出由3个综合指标6个分项指标组成的评价指标体系。刘祥祥（2013）利用因子分析方法，使用2010年的数据选取9个指标对我国保险市场上各财产保险公司的竞争力进行实证分析，来衡量不同财产保险企业的竞争力。胡宏兵（2013）运用因子分析法和聚类分析法，对我国保险业核心竞争力进行了实证分析，文中构建了17项指标来综合分析我国保险公司的核心竞争力，包括保费收入水平、资产总额、资本充足率和资产负债率等。张永杰（2015）基于2013年和2014年我国寿险业数据，运用因子分析法对我国寿险企业的核心竞争力进行了实证分析。文中从市场运营管理、资金管理、风险管控和人力资源管理等五个维度选取了17项评价指标。

在经济领域，如果综合评价所基于的是反映客观社会经济现象数量特征的客观性指标体系，一般用主成分分析法；如果综合评价基于的指标体系是反映人们的心理感受、主观愿望、满意程度等方面的主观性指标形成的指标体系，则用因子分析法。

二、其他方法

数据包络分析（Data Envelopment Analysis，DEA），是美国著名运筹学家A. Charnes等以相对效率概念为基础发展起来的一种效率评价方法，它是研究同类型生产决策单元相对有效性的有力工具。它主要采用数学规划方法，利用观察到的有效样本数据，对决策单元（DMU）进行生产有效性评价。DEA模型可同时对决策单元的多项投入和多项产出计算相对效率。每一个决策单元的各项投入和产出权重都是由模型根据最优原则计算出来的，而不是由决策者主观给定的，可避免主观随意性。DEA 模型的理论假设是：投入越少，产出越大，效率也就越高。但在实践中，有些产出是越少越好，如污染环境的物质。

关于数据包络分析法（DEA）用于产出效率的分析，虽然投入产出指标的权重是通过模型计算出来的，但由于模型中没有对各权重的取值范围加以限制，有时会出现不切实际的权重分配，从而导致权重取值的任意性。此外，数据包络分析法只能从效率的角度评价分析竞争力。但我们知道，竞争力的评价分析必须从效能和效率两个角度进行，否则其评价分析就不是完整和系统的。

恽敏（2003）使用数据包络分析法，综合考虑投入和产出以及它们之间的关系，考察目前保险公司的核心竞争实力，并且就如何提高核心竞争力提出了相关建议；姚树洁、冯根福和韩钟伟（2005）基于 1999—2002 年 22 家我国主要保险公司的数据资料，用两阶段法分析影响保险公司效率的重要因素；孙林、李光金（2005）基于 DEA 法对我国保险公司竞争力进行了分析；赵珹、尹成远（2009）运用 DEA 法的"超效率"模型，基于 2000—2007 年我国 18 家主要财产保险公司的数据资料，测度其技术效率、纯技术效率、规模效率，并对影响其效率的因素进行分析，给出相关的政策建议；李杭蔚、刘强（2010）将熵权和 topsis 法相结合对 4 家上市保险公司进行了实证分析；张春海（2011）利用 DEA 三阶段分析法，对 2009 年我国财险业的 46 家公司的经营效率进行分析。施淑蓉（2015）将寿险公司核心竞争力分为显在和潜在两部分，分别运用超效率 DEA 分析法和因子分析法对它们分别进行评分，从而得到了寿险公司核心竞争力综合得分，并对外资、合资、中资寿险公司的核心竞争力进行了排名。谢琛（2016）利用熵权法对 4 家财险公司财务报表中得到的评价指标赋予权重，进行综合评分，从而得出财险公司的竞争力评价。

有的学者认为，企业核心竞争力的评价具有模糊性，一是核心竞争力等级的分类具有模糊性，通常把核心竞争力强度分为优、良、中和差四个等级，但很难界定各等级的标准；二是企业核心竞争力的影响因素具有模糊性，如产品美誉度等。因此，简金平（2004）采用模糊物元综合评价法来评价保险公司的综合竞争力，钱璐、郑少智（2005）基于 AHP 法对我国保险公司核心竞争力进行了综合评价。张洪涛、甄贞和马驰（2014）基于成对比较矩阵法对保险企业的核心竞争力进行评价。

此外，有的专家还按照每个指标对研究对象独立作用的大小（或者叫方差贡献的大小），通过进行统计检验和数学变换等，筛选掉作用小的不重要指标，保留作用大的重要指标，最后形成由原指标体系中的部分重要指标组成的优化的指标体系，这类方法常用的有多元回归法、逐步回归法等。

由《21世纪经济报道》、21世纪研究院金融研究中心联合美国加州大学组成的课题组（2010）在《2010亚洲保险公司竞争力排名研究报告》中运用均值—方差方法进行相关研究。通过将保险公司的财务实力划分为六个主要部分进行衡量：市场规模、资本充足性、赔款准备金充足率、盈利能力、流动性和稳定性测试，每一部分包含若干个因素，并人为规定了每个因素在该部分中所占重要性比例（如50%），分别评分。通过计算出所有因素的平均值和标准差，得到公司的总体评价。为了获得比较合理的比率范围，首先将每一指标得分标准化，标准化后的变量分布变为新的分布。然后根据指标特性调整其Z（得分），并对其得分进行计算，得到保险公司的竞争力得分。

秦川杰（2014）利用盈利能力、偿付能力和承保能力等方面的10个指标构建了综合竞争力评价体系，运用变异系数法（均值—方差方法）对我国12家中资财产险公司和8家外资财产险公司进行了核心竞争力分析。在变异系数法中，通过判断变异系数的大小，对评价指标赋予不同的权重，克服了因主观赋权而造成的评价结果失真的影响，且操作简便、有较好的实用性。

总之，在保险公司竞争力研究的相关文献中，常用的、公认度较高的评价分析方法主要有主成分分析法和因子分析法；使用过但研究成果较少的方法有模糊数学法、数据包络法（DEA）；其他在个别文献中出现的方法包括均值—方差法、多元回归法、灰色关联分析等。由于主成分分析方法的原理比较容易理解，建模步骤明确，局限性和主观性较小，且能够使用SPSS等统计软件直接进行计算，我们选用主成分分析方法进行保险公司竞争力的评价研究。

第三节 保险公司竞争力评价指标体系的构建与原则

根据保险公司竞争力的定义和保险公司负债经营的特征，我们首先通过构建盈利能力、资本管理能力、经营能力、风险管理能力和业务发展能力5个一级指标反映保险公司竞争力的不同方面；其次在每个一级指标下面构建若干个二级指标；最后通过对所有二级指标的综合分析得到保险公司综合竞争力的评价。同时，通过对一级指标下面二级指标的分析得到保险公司一级指标竞争力的评价。

由于人身险公司和财产险公司在经营模式、发展思路、监管要求等方面都有所区别，在构建二级指标时，这两类公司的指标也有所不同。

一、保险公司竞争力评价指标构建的原则

保险公司竞争力是反映公司生存能力、创新能力和持续发展能力的一个综合性指标。因此，在构建指标时，必须能够反映保险公司的经营特点，并能够全面体现竞争力的定义。

（1）可得性原则

可得性原则既是指具体指标的可量化和可计算性，又是指具体数据的可得性。

在进行保险公司竞争力评价时，各种指标的建立和定义不可避免。此时，既要考虑各种指标的具体量化和计算方法，又要考虑各种数据的可获得性。近些年来，虽然我国的信息化建设取得了飞速发展，原中国保监会于2010年6月12日起颁布施行了《保险公司信息披露管理办法》，原中国保监会、保险行业协会、各公司自己的网站等为相关研究提供了比较权威和系统的数据，但面临各种具体研究时，在数据方面仍然感到捉襟见肘。

（2）客观性原则

在构建指标时，既要客观反映人身险公司和财产险公司在经营模式、发展思路、监管要求等方面的区别，又要能够体现出保险业的发展特点，并真实反映保险公司竞争力的各个不同方面。

（3）均衡性原则

课题组把二级指标分为三类：规模性指标、结构性指标和比率性指标。

规模性指标，是指保费收入、资产规模等反映公司经营规模的指标。

结构性指标，是指反映公司当年的经营思路和发展水平的指标，它是由公司自己当年的经营业绩指标计算得到，与公司往年的表现和其他公司无关，如综合费用率、综合赔付率、退保率等指标。

比率性指标，是反映公司经营业绩的年度变化情况的指标，如保费收入增长率、净利润增长率等指标。

毋庸讳言，以上各类指标对于不同类别公司竞争力的评价影响是不同的。规模性指标的设立对于成立时间较长的大型保险公司的竞争力评价结果比较有利；比率性指标对于成立时间较短、发展比较迅速的保险公司竞争力的评价结果有利。因此在设立指标时，需要考虑各类指标间的均衡性问题，特别是运用主成分分析法、因子分析法等进行保险公司竞争力评价时，均衡性原则尤其重要。

令人欣慰的是，中央财经大学"保险公司竞争力评价研究"课题组注意到了相关问题。我们除了在指标设立时考虑到了均衡性原则，还运用现代多元统计分析

法，从公司和指标两个角度，对我们的评价结果进行了 Wilcoxon 符号检验，作稳健性分析。

这也是我们课题组的一个创新性研究。

二、保险公司竞争力评价指标的构建

盈利能力是指企业获取利润的能力。利润是投资者取得投资收益、债权人收取本息的最终来源，是管理者经营业绩和管理效能的集中体现，也是职工集体福利不断完善的重要保障，因此，企业盈利能力分析十分重要。盈利能力指标包括总资产增长率、总资产收益率、净资产增长率等二级指标。

资本管理能力即资本的筹集、分配及运用的能力，主要表现在偿付能力充足率上。偿付能力一直是保险业监管的重心，保险公司偿付能力是指保险公司偿还债务的能力。2008 年 7 月 10 日，原保监会正式发布了《保险公司偿付能力管理规定》，其中第三条是保险公司应当具有与其风险和业务规模相适应的资本，确保偿付能力充足率不低于 100%。该项指标主要包括偿付能力充足率、认可资产负债率等二级指标。

保险公司经营能力是一个系统的概念，它是指公司根据本身的内外部条件制订经营战略与计划的决策能力，以及进行各种活动的组织管理能力的总和。保险公司经营能力的强弱表明了资产的利用程度及使用效率，这在很大程度上决定了保险公司的经营效益以及由此产生的对债务偿付的保障程度。该项指标主要包括资本利用率、综合赔付率、综合费用率等二级指标。

保险公司风险管理是对风险的识别、衡量和控制的技术方法，也可以指经济主体用于降低风险负面影响的动态连续过程，其目的是直接、有效地推动组织目标的实现。保险公司风险管理的总体目标是实现企业价值最大化，企业价值最大化将通过风险成本最小化实现。在经济全球化、金融一体化迅猛发展的今天，保险公司所面临的风险越来越大，因此，加强对保险公司风险管理能力的监管是十分必要的。风险管理能力包括流动性比率、融资比例等二级指标。

保险公司业务发展潜力关系到公司的发展前景，如保险公司未来的业务发展规模、市场份额占有状况、公司的发展潜力等，因此，该项指标是衡量保险公司未来可持续发展能力的一个重要指标，应该重视对保险公司业务发展潜力的监管。影响保险公司业务发展的因素有很多，主要包括原保费收入增长比率、发展系数等二级指标。

三、保险公司竞争力评价结果的科学性

（1）数据信息的公开性原则

数据信息的公开、客观和准确是一切公司评价的基础。为了保证《中国保险公司竞争力评价研究报告》结果的科学性和可验证性，我们进行保险公司评价的数据都是来源于公开渠道：既有各保险公司的年度信息披露报告、保险公司网站信息，又有中国保险监督管理委员会网站、中国保险行业协会网站以及《中国保险年鉴》等。这样在讨论评价结果时，就有一个可以共同讨论的数据基础。

同时，为了保证数据的可信性、合规性，我们在第二章专门对我国保险公司的信息披露质量作了一个分析，这也为完善我们的评价工作提供了一个很好的数据支撑和准备。

（2）评价方法的稳定性原则

即使占有同样的数据，评价方法不同，其结果往往也不同，有时候甚至会千差万别。

为了保证评价结果的可比较性，评价方法的稳定性至关重要。这里的稳定性有两方面的含义：一是评价方法一旦确定后，就尽量保持不变或者不作大的调整，保持评价结果的继承性和可比较性，使得被评价对象对自己的评价结果有一个直观的认识和比较，这样也有助于增加评价结果的说服力；二是评价方法能够适用于具体评价的对象、行业或区域，不同类别的公司、行业或区域，可能选用不同的评价方法或者设置不同的参数。具体问题具体分析，没有一成不变的适用于所有类别的公司、行业或区域的评价方法。

（3）评价结果的稳健性原则

稳健性最早来源于财务管理，往往是指公司的财务应对各种风险的能力。在这里，稳健性主要考察的是评价方法和指标解释能力的强壮性，也就是当改变某些参数时，评价方法和指标是否仍然对评价结果保持一个比较一致、稳定的解释，即如果改变参数设定以后，结果发生了显著性改变，则说明不具有稳健性，需要寻找问题所在。

当然，不同的评价方法，参数的设定也有所不同。对于非参数统计方法，人们往往是通过改变指标或者改变部分参选对象来评价结果的稳健性。《2018中国保险公司竞争力评价研究报告》通过运用模糊聚类分析法，对一些特殊的保险公司、特殊的评价指标进行剔除，并对剔除前后的结果进行非参数检验，分析评价结果的稳健性。

在国内外各种对经营单位进行的评价研究报告中,运用稳健性方法检验评价结果有效性的做法还不多见,这也是我们评价工作的一个鲜明特色和创新之处。

第四节 主成分分析法与模糊聚类分析法介绍

一、主成分分析法

在各个领域的科学研究中,往往需要对反映事物的多个变量进行大量的观测,收集大量数据以便进行分析,寻找规律。多变量大样本无疑会为科学研究提供丰富的信息,但也在一定程度上增加了数据采集的工作量,更重要的是,大多数情况下,许多变量之间可能存在相关性而增加了问题分析的复杂性,同时对分析带来不便。如果分别分析每个指标,分析又可能是孤立的,而不是综合的。盲目减少指标会损失很多信息,容易产生错误的结论。因此,需要找到一个合理的方法,在减少分析指标的同时,尽量减少原指标包含信息的损失,对所收集的资料作全面的分析。由于各变量间存在一定的相关关系,有可能用较少的综合指标分别综合存在于各变量中的各类信息。主成分分析法就是把多个指标化为少数几个综合指标的统计分析方法,它通过几个综合因子(主成分)来代表原来众多的变量,使这些主成分尽可能多地反映原来变量的信息,而且彼此之间互不相关。

主成分分析的步骤如下:

设有 p 项指标的 n 个样本构成矩阵 X:

$$X = \begin{bmatrix} x_{11} & x_{12} & \cdots & x_{1p} \\ x_{21} & x_{22} & \cdots & x_{2p} \\ \vdots & \vdots & & \vdots \\ x_{n1} & x_{n2} & \cdots & x_{np} \end{bmatrix}$$

(1)进行原始数据的标准化

$$Z_{ij} = \frac{X_{ij} - \bar{X}_j}{S_j}, i = 1, 2, \cdots, n; j = 1, 2, \cdots, p$$

其中,$\bar{X} = \frac{1}{n} \sum_{i=1}^{n} X_{ij}$ 为第 j 个变量的均值;$S_j^2 = \frac{1}{n-1} \sum_{i=1}^{n} (X_{ij} - \bar{X}_j)^2$ 为第 j 个变量的样本方差。

(2) 计算样本的相关系数矩阵 R

$$R = (r_{ij})_{p \times p}, 其中 r_{ij} = \frac{1}{n-1}\sum_{k=1}^{n} Z_{ki}Z_{kj}, i,j = 1,2,\cdots,p$$

(3) 求矩阵 R 的特征值 $\lambda_1 \geq \lambda_2 \geq \cdots \geq \lambda_p$ 和特征向量 $U = (u_{ij})_{p \times p}$

特征值 λ_1 是特征方程 $|R - \lambda E| = 0$ 的根,它的大小反映了各个主成分在描述所评价对象上所起作用的大小,λ_1 对应的特征向量 U_{*1} 由方程 $(R - \lambda_i E)U_{*j} = 0$ 给出。

第 i 个主成分可以表示为 $F_i = \sum_{j=1}^{p} U_{ij}Z_{*j}, i = 1,2,\cdots,p$

(4) 选取主成分数目的判定准则:

第 i 个主成分的方差贡献率表示该主成分能解释的原始变量的信息量,$\alpha_i = \lambda_i / \sum_{i=1}^{p} \lambda_i$,对于一般的主成分分析,通常约定累计方差贡献率 $q \geq 85\%$,对于约定的累计方差贡献率 q_0,如果有如下关系成立:$\sum_{i=1}^{k-1} \lambda_i / \sum_{i=1}^{p} \lambda_i < q_0 \leq \sum_{i=1}^{k} \lambda_i / \sum_{i=1}^{p} \lambda_i$,则取前 k 个主成分进行分析评价。

(5) 利用主成分得分进行评价分析

利用所得到的前 k 个主成分 F_i 作为变量,相应的方差贡献率 λ_i 作为权重,得到主成分加权平均后的得分 $G = \sum_{i=1}^{k} \lambda_i F_i / \sum_{i=1}^{k} \lambda_i$,根据分数的高低可以对各个样本进行排名。

二、模糊聚类分析法

聚类分析是按照一定的要求和规律将事物进行分类的一种数学方法,它原来是数量统计中多元分析的一个分支(许海洋、汪国安、王万森,2005)。从应用数学的角度来看,在某种程度上对公司的财务和经营状况进行评价,本质上是一个排名和分类工作,即在多大程度上与最优标准(或理想状况)处于同一个层次(寇业富、李晓林,2009)。因此,模糊聚类分析法是从另一个角度对保险公司的业务结构和质量进行分析。

模糊聚类分析的步骤如下(寇业富、李晓林,2009):

(1) 确立指标体系并对指标数据进行预处理

在选择指标时,为了保证分析结果的科学性和适用性,应该将反映保单以及公司经营状况的全部重要特性包括进来。

在实际应用中,即使选用了一个较好的算法进行分析研究,但是由于各数据的性质以及数量级的不同,也会出现有的指标数据,主要是大数量级的指标会"吃掉"小数量级的指标,影响分析的有效性。为弥补这一不足,需要进行数据的预处理。

其中,针对指标的数量级不同以及量纲单位的不同,可以选用极差化法:
即对于数据矩阵的第 j 列,计算

$$M_j = \max_{1 \leq i \leq n} x_{ij}, m_j = \min_{1 \leq i \leq n} x_{ij}, \quad j = 1, \cdots, m$$

然后,对原数据作变换:

$$x'_{ij} = \frac{x_{ij} - m_j}{M_j - m_j}, \quad i = 1, \cdots, n, \quad j = 1, \cdots, m$$

通过这种方法可以将所有指标的量纲单位消除,变为无量纲量,从而可以消除数额、时间、百分率等单位的不同。

(2) 聚类分析

设 $Z = \{x_1, x_2, \cdots, x_n\}$ 是 n 个对象集合,每个对象的特征数据表示为 $x_i = (x_{i1}, x_{i2}, \cdots, x_{im})$,$i = 1, 2, \cdots, n$,利用标定方法,可以得到 2 个对象 x_i 和 x_j 的模糊相似程序 r_{ij},于是就得到模糊相似矩阵 R。

$$R = \begin{bmatrix} r_{11} & r_{12} & \cdots & r_{1n} \\ r_{21} & r_{22} & \cdots & r_{2n} \\ \vdots & \vdots & & \vdots \\ r_{n1} & r_{n2} & \cdots & r_{nn} \end{bmatrix}_{n \times n}$$

其中,$r_{ii} = 1, r_{ij} = r_{ji}, j = 1, 2, \cdots, n$。

定理 设 R 是模糊相似矩阵,则存在一个最小自然数 $k \leq n$,使 $t(R) = R^k$,并且对一切大于 k 的自然数 q,均有 $R^q = R^k$

该定理说明了从一个 Fuzzy 相似矩阵 R 通过求 R 的传递闭包,可构造一个 Fuzzy 等价矩阵,并且运算有限次,即不超过 n 次。为了提高运算速度,可以用平方法 $R \rightarrow R^2 \rightarrow R^4 \rightarrow \cdots R^{2^k} \rightarrow \cdots$,经过有限次运算后,一定有一个自然数 $(2^k \leq n)$,使 $R^{2^k} = R^{2^{k+1}}$,于是 $t(R) = R^{2^k}$。对 R^{2^k} 进行等价分类,从而得到诸对象的评价结果。

对于众多公司来讲,由于其规模、发展定位和思路的不同,对其进行业务结构的相似性分析及其聚类研究具有实际意义。

第四章
中国人寿保险公司竞争力评价分析

保险公司竞争力评价研究都是基于公开、客观和科学的原则,即研究方法、评价指标、数据来源等坚持公开、客观和科学的原则。

我们坚持评价过程和目标要客观有效,避免或者尽量减少人为主观因素的干扰;考虑到结果的敏感性,在有可能使用定量分析的地方,使用定量分析;尽量避免或者减少涉及权重选择等主观性问题的评价方法。

一、信息来源说明

保险公司竞争力评价研究的数据主要来源于各家保险公司的年度信息披露报告,少部分指标来源于历年的《中国保险年鉴》和银保监会、保险学会、保险行业协会以及各公司自己的网站信息,即全部数据都是来源于公开渠道。

保险公司的2018年年报信息披露报告主要包括以下五方面内容:公司简介、年度财务报告及其附注、风险管理状况、产品信息、偿付能力信息. 本研究主要从以上报表中获取数据进行分析。

二、研究对象

根据中国银保监会网站,截至2018年12月31日,中国人身险公司共有91家,其中,中资公司63家,外资保险公司28家。

其中,国寿存续没有披露年度信息披露报告;和谐健康、安邦人寿、华汇人寿、安邦养老没有公布2018年度信息披露报告,对这5家保险公司不予评价。

国寿养老、长江养老、新华养老、人保养老仅经营养老保障管理业务、企业年金、职业年金等业务,暂不经营负债型的人寿保险业务,不适用将偿付能力的监管要求,对这4家养老保险公司不予评价。

复星联合健康、信美相互、华贵人寿、爱心人寿、和泰人寿、招商仁和、三峡人寿、瑞华健康、北京人寿、海保人寿、国富人寿、国宝人寿这12家人身保险公司成立营业时间距离2018年年底均不足2年，不予评价。

新光海航、横琴人寿、中法人寿、幸福人寿、国联人寿、德华安顾、恒安标准、昆仑健康、中华人寿、太保安联健康这10家公司的部分数据特殊，不予评价。

上述31家公司，如果有任何问题、建议或者意见，请与保险公司竞争力评价研究课题组联系。

最后，课题组共对60家人身险公司进行竞争力评价。

三、特别说明

（1）本研究都是采用公开发布的披露数据进行分析，我们根据实质重于形式的原则，对发现个别公司披露数据存在错误或异样的年报信息进行调整，或者在涉及该指标时进行批注说明。

（2）本研究采用的数据皆来源于已公开的资料或课题组成员的个人分析，但我们不保证上述信息的完整与准确性，中国精算研究院不因使用本报告而产生的一切后果承担责任，只以此作为学术研究以及学界和业界的信息交流与参考。同时，本研究为课题组成员的个人观点，并不代表中国精算研究院的观点。有关问题的来源、讨论或争议，请使用电话或电子邮件的方式与我方联系。

（3）在评价指标中，有的指标的取值是越大越好，可以称为正向指标；有的指标的取值是越小越好，可以称为逆向指标；有的指标的取值是位于中间的某个值为好。

对于逆向指标，我们在本报告中都已经进行逆向化处理，即逆向化后的指标数据的取值也是越高越好；对于有的指标取值是位于中间的某个值为好，此时我们往往是通过构建系数的方式，对此类指标进行处理，经过系数化后的指标取值也是越大越好。

第一节 人身险公司竞争力指标体系的构建

一、评价指标体系说明

目前国内外还没有一个比较明确的、被广泛接受的"保险公司竞争力"的定义。综合国内外相关研究，结合自己的经验和理解，我们给出保险公司竞争力的定义：保险公司竞争力是保险公司根据行业和自身特点，在市场经济环境中，综合运用其各种人力、物力、财力等各种资源，获得相对于竞争对手所表现出来的更强的生存能力、创新能力和持续发展能力的总和，是公司综合能力的体现。同时，竞争力也是一个相对的概念，强调的是保险行业内竞争者之间的比较。

我们进行的保险公司竞争力评价研究是以保险公司为出发点和落脚点，根据保险公司负债经营的特征以及当前银保监会的监管重点，我们构建了保险公司的盈利能力、资本管理能力、经营能力、风险管理能力和发展潜力5个一级指标，来反映保险公司竞争力的不同方面。我们首先在每个一级指标下建立个数不等的二级指标，共有58个二级指标；其次通过对二级指标进行定量分析得到保险公司一级指标的评价结果；最后对全部二级指标进行定量分析，得到保险公司竞争力的综合评价结果。

二、具体指标构建

Ⅰ 盈利能力指标

盈利能力指标共有10个二级指标，包括8个比率分析指标和2个规模性指标。

Ⅰ-1 总资产收益率：

总资产收益率＝净利润÷[（期初总资产＋期末总资产）÷2]×100%

Ⅰ-2 净资产收益率：

净资产收益率＝净利润÷平均净资产×100%

Ⅰ-3 投资收益率：

投资收益率＝投资收益总额÷平均投资资产×100%

Ⅰ-4 净投资收益率：

净投资收益率＝（利润表中的投资收益＋其他业务收入）÷平均投资资产

Ⅰ-5 承保利润率：

承保利润率＝承保利润÷（期初保险业务收入＋期末保险业务收入）的均值

Ⅰ-6 投资资产占总资产比率：

投资资产占总资产比率＝平均投资资产÷平均总资产×100%

Ⅰ-7 净利润

Ⅰ-8 净利润增长率：

净利润增长率＝（当年净利润－上一年净利润）÷上一年净利润

Ⅰ-9 人均净利润：

人均净利润＝净利润总额÷公司职工人数

Ⅰ-10 综合收益率：

综合收益率 = （利息收入 + 投资收益 + 交易类公允价值变动 + 可供出售类公允价值变动 - 交易费用及税金 + 其他综合收益）÷ 两年平均投资资产。

Ⅱ 资本管理能力

资本管理能力共有12个二级指标，包括11个比率和结构分析指标、1个规模指标。

Ⅱ-1. 资本管理系数：

偿付能力充足率 (x) = 实际资本 ÷ 最低资本

$$资本管理系数 = \begin{cases} \dfrac{x - 150\% + 70\%}{70\%}, & 80\% \leqslant x \leqslant 150\% \\ 1, & 150\% < x \leqslant 300\% \\ \dfrac{300\% + 2000\% - x}{2000\%}, & 300\% < x \leqslant 300\% + 2000\% \\ 0, & 其他 \end{cases}$$

Ⅱ-2. 认可资产负债率：

认可资产负债率 = 认可负债 ÷ 认可资产 × 100%

Ⅱ-3. 资产认可率：

资产认可率 = 认可资产 ÷ 总资产 × 100%

Ⅱ-4. 资本利用率：

资本利用率 = 保险业务收入 ÷ 所有者权益 × 100%

Ⅱ-5 资金成本率：

资金成本率 = 承保利润 ÷ 年初保险合同准备金（寿险） - 一年定期存款利率（取3%）

Ⅱ-6. 认可资产增长率：

认可资产增长率 = （期末认可资产 - 期初认可资产）÷ 期初认可资产 × 100%

Ⅱ-7. 所有者权益

Ⅱ-8. 所有者权益增长率：

所有者权益增长率 = （当年所有者权益 - 上一年所有者权益）÷ 上一年所有者权益

Ⅱ-9. 资产杠杆系数：

杠杆比率 (x) = 总资产 ÷ 净资产

$$\text{杠杆比率系数} = \begin{cases} 1, & 3 \leq x \leq 10 \\ \dfrac{30-x}{20}, & 10 \leq x \leq 30 \\ \dfrac{x-1}{2}, & 1 \leq x \leq 3 \\ 0, & others \end{cases}$$

Ⅱ-10. 风险调整资本利润率：

风险调整资本利润率 = 净利润 ÷ 最低资本

Ⅱ-11. 资本管理绩效增长率：

资本管理绩效增长率 = 上一年的（净利润 ÷ 最低资本）- 本年的（净利润 ÷ 最低资本）

Ⅱ-12. 可运用资金收益率：

可运用资金收益率 =（投资收益 + 公允价值变动损益 + 汇兑损益）÷ 可运用资金。

Ⅲ 经营能力指标

经营能力由以下 14 个指标构成，包括 13 个比率和结构指标与 1 个规模性指标。

Ⅲ-1. 净资产周转率：

净资产周转率 = ［报告期营业收入合计 ÷（期初股东权益 + 期末股东权益）÷ 2］×100%

Ⅲ-2. 总资产周转率：

总资产周转率 = ［报告期营业收入合计 ÷（期初总资产 + 期末总资产）÷ 2］×100%

Ⅲ-3. 综合费用率：

综合费用率 =（业务及管理费 + 手续费及佣金 + 分保费用 + 保险业务营业税金及附加 - 摊回分保费用）÷ 已赚保费 ×100%

Ⅲ-4 手续费及佣金比率：

手续费及佣金比率 = 手续费及佣金 ÷ 原保费收入 ×100%

Ⅲ-5. 业务及管理费占比：

业务及管理费占比 = 业务及管理费 ÷ 原保费收入 ×100%

Ⅲ-6. 综合费用率增长率：

综合费用率增长率 =（当年的综合费用率 - 上一年的综合费用率）÷ 上一年的综合费用率 ×100%

Ⅲ-7. 险种集中度系数：

险种集中度系数 $= \sum_{i=1}^{5}$（前i种产品的各自保费收入）$^2 \div$（前五种产品保费总收入）^{2}

Ⅲ-8. 退保率：

退保率 = 报告期退保金额÷（期初寿险责任准备金+期初长期健康险责任准备金+报告期原保费收入）

Ⅲ-9. 报告期营业收入

Ⅲ-10. 保险业务收入增长率：

保险业务收入增长率 = 当年的保险业务收入÷上一年的保险业务收入-1

Ⅲ-11. 净利润赔付支出覆盖率：

净利润赔付支出覆盖率 = 净利润÷（赔付支出-摊回赔付支出+提取未决赔款准备金-摊回未决赔款准备金）

Ⅲ-12. 保费收入费用增长比：

保费收入费用增长比 = （当期原保费收入-上一期原保费收入）÷（当期综合费用-上一期综合费用）

Ⅲ-13. 应收保费率：

应收保费率 = （期初应收保费+期末应收保费）÷（期初保险业务收入+期末保险业务收入）

Ⅲ-14. 应收分保率：

应收分保率 = （期初应收分保账款+期末应收分保账款）÷（期初分出保费+期末分出保费）

Ⅳ 风险管理能力指标

风险管理能力由12个比率和结构性分析指标构成。

Ⅳ-1. 偿付能力充足率：

偿付能力充足率 = 实际资本÷最低资本×100%

Ⅳ-2. 流动性比率：

流动性比率 = 流动性资产余额÷流动性负债余额×100%

Ⅳ-3. 自留保费占净资产的比率（肯尼系数）：

自留保费占净资产的比率 = 自留保费/（期初所有者权益+期末所有者权益）的均值

Ⅳ-4. 自留保费增长率：

自留保费增长率 = （公司本年自留保费-公司上一年自留保费）÷公司上一年自留保费

Ⅳ-5. 准备金安全率：

准备金安全率 = 两年的所有者权益均值÷两年的（未到期责任准备金+未决赔款准备金+保险保障基金+寿险责任准备金+长期健康险责任准备金－应收分保未到期责任准备金－应收分保未决赔款准备金－应收分保寿险责任准备金－应收分保长期健康险责任准备金）均值

Ⅳ-6. 现金盈余保障倍数：

现金盈余保障倍数 = 经营活动净现金流÷净利润

Ⅳ-7. 收现比（收入现金比）：

收入现金比 =（经营活动、投资活动、筹资活动的现金流入合计+汇率变动对现金及现金等价物的影响额）÷营业收入合计

Ⅳ-8. 现金流满足率：

现金流满足率 = 现金及现金等价物净增加值÷（经营活动、投资活动、筹资活动的现金流出合计+汇率变动对现金及现金等价物的影响额）

Ⅳ-9. 资产杠杆率：

资产杠杆率 = 总资产÷净资产

Ⅳ-10. 保险负债占总资产比：

保险负债占总资产比 = 保险负债÷总资产

Ⅳ-11. 可运用资金收益率：

可运用资金收益率 =（投资收益+公允价值变动损益+汇兑损益）÷可运用资金

Ⅳ-12. 可运用资金占净资产的比：

可运用资金占净资产的比 = 可运用资金/净资产

Ⅴ 发展潜力

发展潜力由以下10个指标构成，包括7个比率分析指标和3个规模性指标。

Ⅴ-1. 发展系数：

发展系数 = 公司保费收入增量市场份额÷人身险市场保费收入增量份额×100%

Ⅴ-2. 综合收益增长率：

综合收益增长率 =（本年的综合收益额－上一年的综合收益额）÷上一年的综合收益额

Ⅴ-3. 总资产增长率：

总资产增长率 =（期末总资产－期初总资产）÷期初总资产×100%

V-4.净资产增长率：

净资产增长率=（期末所有者权益-期初所有者权益）÷期初所有者权益×100%

V-5.市场拓展能力：

市场拓展能力=公司原保费收入÷实收资本（股本）

V-6.人均产能：

人均产能=营业收入合计÷公司职工人数

V-7.分支机构数目：

分支机构数目是指设立分公司的数目，包括在省级和经济单列市的分公司数目

V-8.万张保单投诉量

V-9.保险业务收入增长率：

保险业务收入增长率=（当年的保险业务收入-上一年的保险业务收入）÷当年的保险业务收入

V-10.资金运用效率

资金运用效率=可运用资金收益率÷一年期存款利率（3%）×100%。

第二节 2018年中国人身保险公司综合竞争力评价结果与分析

在确定了指标和提取数据后，为了保证对保险公司竞争力评价的客观性和科学性，首先根据指标的正向和逆向进行数据的预处理、统一，使处理后的全部指标数据为正向，即其数据越大越好；其次，指标数据中有些是比率指标，有些是数值指标，为了避免"以大欺小"以及避免指标单位对评价结果的影响，我们对全部数据进行归一化处理，即全部指标数据都在0~1之间取值；最后在运用主成分分析法进行综合竞争力评价时，我们是对全部58个二级指标数据进行分析处理，因此二级指标与一级指标的隶属关系不影响对综合竞争力的评价结果（见图4-1）。

为了便于对公司的业绩进行比较，我们对以下披露的各家公司的二级指标数据都进行了逆向化处理，即得分高者意味着对一级指标具有更大的"正向"作用，得分低意味着对于一级指标具有较低的"负向"作用；同时，根据综合运用主成分分析、因子分析得到的对保险公司综合竞争力以及一级指标的评价结果，设定最高分不超过100分，最低分不低于40分。

一、2018年人身险公司综合竞争力的得分与排名

数据预处理后,我们得到60家人身险公司的58个二级指标数据。为了更好地反映保险公司竞争力的实际情况,并根据保险业发展阶段和监管要求,课题组对部分指标进行了加权处理,这样就得到一个58×62数据矩阵。利用主成分分析法,共选取17个主成分,其累计解释率达到85.7%,每个主成分都是这些二级指标的线性组合。

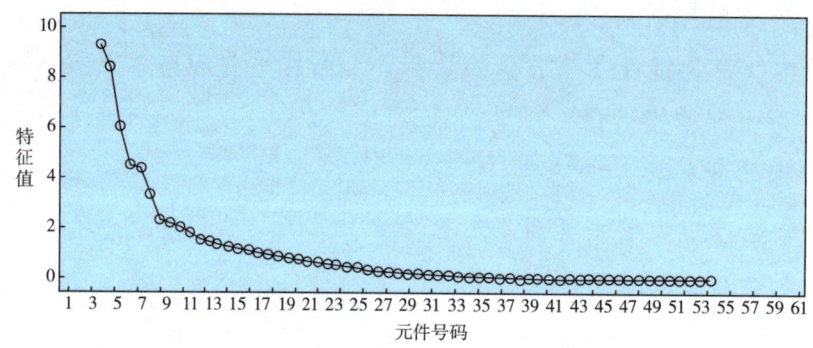

图4-1 人身险公司综合竞争力分析的陡坡图(碎石图)

选取这15个主成分后,各保险公司综合竞争力的评价结果与排名如下(见表4-1)。

表4-1　　　　2018年中国人身保险公司综合竞争力得分及排名

公司名称	排名	得分	公司名称	排名	得分
中国人寿	1	100.0	中英人寿	31	73.0
平安寿险	2	99.7	光大永明	32	72.7
太保寿险	3	97.1	复星保德信	33	72.6
中邮人寿	4	94.8	君龙人寿	34	72.2
新华人寿	5	93.1	友邦人寿	35	72.1
泰康人寿	6	92.5	交银康联	36	72.1
恒大人寿	7	92.2	长生人寿	37	71.3
人保寿险	8	87.0	华泰人寿	38	70.3
太平人寿	9	85.5	阳光人寿	39	70.3
华夏人寿	10	83.6	长城人寿	40	70.2
民生人寿	11	83.6	建信人寿	41	69.7
利安人寿	12	82.5	吉祥人寿	42	69.5
中德安联	13	81.4	瑞泰人寿	43	67.1

续表

公司名称	排名	得分	公司名称	排名	得分
陆家嘴国泰	14	81.2	工银安盛	44	65.4
泰康养老	15	80.8	人保健康	45	65.3
前海人寿	16	80.2	中韩人寿	46	64.6
同方全球人寿	17	77.7	国华人寿	47	62.5
招商信诺	18	77.4	中融人寿	48	62.5
平安健康	19	77.2	中银三星	49	60.4
君康人寿	20	77.2	信泰人寿	50	59.9
英大人寿	21	76.7	天安人寿	51	59.4
上海人寿	22	76.2	农银人寿	52	59.1
中美联泰	23	75.4	百年人寿	53	58.6
中荷人寿	24	75.1	弘康人寿	54	57.6
北大方正人寿	25	74.9	渤海人寿	55	56.4
中意人寿	26	74.2	汇丰人寿	56	52.2
平安养老	27	74.2	富德生命	57	48.4
中宏人寿	28	74.1	东吴人寿	58	48.0
中信保诚	29	73.5	珠江人寿	59	47.1
太平养老	30	73.4	合众人寿	60	40.0

二、结论与分析

本报告在2018年研究的基础上，根据影响当前中国人身险公司的发展和中国银保监会的监管要求等各方面因素，修改完善了人身险公司竞争力评价指标体系。根据此评价指标体系，我们应用主成分分析法对中国寿险公司的竞争力进行了经验分析。随着国际经济金融危机和我国经济结构的调整，中国保险业的发展逐渐克服了一些困难和"瓶颈"。2018年，全行业共实现原保险保费收入38016.62亿元，同比增长3.92%，其中，财产险公司和人身险公司分别同比增长11.52%和0.85%；赔付支出12297.87亿元，同比增长9.99%%；保险业资产总量183308.92亿元，较年初增长9.45%。

基于公开的数据和课题组的评价体系，2018年中国人身险公司综合竞争力评价的基本情况如下。

1. **盈利能力方面**：这60家人身险公司的盈利能力表现差别较大，整体来看，中资保险公司与外资保险公司大体平分秋色，中资保险公司略占优势。

在盈利能力竞争力排名前10的公司中，有4家外资保险公司，分别是中德安联、中美联泰、平安健康和友邦人寿（分别排名第四、第六、第八和第九），其余6家是中资保险公司，中资保险公司的盈利能力略高于外资保险公司。显然，在强调"保险姓保"、经营发展保障性产品方面，中资保险公司还有很多地方需要向外资保险公司学习；同时，保险公司在注重规模、份额的同时，投资收益、技术等还有待加强完善。

2. **资本管理能力方面**：2018年人身险公司的资本管理能力得到大幅提高，其中，中资人身险公司的资本管理能力占有比较明显的优势。这说明中资保险在资本实力、资本管理能力等方面已经有了很大的进步。

在资本管理能力方面，有的保险公司的资本管理系数远低于1，主要是由于这些公司的偿付能力充足率太高，资本运用太不充分。

在资本管理能力竞争力排名前十的公司中，外资保险公司有2家入围，分别是交银康联（排名第七）、瑞泰人寿（排名第九），其余8家都是中资保险公司，应该说在保险公司的资本管理能力方面，中资人身险公司比外资人身险公司略占优势，占有比较明显的优势。

3. **经营管理能力方面**：2018年人身险各公司整体凸显在综合成本率居高不下，基本都在100%左右，因此承保利润形势严峻。整体相比而言，各公司间综合赔付率和综合费用率相对差异不大，超过一半公司的综合成本率高于100%。

在经营能力竞争力方面，前十名的保险公司全部是中资保险公司（中国人寿和平安寿险分别排名第一、第二），第十一名是外资保险公司（中意人寿，得分84.4分）。在2017年的经营管理能力评价中，有3家外资保险公司入围前十名，说明中资保险公司在经营管理能力方面取得了一定的进步。

4. **风险管理能力方面**：根据2018年的人身险公司风险管理能力评价结果数据，外资保险公司的风险管理能力有比较明显的改善。在风险管理能力竞争力排名前十的公司中，中资保险公司有6家入围，从数量上看略占优势。但是风险管理能力排名前三的都是外资保险公司，分别是复星保德信、平安健康、瑞泰人寿，再就是陆家嘴国泰排名第九（得分78.0分）。需要注意的是，在公司的分出再保能力方面，中资保险公司还有许多需要学习和改进的地方。

5. **发展潜力方面**：在发展潜力方面，中资占有一定的优势。在排名前十的公司中，有7家中资人身保险公司入围，其中，中邮人寿和弘康人寿分别名列第一和第二，得分分别为100分和99.3分；入围前十的外资保险公司分别是平安健康、友邦人寿和中宏人寿，分别排名第三、第五和第九。中资保险公司在市场拓展能力、资本运用充分率、分支机构数目等方面优势明显。

基于上述五个方面，60家保险公司中，中资保险公司的综合竞争力占有一定的优势。在排名前十的人身险公司中，有2家外资保险公司入围（恒大人寿、复星保德信，分别排名第七和第十）；在排名前二十的人身险公司中，有7家外资保险公司，分别是恒大人寿、复星保德信、中德安联、陆家嘴国泰、同方全球人寿、招商信诺、平安健康。

第三节 2018年人身险公司综合竞争力一级指标的评价结果与分析

根据定义，人身保险公司的综合竞争力评价含有盈利能力、资本管理能力、经营能力、风险管理能力和发展潜力5个一级指标。各一级指标下含有数量不等的二级指标。我们基于二级指标，运用主成分分析法对各公司一级指标的表现情况进行评价和分析。

一、2018年人身险公司盈利能力的排名与分析

数据预处理后，我们根据60家人身险公司的10个二级指标数据，得到一个60×10的数据矩阵；根据主成分分析法，选取了6个主成分，方差贡献解释率为91.85%，每个主成分都是这10个二级指标的线性组合。

表4-2 人身险公司盈利能力竞争力得分与排名

公司名称	排名	得分	公司名称	排名	得分
平安寿险	1	100.0	太平人寿	31	68.4
君康人寿	2	92.3	中信保诚	32	68.3
珠江人寿	3	90.4	招商信诺	33	68.0
中德安联	4	87.5	英大人寿	34	67.9
君龙人寿	5	84.7	新华人寿	35	67.9
中美联泰	6	83.2	工银安盛	36	66.8
国华人寿	7	82.3	富德生命	37	66.5
平安健康	8	82.2	平安养老	38	66.5
友邦人寿	9	80.4	光大永明	39	65.1
华夏人寿	10	80.0	中邮人寿	40	64.9
恒大人寿	11	79.0	人保寿险	41	64.7
交银康联	12	78.5	瑞泰人寿	42	64.5

续表

公司名称	排名	得分	公司名称	排名	得分
泰康人寿	13	76.8	泰康养老	43	64.3
弘康人寿	14	75.9	吉祥人寿	44	63.4
太保寿险	15	73.3	中英人寿	45	62.9
上海人寿	16	73.1	东吴人寿	46	62.9
同方全球人寿	17	72.7	北大方正人寿	47	62.9
前海人寿	18	72.0	百年人寿	48	62.6
华泰人寿	19	71.1	人保健康	49	61.4
中国人寿	20	71.0	陆家嘴国泰	50	61.0
中宏人寿	21	70.2	太平养老	51	60.0
中荷人寿	22	70.1	渤海人寿	52	59.9
中意人寿	23	70.0	天安人寿	53	57.2
民生人寿	24	69.9	复星保德信	54	56.6
中银三星	25	69.7	信泰人寿	55	56.4
中融人寿	26	69.6	中韩人寿	56	53.6
阳光人寿	27	69.3	长城人寿	57	53.5
建信人寿	28	69.1	汇丰人寿	58	53.2
农银人寿	29	69.1	长生人寿	59	43.1
利安人寿	30	68.8	合众人寿	60	40.0

从表4-2中可以看出，人身险市场中盈利能力排名前三的依次是平安人寿、君康人寿和珠江人寿，在百分制基准下，得分分别为100分、92.3分和90.4分。

参评的60家人身险公司中，盈利能力的最高分为平安人寿（100分），最低分为合众人寿（40分），平均得分为68.9分，大于平均分（含平均分）的公司有29家，占比为48.33%。

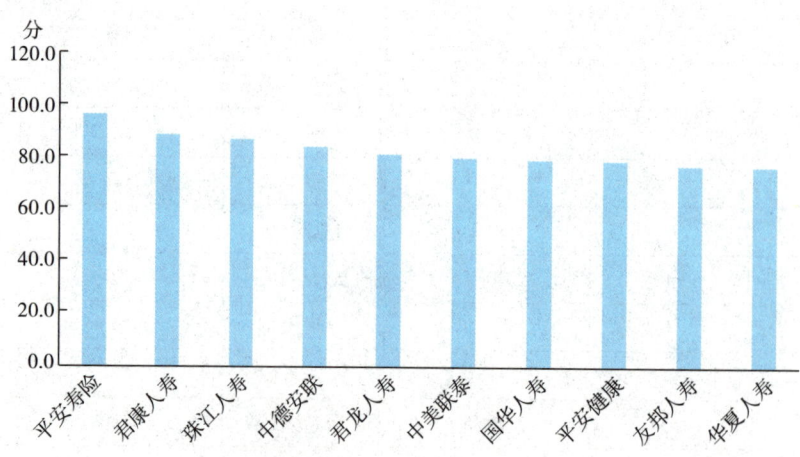

图4-2 盈利能力排名前十的人身险公司

其中，90分以上的公司有3家，80~90分的有7家，70~80分的有13家，60~70分的有28家，60分以下的有9家。

图4-2显示了盈利能力排名前十的公司，依次是平安寿险、君康人寿、珠江人寿、中德安联、君龙人寿、中美联泰、国华人寿、平安健康、友邦人寿、华夏人寿。

总体来看，前十家公司得分相差不大，分布比较均衡，说明其盈利能力没有明显区别。

（一）盈利能力排名前十的人身险公司的二级指标的排名与得分

盈利能力是反映保险公司竞争力的一项重要指标，我们具体分析了盈利能力排名前十的人身险公司其盈利能力二级指标的情况，表4-3给出了盈利能力体系下的10个二级指标的得分和排名，为分析这10家公司的盈利情况提供了一个可以进行比较分析的平台。

平安寿险在盈利能力排名中位列第一，主要是因为其在盈利能力的大多数指标得分均处于60家的中上游水平，且部分指标下表现优异。其各项指标中，总资产收益率、净资产收益率、投资资产占总资产的比率、净利润、人均净利润5项指标均位于60家公司中的前十，特别是净利润指标得分100分，排名第一，且远远高过其余9家公司（例如，净利润指标单项第七名的友邦人寿，44.8分；净利润指标单项第十名的华夏人寿，43.6分），形成其显著的核心优势。

从整体上看，这些盈利能力排名前十的公司在总资产收益率、净资产收益率、投资收益率、净投资收益率、人均综合收益、净利润和综合收益率等指标上的表现都比较优良，多数进入60家公司的前十名。这说明10家公司的投资能力和经营水平总体上相当不错。但其中部分指标存在两极分化现象，如总资产收益率、净资产收益率和净投资收益率等指标中，多数公司表现优异而少数一两家公司得分落入后十名。

君龙人寿的总资产收益率（第52名，73.4分）、净资产收益率（第51名，58.4分）和净利润（第50名，41.3分），华夏人寿的承保利润率（第53名，48.6分）等，与其他几家公司相比有一定差距，但由于这两家公司其他部分指标表现优异，得以立足于盈利能力前十名。

在投资资产占总资产比率这一指标上，10家公司的表现总体较差，除平安寿险（第5名，96.7分）、友邦人寿（第15名，94.4分）、中美联泰（第16名，94.4分）外，其余7家公司均处于中下游水平。在净利润增长率指标上，10家公司的表现差别较大，几乎平均分配于各个区间，其中得分最高的为君康人寿（第3名，89.2分），最低的为珠江人寿（第55名，88.0分）。

表4-3 盈利能力排名前十的人身险公司的二级指标的表现

公司名称	总资产收益率 排名	总资产收益率 得分	净资产收益率 排名	净资产收益率 得分	投资收益率 排名	投资收益率 得分	净投资收益率 排名	净投资收益率 得分	承保利润率 排名	承保利润率 得分	投资资产占总资产的比率 排名	投资资产占总资产的比率 得分	净利润 排名	净利润 得分	净利润增长率 排名	净利润增长率 得分	人均净利润 排名	人均净利润 得分	综合收益率 排名	综合收益率 得分
平安寿险	5	92.5	2	82.9	45	61.4	27	45.9	32	53.5	5	96.7	1	100.0	12	88.7	5	78.2	46	54.2
君康人寿	1	100.0	4	79.2	8	86.8	3	57.9	47	49.3	34	84.0	8	44.4	3	89.2	2	90.7	1	100.0
珠江人寿	42	77.3	40	61.0	7	87.2	5	56.1	1	100.0	56	60.5	35	41.4	55	88.0	34	60.1	7	81.8
中德安联	3	95.3	1	100.0	6	87.6	42	44.8	35	52.9	35	81.7	22	41.8	4	89.2	4	83.0	8	80.6
君龙人寿	52	73.4	51	58.4	1	100.0	2	58.9	19	59.0	60	40.0	50	41.3	21	88.5	51	57.7	2	92.8
中美联泰	2	95.6	3	81.1	3	94.5	53	43.7	31	53.5	16	94.4	13	42.6	16	88.7	6	77.6	4	87.7
国华人寿	17	83.2	14	67.1	21	74.3	4	57.5	11	63.6	58	58.6	11	42.8	49	88.2	7	69.7	12	74.7
平安健康	7	90.8	22	65.2	48	60.3	1	100.0	44	49.4	57	60.4	31	41.4	48	88.2	30	61.4	54	51.3
友邦人寿	4	93.6	5	78.0	18	75.1	55	43.1	36	51.6	15	94.4	7	44.8	11	88.8	1	100.0	20	68.0
华夏人寿	25	79.6	12	67.8	2	95.0	10	52.0	53	48.6	47	73.5	10	43.6	52	88.1	14	66.3	3	89.3

表 4-4 盈利能力下各二级指标得分与排名前十的人身险公司

排名	总资产收益率 公司名称（得分）	净资产收益率 公司名称（得分）	投资收益率 公司名称（得分）	净投资收益率 公司名称（得分）	承保利润率 公司名称（得分）	投资资产占总资产比率 公司名称（得分）	净利润 公司名称（得分）	净利润增长率 公司名称（得分）	人均净利润 公司名称（得分）	综合收益率 公司名称（得分）
1	君康人寿（100.0）	中德安联（100.0）	君龙人寿（100.0）	平安健康（100.0）	珠江人寿（100.0）	中邮人寿（100.0）	平安寿险（100.0）	同方全球人寿（100.0）	友邦人寿（100.0）	君康人寿（100.0）
2	中美联泰（95.6）	平安寿险（82.9）	华夏人寿（95.0）	君龙人寿（58.9）	东吴人寿（79.3）	陆家嘴国泰（98.4）	太保寿险（52.7）	华泰人寿（91.3）	君康人寿（90.7）	君龙人寿（92.8）
3	中德安联（95.3）	中美联泰（81.1）	中美联泰（94.5）	君康人寿（57.9）	建信人寿（77.8）	泰康养老（97.4）	泰康人寿（52.2）	君康人寿（89.2）	弘康人寿（84.0）	华夏人寿（89.3）
4	友邦人寿（93.6）	君康人寿（79.2）	恒大人寿（90.2）	国华人寿（57.5）	上海人寿（68.9）	新华人寿（97.2）	中国人寿（51.6）	中德安联（89.2）	中美联泰（83.0）	中美联泰（87.7）
5	平安寿险（92.5）	友邦人寿（78.1）	交银康联（89.9）	珠江人寿（56.1）	中银三星（68.4）	平安寿险（96.7）	新华人寿（47.7）	中荷人寿（89.2）	平安寿险（78.2）	恒大人寿（85.5）
6	平安养老（91.3）	泰康养老（77.4）	中德安联（87.6）	中融人寿（53.3）	工银安盛（67.5）	人保健康（96.3）	太平人寿（45.8）	人保健康（89.2）	中美联泰（77.6）	交银康联（84.2）
7	平安健康（90.8）	太保寿险（71.2）	珠江人寿（87.2）	前海人寿（53.2）	长生人寿（67.2）	复星保德信（96.1）	友邦人寿（44.8）	光大永明（89.2）	国华人寿（69.7）	珠江人寿（81.8）
8	招商信诺（89.9）	招商信诺（70.3）	君康人寿（86.8）	恒大人寿（53.2）	农银人寿（65.7）	东吴人寿（96.0）	君康人寿（44.4）	利安人寿（89.2）	泰康人寿（69.7）	中德安联（80.6）
9	中宏人寿（88.9）	中信保诚（70.2）	中韩人寿（82.9）	平安养老（53.0）	富德生命（63.9）	太保寿险（95.7）	阳光人寿（44.2）	陆家嘴国泰（88.8）	恒大人寿（67.8）	中韩人寿（80.0）
10	泰康人寿（86.9）	太平人寿（69.2）	同方全球人寿（82.1）	华夏人寿（52.0）	阳光人寿（63.8）	中宏人寿（95.7）	华夏人寿（43.6）	阳光人寿（88.8）	中宏人寿（67.5）	同方全球人寿（75.9）

(二) 盈利能力下各二级指标排名与得分前十的人身险公司

表4-4反映了盈利能力的各项指标中排名前十的人身险公司及其得分情况，从而可以对人身险公司在盈利能力下的整体表现状况有一个基本了解。

从表4-4中可以看出，投资资产占总资产比率这项指标的前十名得分为95.7~100分，说明各公司尽管有差别，但各家公司在这项指标上的差距并不明显。

各公司盈利能力差距比较明显的指标主要是净投资收益率（从平安健康的100分至华夏人寿的52.0分）和净利润（从平安寿险的100分至华夏人寿的43.6分）两项指标。因此，可以说明这两项指标对于各家公司盈利能力的排名影响较大。

其中，平安健康在净投资收益率、平安寿险在净利润、中德安联在净资产收益率指标上遥遥领先于其他各家公司。除此之外，投资资产占总资产比率排在第二名至第十名的公司之间差距并不明显，位于98.4~95.7分。

（三）盈利能力结构的模糊聚类分析

聚类分析是数理统计中的一种多元分析方法，是用数学方法定量地确定研究对象的亲疏关系，从而客观地划分类型以及度量研究对象之间的相似程度。事物之间的界限，有些是确切的，有些则是模糊的。当聚类涉及事物之间的模糊界限时，需运用模糊聚类分析法。

我们根据保险公司在这些指标上的得分，运用模糊聚类法分析各公司之间的相似程度，为各公司之间的盈利能力比较提供一个新的方法和视角。同时，模糊聚类分析是一种基于"物以类聚，人以群分"的观念进行各公司之间经营结构上近似程度的比较分析，不是优劣评价。

表4-5　　盈利能力排名前十的公司的模糊聚类等价分析矩阵

	平安寿险	君康人寿	珠江人寿	中德安联	君龙人寿	中美联泰	国华人寿	平安健康	友邦人寿	华夏人寿
平安寿险	1	0.59	0.50	0.59	0.47	0.59	0.55	0.50	0.59	0.56
君康人寿	0.59	1	0.50	0.74	0.47	0.74	0.55	0.50	0.70	0.56
珠江人寿	0.50	0.50	1	0.50	0.47	0.50	0.55	0.50	0.50	0.50
中德安联	0.59	0.74	0.50	1	0.47	0.74	0.55	0.50	0.70	0.56
君龙人寿	0.47	0.47	0.47	0.47	1	0.47	0.47	0.47	0.47	0.47
中美联泰	0.59	0.74	0.50	0.74	0.47	1	0.55	0.50	0.70	0.56
国华人寿	0.55	0.55	0.55	0.55	0.47	0.55	1	0.50	0.55	0.55
平安健康	0.50	0.50	0.50	0.50	0.47	0.50	0.50	1	0.50	0.50
友邦人寿	0.59	0.70	0.50	0.70	0.47	0.70	0.55	0.50	1	0.56
华夏人寿	0.56	0.56	0.50	0.56	0.47	0.56	0.55	0.50	0.56	1

从表4-5中可以看出,处于主对角线上的值都取1,显然各家公司和自己的相似与贴近程度为100%。

根据表4-5可知,盈利能力排名前十的公司的各项指标的相似性都不高且差别较大,介于0.47~0.74,比上年的最低得分略有升高,这说明公司之间盈利业务结构的趋同性稍显增强。

盈利能力指标表现相似程度较高的是君康人寿和中德安联、中美联泰之间,它们三者两两之间的相似度为0.74;友邦人寿与君康人寿、中德安联、中美联泰三者之间的相似度是0.70,也较高。这说明这几家公司的盈利能力和模式具有较高的相似性和可比性。其中,比较有特点的公司是盈利能力排名第五的君龙人寿,它与其余9家公司的盈利能力业务结构的相似度都是0.47,位于矩阵中的最低分,说明该公司与其他9家公司的盈利能力可比性不强,这是一个值得继续关注和研究的现象。

从表4-5中的各公司数据表现来看,各公司之间的盈利能力和模式可比性有待加强,这也从另一个方面说明我国人身险公司的盈利能力和水平还需要进一步提高。在国际经济危机和国内经济结构调整的过程中,寿险业如何实现盈利能力的提高,在市场中发现和发掘盈利模式,将成为中国寿险业面临的一个严峻问题。

二、2018年人身保险公司资本管理能力排名与分析

对数据进行预处理后,我们根据60家人身险公司的12个二级指标数据,得到一个60×12数据矩阵;根据主成分分析法,选取了7个主成分,其累计解释率为86.62%,每个主成分都是这12个二级指标的线性组合(见表4-6)。

表4-6　　　　　　　　人身险公司资本管理能力得分与排名

公司名称	排名	得分	公司名称	排名	得分
中国人寿	1	100.0	中英人寿	31	66.7
太平人寿	2	92.5	中意人寿	32	65.6
民生人寿	3	86.6	同方全球人寿	33	65.2
东吴人寿	4	78.2	太平养老	34	65.1
中融人寿	5	77.9	英大人寿	35	65.0
平安寿险	6	76.9	中荷人寿	36	64.9
交银康联	7	75.8	光大永明	37	64.9
前海人寿	8	75.3	农银人寿	38	64.7
瑞泰人寿	9	74.7	长城人寿	39	64.6

续表

公司名称	排名	得分	公司名称	排名	得分
珠江人寿	10	74.6	中邮人寿	40	64.5
吉祥人寿	11	74.4	太保寿险	41	64.3
长生人寿	12	73.2	泰康人寿	42	64.3
中德安联	13	72.9	君康人寿	43	64.2
上海人寿	14	72.9	中韩人寿	44	63.1
恒大人寿	15	72.8	中美联泰	45	61.6
渤海人寿	16	72.6	陆家嘴国泰	46	61.3
中银三星	17	72.2	中信保诚	47	60.9
建信人寿	18	71.8	平安健康	48	60.3
阳光人寿	19	71.8	招商信诺	49	59.4
人保健康	20	71.4	中宏人寿	50	57.7
北大方正人寿	21	70.4	友邦人寿	51	57.2
国华人寿	22	69.9	汇丰人寿	52	57.0
君龙人寿	23	69.6	复星保德信	53	56.0
利安人寿	24	69.3	泰康养老	54	55.3
工银安盛	25	69.0	弘康人寿	55	52.5
人保寿险	26	68.6	富德生命	56	50.0
信泰人寿	27	67.4	天安人寿	57	49.9
新华人寿	28	67.0	合众人寿	58	45.3
平安养老	29	66.9	百年人寿	59	42.2
华泰人寿	30	66.8	华夏人寿	60	40.0

从表 4-6 中可以看出，人身险市场上资本管理能力排名前三的依次是中国人寿、太平人寿和民生人寿，在百分制基准下，得分分别为 100 分、92.5 分和 86.6 分。

参评的 60 家人身险公司的资本管理能力的最高分为中国人寿（100 分），最低分为华夏人寿（40.0 分），平均得分为 66.6 分，大于平均分的公司有 31 家，占比为 51.7%。

其中，80 分以上的公司有 3 家，70~80 分的公司有 18 家，60~70 分的有 27 家，60 分以下的有 12 家。

图 4-3 显示了资本管理能力排名前十的公司，依次是中国人寿、太平人寿、民生人寿、东吴人寿、中融人寿、平安寿险、交银康联、前海人寿、瑞泰人寿和珠

江人寿。

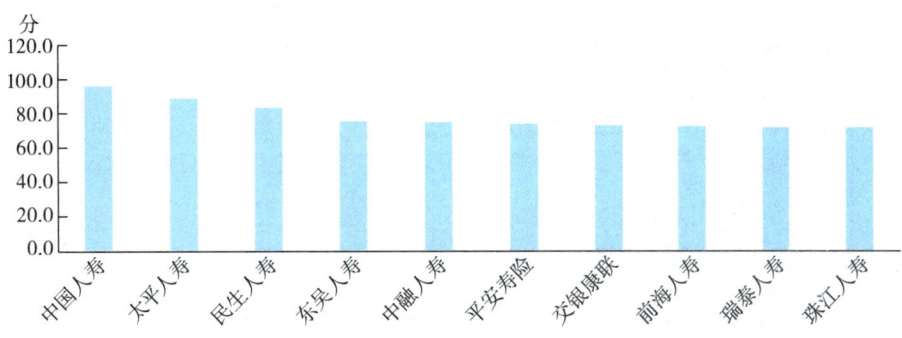

图4-3 资本管理能力得分排名前十的人身险公司

其中,排名第一的中国人寿得分为100分,较第二名高出7.5分,优势明显;其余9家公司得分均在74~93分,差异较大。总体来说,这10家公司的资本管理能力得分呈缓慢下降的趋势,除位列第一的中国人寿优势相对较大之外,各区间内各公司的资本管理能力差别并不明显。

(一)资本管理能力排名前十的人身险公司的二级指标的排名与得分

表4-7具体给出了资本管理能力排名前十的人身险公司的情况,即资本管理能力体系下12个二级指标的具体得分及排名,有助于我们分析这10家公司的资本管理能力。

从整体上看,除民生人寿(第46名,98.6分)、前海人寿(第50名,88.7分)和珠江人寿(第59名,42.8分)外,其他7家资本管理能力排名前十的人身险公司的资本管理系数得分均为100分,均属优秀。

同时,这些资本管理能力排名前十的公司在认可资产负债率、所有者权益和资产杠杆系数指标上的表现都比较优良,大部分都处于60家公司的中上游水平。

这10家公司在可运用资金收益率指标上的表现差别较大:得分最高的为前海人寿(第1名,100.0分),其次为中融人寿(第3名,94.5);其余8家公司中,珠江人寿(第15名,78.3分)、东吴人寿(第23名,74.0分)、瑞泰人寿(第27名,69.8分)3家公司在60家公司中处于中上游水平,而剩余5家公司则排名较低,其中2家进入后15名。

在资产认可率、资本利用率和认可资产增长率指标中,除个别公司以外,10家公司排名普遍靠后,得分也普遍偏低,在这些指标方面各家公司都有待提高。

表4-7 资本管理能力排名前十的人身险公司的二级指标的表现

公司名称	资本管理系数		认可资产负债率		资产认可率		资本利用率		资金成本率		认可资产增长率		所有者权益率		所有者权益增长率		资产杠杆系数		风险调整资本利润率		资本管理绩效增长率		可运用资金收益率	
	排名	得分	排名	得分	排名	得分	排名	得分	排名	得分	排名	得分	排名	得分	排名	得分	排名	得分	排名	得分	排名	得分	排名	得分
中国人寿	1	100.0	37	65.6	22	75.3	42	47.0	35	73.3	35	80.4	1	100.0	34	45.6	35	99.7	31	40.0	49	47.4	51	57.7
太平人寿	1	100.0	2	95.0	55	57.8	7	61.5	29	75.4	60	40.0	6	45.9	39	45.4	49	85.6	2	40.1	1	100.0	47	61.0
民生人寿	46	98.6	1	100.0	60	40.0	55	42.9	30	75.1	32	80.8	18	42.0	20	47.6	1	100.0	1	100.0	29	47.5	39	65.6
东吴人寿	1	100.0	33	69.1	52	64.6	56	40.6	2	98.0	59	66.6	44	40.4	53	43.9	1	100.0	54	40.0	41	47.4	23	74.0
中融人寿	1	100.0	9	84.3	58	53.2	39	47.8	46	71.1	56	68.3	43	40.5	54	43.3	1	100.0	43	40.0	51	47.4	3	94.5
平安寿险	1	100.0	47	60.3	8	85.8	21	53.1	33	74.1	27	81.7	2	72.2	24	47.0	50	85.4	9	40.0	12	47.5	44	64.5
交银康联	1	100.0	32	69.9	39	71.5	49	45.1	12	85.5	14	84.8	27	41.0	2	74.8	1	100.0	19	40.0	30	47.5	42	64.8
前海人寿	50	88.7	17	80.0	30	73.2	32	49.7	21	80.2	51	77.1	9	44.4	52	43.9	36	99.4	32	40.0	37	47.4	1	100.0
瑞泰人寿	1	100.0	15	81.0	32	72.9	57	40.6	32	74.2	58	66.8	57	40.1	6	50.7	1	100.0	47	40.0	52	47.4	27	69.8
珠江人寿	59	42.8	12	81.9	36	72.2	60	40.0	1	100.0	53	75.5	23	41.2	46	45.0	1	100.0	42	40.0	48	47.4	15	78.3

表 4-8　资本管理能力下各二级指标得分与排名前十的人身险公司

排名	资本管理系数 公司名称（得分）	认可资产负债率 公司名称（得分）	资产认可率 公司名称（得分）	资本利用率 公司名称（得分）	资金成本率 公司名称（得分）	认可资产增长率 公司名称（得分）	所有者权益 公司名称（得分）	所有者权益增长率 公司名称（得分）	资产杠杆系数 公司名称（得分）	风险调整资本利润率 公司名称（得分）	资本管理绩效增长率 公司名称（得分）	可运用资金收益率 公司名称（得分）
1	中国人寿（100.0）	民生人寿（100.0）	友邦人寿（100.0）	百年人寿（100.0）	珠江人寿（100.0）	平安健康（100.0）	中国人寿（100.0）	中德安联（100.0）	民生人寿（100.0）	民生人寿（100.0）	太平人寿（100.0）	前海人寿（100.0）
2	太保寿险（100.0）	太平人寿（95.0）	新华人寿（92.5）	华夏人寿（97.4）	东吴人寿（98.0）	泰康养老（100.0）	平安寿险（72.2）	交银康联（100.0）	平安养老（100.0）	太平人寿（40.1）	同方全球人寿（100.0）	君龙人寿（95.0）
3	平安寿险（100.0）	弘康人寿（94.2）	招商信诺（92.0）	弘康人寿（74.2）	上海人寿（96.0）	中邮人寿（96.4）	太保寿险（53.0）	吉祥人寿（74.8）	中融人寿（100.0）	君康人寿（40.1）	华泰人寿（48.9）	中融人寿（94.5）
4	新华人寿（100.0）	君康人寿（87.8）	中美联泰（91.2）	天安人寿（71.7）	中银三星（96.0）	君康人寿（95.8）	新华人寿（52.2）	中美联泰（65.3）	太平人寿（100.0）	中德安联（40.1）	华泰人寿（47.9）	北大方正人寿（93.6）
5	泰康养老（100.0）	上海人寿（86.4）	中宏人寿（90.8）	合众人寿（71.1）	弘康人寿（95.3）	复星保德信（90.6）	泰康人寿（48.2）	中美联泰（59.9）	人保健康（100.0）	中美养老（40.1）	人保健康（47.6）	陆家嘴国泰（92.2）
6	太平人寿（100.0）	百年人寿（85.1）	陆家嘴国泰（87.8）	富德生命（66.7）	人保寿险（94.0）	国华人寿（87.9）	太平人寿（45.9）	中邮人寿（52.7）	君康人寿（100.0）	平安养老（40.1）	中德安联（47.6）	陆家嘴国泰（89.3）
7	建信人寿（100.0）	汇丰人寿（84.3）	中信保诚（86.4）	太平人寿（61.5）	建信人寿（92.1）	天安人寿（87.8）	人保寿险（45.8）	瑞泰人寿（50.7）	信泰人寿（100.0）	友邦人寿（40.1）	友邦人寿（47.5）	恒大人寿（85.9）
8	光大永明（100.0）	恒大人寿（84.3）	平安寿险（85.8）	农银人寿（59.0）	长生人寿（91.4）	百年人寿（87.5）	阳光人寿（45.0）	中宏人寿（50.7）	长城人寿（100.0）	平安健康（40.1）	阳光人寿（47.5）	华夏人寿（85.3）
9	平安养老（100.0）	中融人寿（84.3）	太保寿险（82.7）	中德安联（58.9）	利安人寿（88.5）	中宏人寿（86.5）	前海人寿（44.4）	平安健康（50.7）	英大人寿（100.0）	平安寿险（40.1）	长生人寿（47.5）	国华人寿（85.3）
10	中融人寿（100.0）	国华人寿（82.3）	华夏人寿（80.2）	中邮人寿（58.8）	国华人寿（87.4）	上海人寿（85.6）	华夏人寿（43.1）	中信保诚（50.4）	泰康养老（100.0）	泰康人寿（40.0）	长城人寿（47.5）	中银三星（84.8）

（二）资本管理能力下各二级指标排名与得分前十的人身险公司情况

表4-8给出了资本管理能力下各二级指标排名前十的公司及其得分情况，从而可以对保险公司资本管理能力的整体表现有一个基本的了解。

从表4-8中可以看出，各项指标排名前十的公司，在资本管理系数和资产杠杆系数指标上的表现几乎没有差别，前十名均为满分100分。

其中，资本管理系数：中国人寿、太保寿险、平安寿险、新华人寿、泰康人寿、太平人寿、建信人寿、光大永明、平安养老、中融人寿、合众人寿、太平养老、人保健康、信泰人寿、农银人寿、长城人寿、人保寿险、英大人寿、泰康养老、阳光人寿、中邮人寿、利安人寿、东吴人寿、吉祥人寿、渤海人寿、中宏人寿、中德安联、工银安盛、中信保诚、交银康联、中意人寿、北大方正人寿、中荷人寿、中英人寿、同方全球人寿、招商信诺、长生人寿、瑞泰人寿、华泰人寿、陆家嘴国泰、中银三星、汇丰人寿、君龙人寿和中韩人寿均为100分。

资产杠杆系数：民生人寿、平安养老、中融人寿、太平养老、人保健康、君康人寿、信泰人寿、长城人寿、英大人寿、泰康养老、阳光人寿、中邮人寿、利安人寿、东吴人寿、珠江人寿、吉祥人寿、上海人寿、中宏人寿、工银安盛、交银康联、北大方正人寿、中荷人寿、中英人寿、同方全球人寿、招商信诺、长生人寿、瑞泰人寿、华泰人寿、陆家嘴国泰、中美联泰、平安健康、恒大人寿、君龙人寿和中韩人寿均为100分。

上述公司由于表格篇幅限制，未在表格中说明，在这里进行说明。

这些指标反映了公司财务状况的稳定性，也说明在这些指标上，这些公司的差别并不明显，没有能力和水平上的差距。

在所有者权益、风险调整资本利润率和资本管理绩效增长率指标中，第一名分别为中国人寿（100分）、民生人寿（100分）和太平人寿（100分），而其余九名得分则分别在43.1~72.2分、40~40.1分和47.5~48.9分，说明这10家公司在资金运用效率和所有者权益方面差距明显。

（三）资本管理能力结构的模糊聚类分析

聚类分析是数理统计中的一种多元分析方法，是用数学方法定量地确定研究对象的亲疏关系，从而客观地划分类型和度量研究对象之间的相似程度。事物之间的界限，有些是确切的，有些则是模糊的。当聚类涉及事物之间的模糊界限时，需运用模糊聚类分析法。

本书试图根据保险公司在这些指标上的指标得分，运用模糊聚类法分析各公司之间的相似程度，为各公司之间的盈利能力比较提供一个新的方法和视角。同时它体现的是一种"物以类聚，人以群分"的观念，实现的是对于公司资本管理能力结构的相似性分析，得分高低并不意味着资本管理能力水平的高低。

表4-9　　　　资本管理能力排名前十的公司的模糊聚类等价分析矩阵

	中国人寿	太平人寿	民生人寿	东吴人寿	中融人寿	平安寿险	交银康联	前海人寿	瑞泰人寿	珠江人寿
中国人寿	1	0.35	0.55	0.59	0.59	0.61	0.59	0.59	0.59	0.59
太平人寿	0.35	1	0.35	0.35	0.35	0.35	0.35	0.35	0.35	0.35
民生人寿	0.55	0.35	1	0.55	0.55	0.55	0.55	0.55	0.55	0.55
东吴人寿	0.59	0.35	0.55	1	0.69	0.59	0.65	0.69	0.70	0.66
中融人寿	0.59	0.35	0.55	0.69	1	0.59	0.65	0.73	0.69	0.66
平安寿险	0.61	0.35	0.55	0.59	0.59	1	0.59	0.59	0.59	0.59
交银康联	0.59	0.35	0.55	0.65	0.65	0.59	1	0.65	0.65	0.65
前海人寿	0.59	0.35	0.55	0.69	0.73	0.59	0.65	1	0.69	0.66
瑞泰人寿	0.59	0.35	0.55	0.70	0.69	0.59	0.65	0.69	1	0.66
珠江人寿	0.59	0.35	0.55	0.66	0.66	0.59	0.65	0.66	0.66	1

从表4-9中可以看出，处于主对角线上的值都取1，显然各家公司和自己的相似与贴近程度为100%。

从此等价分析矩阵可以看出，各公司间的相似性得分差别较大，最高的是0.73分，最低的是0.35分。

中国人寿在资本管理能力中排名第一。根据此模糊聚类等价分析矩阵，中国人寿与其他9家保险公司在资本管理能力方面的相似度最高的达到0.61分，说明中国人寿在资本管理能力方面与平安寿险具有较强的可比性；中国人寿与东吴人寿、中融人寿、交银康联、前海人寿、瑞泰人寿、珠江人寿的相似度为0.59，与民生人寿的相似度得分是0.55分，可比性一般。

事实上，在此矩阵中，资本管理能力最具有可比性的是中融人寿与前海人寿，相似度达到0.73分，具有较强的相似性。

需要关注的是太平人寿，尽管这家公司的资本管理能力得分排名第二，但是这家公司与其余9家公司的相似程度都是在0.35分，可比性都较差。

整体来看，在资本管理能力和水平上，资本管理能力排名前十的公司之间的近似性与可比性都不高，说明各公司需要加强这方面的研究分析，提高资本管理能力水平。

三、2018 年人身险公司经营能力排名与分析

对数据进行预处理后,我们根据 60 家人身险公司的 14 个二级指标数据,得到一个 60×14 的数据矩阵;根据主成分分析法,我们选取了 9 个主成分,其累计解释率为 89.04%,每个主成分都是这 14 个二级指标的线性组合(见表 4-10)。

表 4-10　　　　　　　　　人身险公司经营能力得分及排名

公司名称	排名	得分	公司名称	排名	得分
中国人寿	1	100.0	友邦人寿	31	69.3
平安寿险	2	99.4	太平养老	32	68.7
太保寿险	3	97.7	交银康联	33	68.6
华夏人寿	4	93.8	长城人寿	34	68.2
人保寿险	5	93.2	农银人寿	35	68.2
君康人寿	6	87.4	平安健康	36	68.1
中邮人寿	7	87.2	中美联泰	37	67.8
前海人寿	8	86.8	人保健康	38	67.6
百年人寿	9	85.2	中宏人寿	39	66.2
利安人寿	10	84.5	君龙人寿	40	65.3
中意人寿	11	84.4	中英人寿	41	64.7
复星保德信	12	82.1	平安养老	42	64.6
太平人寿	13	81.8	瑞泰人寿	43	64.4
中德安联	14	81.3	长生人寿	44	64.4
恒大人寿	15	80.7	建信人寿	45	64.3
新华人寿	16	80.6	信泰人寿	46	63.8
泰康人寿	17	80.2	阳光人寿	47	62.6
天安人寿	18	78.8	华泰人寿	48	62.5
光大永明	19	78.0	同方全球人寿	49	62.3
弘康人寿	20	77.4	中韩人寿	50	62.1
招商信诺	21	77.3	吉祥人寿	51	62.0
泰康养老	22	77.1	上海人寿	52	61.1
中荷人寿	23	75.8	北大方正人寿	53	57.3
富德生命	24	74.7	中融人寿	54	56.1
英大人寿	25	74.5	国华人寿	55	53.2
汇丰人寿	26	72.0	陆家嘴国泰	56	50.1
合众人寿	27	71.9	渤海人寿	57	46.6

续表

公司名称	排名	得分	公司名称	排名	得分
工银安盛	28	71.8	中银三星	58	45.3
民生人寿	29	70.7	东吴人寿	59	40.4
中信保诚	30	70.3	珠江人寿	60	40.0

从表4-10中可以看出，人身险市场上经营能力排名前三的依次是中国人寿、平安寿险和太保寿险，在百分制基准下，得分分别为100分、99.4分和97.7分。

在参评的60家人身险公司中，经营能力得分最高的为中国人寿（100分），最低的为珠江人寿（40.0分），平均得分为71.4分，大于平均分的公司有28家，占比为46.7%。

其中，80分以上的公司有17家，70~80分的有13家，60~70分的有22家，60分以下的有8家。

图4-4显示了经营能力排名前十的公司，依次是中国人寿、平安寿险、太保寿险、华夏人寿、人保寿险、君康人寿、中邮人寿、前海人寿、百年人寿和利安人寿。

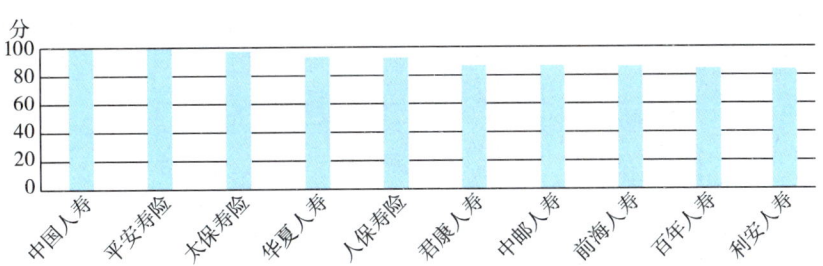

图4-4 经营能力排名前十的人身险公司

从图4-4中可以看出，前十名公司得分均在80分以上，除前五名优势相对明显外，其余各家公司之间差距不大。前十名均为中资人身险公司，总体来看，中资人身险公司的经营能力相对较强。

（一）经营能力排名前十的人身险公司的二级指标的排名与得分

经营能力是反映保险公司竞争力的一项重要指标，我们具体分析了经营能力排名前十的人身险公司其经营能力二级指标的情况，表4-11给出了在经营能力体系下的14个二级指标的得分和排名。逆向评价指标已作逆向化处理。

中国人寿在经营能力排名中位列第一，主要原因在于其在部分二级指标下表现优异。其中，中国人寿在报告期营业收入指标中取得100分的得分，排名第一；在险种集中度系数（第7名，99.3分）和业务及管理费占比（第10名，92.2分）指

表4-11 经营能力排名前十的人身险公司的二级指标的表现

公司名称	净资产周转率 排名	净资产周转率 得分	总资产周转率 排名	总资产周转率 得分	综合赔付率 排名	综合赔付率 得分	手续费及佣金占比 排名	手续费及佣金占比 得分	业务及管理费用占比 排名	业务及管理费用占比 得分	综合费用率增长率 排名	综合费用率增长率 得分	险种集中度系数 排名	险种集中度系数 得分	退保率 排名	退保率 得分	报告期营业收入 排名	报告期营业收入 得分	保险业务收入增长率 排名	保险业务收入增长率 得分	净利润赔付支出覆盖率 排名	净利润赔付支出覆盖率 得分	保费收入费用增长比 排名	保费收入费用增长比 得分	应收保费率 排名	应收保费率 得分	应收分保率 排名	应收分保率 得分
中国人寿	40	49.6	50	50.4	43	45.9	40	49.6	10	92.2	28	89.4	7	99.3	24	93.8	1	100.0	39	64.5	29	82.6	26	85.0	46	84.6	11	99.9
平安寿险	21	55.3	39	52.8	34	47.5	21	55.3	17	88.3	18	91.3	22	96.6	11	98.2	2	92.9	24	70.4	3	90.8	42	84.4	45	84.7	36	99.6
太保寿险	18	57.6	40	52.5	48	44.9	18	57.6	11	91.7	24	89.8	27	95.3	12	98.1	3	62.9	32	68.3	17	84.7	32	84.8	24	93.2	32	99.7
华夏人寿	5	68.8	11	67.2	58	43.0	5	68.8	6	95.1	1	100.0	39	89.9	18	96.4	4	57.6	3	90.6	35	82.1	57	81.2	18	95.3	37	99.6
人保寿险	11	61.6	26	57.6	16	52.4	11	61.6	6	97.5	42	84.5	13	98.4	44	77.4	8	50.4	46	58.5	34	82.1	20	85.7	6	99.2	43	99.6
君康人寿	26	52.5	7	71.9	60	40.0	26	52.5	8	92.8	5	96.1	45	85.2	19	96.2	16	43.4	37	65.5	11	85.9	28	85.0	4	99.6	5	100.0
中邮人寿	19	57.0	3	80.7	55	44.0	19	57.0	30	100.0	30	89.3	17	97.9	35	87.0	11	45.8	10	77.4	40	81.8	47	84.1	11	98.0	12	99.9
前海人寿	44	49.1	30	55.9	46	45.3	44	49.1	16	89.3	11	93.6	28	95.3	40	81.2	10	46.0	4	82.5	32	82.3	56	82.1	8	98.5	2	100.0
百年人寿	3	74.0	5	77.7	33	47.7	3	74.0	13	91.6	43	84.5	32	93.2	39	81.4	15	43.8	12	76.0	31	82.4	50	83.8	20	94.9	54	99.3
利安人寿	52	46.3	6	74.0	26	48.7	52	46.3	12	91.7	4	96.9	34	93.0	50	72.1	30	41.1	16	73.4	38	81.9	9	86.3	12	97.6	44	99.6

标中表现优秀。但与此同时，其在总资产周转率指标上的表现较差（第50名，50.4），资产周转效率有待加强。

总资产周转率和净资产周转率是考察企业资产运营效率的重要指标，能够反映企业对其全部资产的管理质量及利用效率。总体来看，经营能力综合排名前十的公司，除个别公司外（如中国人寿、太保寿险的总资产周转率分别排第50名、第40名，利安人寿、前海人寿的净资产周转率分别排第52名、第44名），在这两项二级指标上的表现普遍处于中上游水平。特别是净资产周转率指标，华夏人寿（第5名，68.8分）、百年人寿（第3名，74分）进入60家公司中的前十名，在一定程度上说明这些公司具备较强的资产经营能力。

从整体上看，这些经营能力排名前十的公司在业务及管理费占比、综合费用率的增长率、报告期营业收入、保险业务收入增长率和净利润赔付支出覆盖率等指标上的表现都较为良好，除个别公司外，几乎都处于60家公司的中游以上水平，部分进入前十名。这说明10家公司在业务拓展方面的表现都不错，从而取得了经营能力总体评价的高分。

但也应该看到，这10家公司在保费收入费用增长比、综合赔付率、退保率三项指标上表现平平，相当一部分公司处于中下游水平。特别是综合赔付率指标，有8家公司位于中下游，甚至有3家公司落入后十名。以上指标的表现从一定程度上说明这些公司的经营能力在某些方面仍存在短板，如产品结构、保单服务、费用管控等。公司可以有针对性地加以改进，以进一步提高其综合经营能力。

(二) 经营能力下各二级指标排名与得分前十的人身险公司

表4-12反映了经营能力的各项指标中排名前十的人身险公司及其得分情况，从中可以对人身险公司经营能力的整体表现有一个基本了解。其中，逆向指标已经过逆向化处理。

从表4-12中可以看出，各家公司在经营能力各二级指标上的表现还是存在一定差距的。

其中，净资产周转率和总资产周转率反映了公司资产的管理质量和利用效率。在这两项指标下，百年人寿表现优异，均入围前十名。百年人寿在两项指标中分别排名第三名（74.0分）、第五名（77.7分）。

综合费用率的增长率能够反映成本控制能力、公司业务拓展能力的总体情况，可以看到排名前十的公司中有6家外资保险公司，仅有4家中资保险公司，分别为：第1名华夏人寿（100分）、第4名利安人寿（96.9）和第5名君康人寿（96.1）、第

表4-12 经营能力下各二级指标得分与排名前十的人身险公司

排名	净资产周转率 公司名称 得分	总资产周转率 公司名称 得分	综合赔付率 公司名称 得分	手续费及佣金占比 公司名称 得分	业务及管理费占比 公司名称 得分	综合费用率的增长率 公司名称 得分	险种集中度系数 公司名称 得分	退保率 公司名称 得分	报告期营业收入 公司名称 得分	保险业务收入增长率 公司名称 得分	净利润赔付支出覆盖率 公司名称 得分	保费收入费用增长比 公司名称 得分	应收保费率 公司名称 得分	应收分保率 公司名称 得分
1	合众人寿 (100.0)	平安健康 (100.0)	珠江人寿 (100.0)	君康人寿 (100.0)	中邮人寿 (100.0)	华夏人寿 (100.0)	中荷人寿 (100.0)	平安健康 (100.0)	中国人寿 (100.0)	平安健康 (100.0)	阳光人寿 (100.0)	复星保德信 (100.0)	上海人寿 (100.0)	中意人寿 (100.0)
2	富德生命 (76.4)	平安养老 (82.0)	东吴人寿 (83.8)	泰康养老 (94.7)	弘康人寿 (98.8)	君龙人寿 (98.8)	友邦人寿 (99.9)	平安养老 (100.0)	平安寿险 (92.9)	复星保德信 (95.4)	友邦人寿 (91.0)	中意人寿 (96.3)	中融人寿 (99.8)	前海人寿 (100.0)
3	百年人寿 (74.0)	中邮人寿 (80.7)	建信人寿 (66.0)	中邮人寿 (94.0)	人保寿险 (97.5)	中意人寿 (97.1)	中信保诚 (99.8)	友邦人寿 (99.3)	太保寿险 (62.9)	华夏人寿 (90.6)	平安寿险 (90.8)	人保健康 (88.3)	渤海人寿 (99.7)	中融人寿 (100.0)
4	农银人寿 (70.7)	太平养老 (79.8)	中银三星 (65.7)	国华人寿 (92.8)	国华人寿 (96.8)	利安人寿 (96.9)	中美联泰 (99.7)	泰康养老 (99.2)	华夏人寿 (57.6)	前海人寿 (82.5)	中美联泰 (90.7)	中融人寿 (88.0)	君康人寿 (99.6)	国华人寿 (100.0)
5	华夏人寿 (68.8)	百年人寿 (77.7)	国华人寿 (60.8)	弘康人寿 (91.7)	工银人寿 (96.8)	君康人寿 (96.1)	长城人寿 (99.4)	中信保诚 (99.0)	新华人寿 (54.4)	中意人寿 (80.5)	交银康联 (88.9)	瑞泰人寿 (86.9)	弘康人寿 (99.5)	君康人寿 (100.0)
6	中德安联 (67.9)	利安人寿 (74.0)	农银人寿 (57.6)	渤海人寿 (91.6)	华夏人寿 (95.1)	中德安联 (96.1)	招商信诺 (99.4)	陆家嘴国泰 (98.9)	泰康人寿 (53.9)	光大永明 (79.4)	中德安联 (88.6)	平安人寿 (86.8)	人保健康 (99.2)	长城人寿 (100.0)
7	弘康人寿 (66.5)	君康人寿 (71.9)	阳光人寿 (55.7)	汇丰人寿 (91.5)	天安人寿 (93.2)	瑞泰人寿 (95.5)	中国人寿 (99.3)	中宏人寿 (98.9)	太平人寿 (52.9)	陆家嘴国泰 (79.2)	泰康人寿 (88.4)	吉祥人寿 (86.8)	恒大人寿 (99.2)	农银人寿 (100.0)
8	天安人寿 (66.5)	招商信诺 (69.0)	交银康联 (55.4)	人保健康 (91.4)	君康人寿 (92.8)	陆家嘴国泰 (95.0)	中英人寿 (99.3)	复星保德信 (98.8)	人保寿险 (50.4)	瑞泰人寿 (79.2)	中宏人寿 (86.2)	同方全球人寿 (86.6)	前海人寿 (98.7)	建信人寿 (100.0)
9	吉祥人寿 (62.4)	恒大人寿 (68.4)	上海人寿 (55.1)	前海人寿 (91.3)	恒大人寿 (92.4)	瑞泰人寿 (94.9)	华泰人寿 (99.1)	中德安联 (98.6)	富德生命 (48.4)	中融人寿 (78.6)	平安健康 (86.1)	利华人寿 (86.3)	珠江人寿 (98.5)	君龙人寿 (100.0)
10	太平人寿 (61.9)	人保健康 (67.3)	工银安盛 (54.8)	中融人寿 (90.7)	中国人寿 (92.2)	复星保德信 (94.8)	民生人寿 (99.0)	汇丰人寿 (98.3)	前海人寿 (46.0)	中邮人寿 (77.4)	中英人寿 (86.0)	合众人寿 (86.3)	吉祥人寿 (98.4)	中银三星 (100.0)

7名弘康人寿（95.5）。而在2017年，综合费用率的增长率指标是中资保险公司占优，前十名中仅有2家外资保险公司分别为：第8名德华安顾（81.30）、第9名工银安盛（81.1分），这说明在一定程度上，外资公司在费用管理及业务拓展方面有较大进步。同时可以注意到，在此指标下，排名前十的公司之间差距都较小，整体表现较好。

同样排名前十的公司之间差距较小的二级指标还有手续费及佣金占比、业务及管理费占比、险种集中度系数、退保率、应收保费率和应收分保率，前十名得分差距均在10分以内。

险种集中度系数反映了公司保费收入来源的产品险种集中程度，由于指标已经过逆向化处理，此项指标得分越高，这说明公司的保费收入越分散，越能够反映公司产品开发及市场拓展能力。此项指标的前三名分别为：中荷人寿（100分）、友邦人寿（99.9分）、中信保诚（99.8分）。

退保率指标能够较为全面地反映公司的经营能力和应对退保的风险准备能力，由于指标已经过逆向化处理，退保率指标得分越高的公司，其退保率就越低，这说明公司的风险管理能力较强且公司的业务经营较为稳定。此项指标的前三名分别为平安健康（100分）、平安养老（100分）、友邦人寿（99.3分），延续了2016年和2017年的优良表现。

应收分保率指标是一个逆向指标，体现了公司的分保能力。其中，排名前三的公司分别为中意人寿（100分）、前海人寿（100分）、中融人寿（100分）。经过四舍五入保留一位小数，该指标下第二名至第十名得分均为100.0分，彼此差距很小，均表现良好。

综合赔付率与公司的产品特点及公司的服务管理水平相关，指标经过逆向化处理，指标排名越高，说明公司赔付率水平越低。该指标下第一名珠江人寿（100分）优势明显，高于第二名至第十名（54.8~83.8分）。

此外，报告期营业收入指标下，前十名的公司得分差距较大。报告期营业收入除第一名100分、第二名90分以上外，其余均在45~65分，显著低于其他公司。

（三）经营能力业务结构的模糊聚类分析

聚类分析是数理统计中的一种多元分析方法，是用数学方法定量地确定研究对象的亲疏关系，从而客观地划分类型和度量研究对象之间的相似程度。事物之间的界限，有些是确切的，有些则是模糊的。当聚类涉及事物之间的模糊界限时，需运用模糊聚类分析法。

本书试图根据保险公司在这些指标上的得分,运用模糊聚类法分析各公司之间的相似程度,为各公司之间的盈利能力比较提供一个新的方法和视角。同时它体现的是一种"物以类聚,人以群分"的观念,实现的是对公司经营能力结构的相似性分析,矩阵中的得分评价的是公司之间经营能力业务结构的相似性,是对保险公司经营能力的一个分类,是满足自反性、对称性和传递性的等价分类。

表4-13 经营能力排名前十公司的模糊聚类等价分析矩阵

	中国人寿	平安寿险	太保寿险	华夏人寿	人保寿险	君康人寿	中邮人寿	前海人寿	百年人寿	利安人寿
中国人寿	1	0.59	0.59	0.48	0.50	0.50	0.50	0.50	0.50	0.50
平安寿险	0.59	1	0.63	0.48	0.50	0.50	0.50	0.50	0.50	0.50
太保寿险	0.59	0.63	1	0.48	0.50	0.50	0.50	0.50	0.50	0.50
华夏人寿	0.48	0.48	0.48	1	0.48	0.48	0.48	0.48	0.48	0.48
人保寿险	0.50	0.50	0.50	0.48	1	0.55	0.58	0.58	0.54	0.54
君康人寿	0.50	0.50	0.50	0.48	0.55	1	0.55	0.55	0.54	0.54
中邮人寿	0.50	0.50	0.50	0.48	0.58	0.55	1	0.60	0.54	0.54
前海人寿	0.50	0.50	0.50	0.48	0.58	0.55	0.60	1	0.54	0.54
百年人寿	0.50	0.50	0.50	0.48	0.54	0.54	0.54	0.54	1	0.55
利安人寿	0.50	0.50	0.50	0.48	0.54	0.54	0.54	0.54	0.55	1

从表4-13中可以看出,处于主对角线上的值都取1,显然各家公司和自己的相似与贴近程度为100%。

此模糊聚类等价矩阵中,各项得分都比较低,最高的是0.63分,最低的是0.48分,各公司经营能力与水平之间的可比性不高,且差别性不大。

经营能力评价得分排名第四的是华夏人寿,但是,这家公司与其余9家公司之间的相似度得分都在0.48,是矩阵中最低的得分,说明这家公司的经营能力或者经营模式与其他9家公司不具有可比性,具有进一步分析讨论的价值。

在此矩阵中,最高分是平安寿险与太保寿险之间的0.63分,说明这两家公司之间在经营能力各项指标下的表现相似性最接近,具有比较高的可比性。这两家公司与中国人寿的相似度都是0.59分,是矩阵中的较高取值,说明这3家公司在经营能力方面具有可比性和相似性。

整体而言,经营能力排名前十的公司之间的近似性与可比性都不高,大公司之间的可比性相对来讲更强一些,而不同背景或者新公司之间的经营能力和水平更是参差不齐,寿险公司需要加强这方面的研究分析,提高经营能力管理水平。

四、2018年人身险公司风险管理能力排名与分析

对数据进行预处理后，我们根据60家人身险公司的12个二级指标数据，得到一个60×12的数据矩阵；根据主成分分析方法，选取了7个主成分，其累计解释率为88.30%，每个主成分都是这12个二级指标的线性组合（见表4-14）。

表4-14　　　　　　　　　人身险公司风险管理能力得分及排名

公司名称	排名	得分	公司名称	排名	得分
复星保德信	1	100.0	华泰人寿	31	65.7
平安健康	2	97.1	汇丰人寿	32	65.3
瑞泰人寿	3	91.6	招商信诺	33	65.1
渤海人寿	4	89.9	国华人寿	34	65.0
长城人寿	5	87.7	工银安盛	35	65.0
泰康养老	6	83.6	前海人寿	36	64.8
太平养老	7	81.3	中邮人寿	37	64.5
东吴人寿	8	80.0	人保寿险	38	64.5
陆家嘴国泰	9	78.0	太保寿险	39	64.1
平安养老	10	77.6	中荷人寿	40	64.0
民生人寿	11	76.5	上海人寿	41	63.8
利安人寿	12	76.1	同方全球人寿	42	62.5
光大永明	13	74.6	君康人寿	43	61.9
珠江人寿	14	73.5	人保健康	44	61.8
中韩人寿	15	73.5	恒大人寿	45	61.6
中信保诚	16	73.2	信泰人寿	46	61.4
中英人寿	17	72.5	长生人寿	47	61.4
交银康联	18	71.9	新华人寿	48	60.5
友邦人寿	19	71.0	中德安联	49	60.4
中国人寿	20	70.9	泰康人寿	50	59.1
中融人寿	21	70.0	中银三星	51	58.9
北大方正人寿	22	69.4	平安寿险	52	58.4
中宏人寿	23	68.8	建信人寿	53	56.9
弘康人寿	24	68.3	太平人寿	54	56.6
阳光人寿	25	68.0	农银人寿	55	56.3
吉祥人寿	26	66.7	百年人寿	56	53.7
中意人寿	27	66.6	天安人寿	57	51.5

续表

公司名称	排名	得分	公司名称	排名	得分
中美联泰	28	66.5	合众人寿	58	49.8
君龙人寿	29	66.4	华夏人寿	59	46.5
英大人寿	30	66.3	富德生命	60	40.0

从表4-14中可以看出，人身险市场上风险管理能力排名前三的依次是复星保德信、平安健康、瑞泰人寿，在百分制基准下，得分分别为100分、97.1分和91.6分。

在参评的60家人身险公司中，风险管理能力得分最高的为复星保德信（100分），最低分为富德生命（40.0分），平均得分为67.8分，大于平均分的公司有25家，占比为41.7%。

其中，80分以上的公司有8家，70~80分的有13家，60~70分的有28家，60分以下的有11家。

平安健康在2017年风险管理能力的统计分析中排名第二，在本次2018年度的排名中位列第二，保持着较为稳健的优势。

图4-5显示了风险管理能力排名前十的公司，依次是复星保德信、平安健康、瑞泰人寿、渤海人寿、长城人寿、泰康养老、太平养老、东吴人寿、陆家嘴国泰、平安养老。

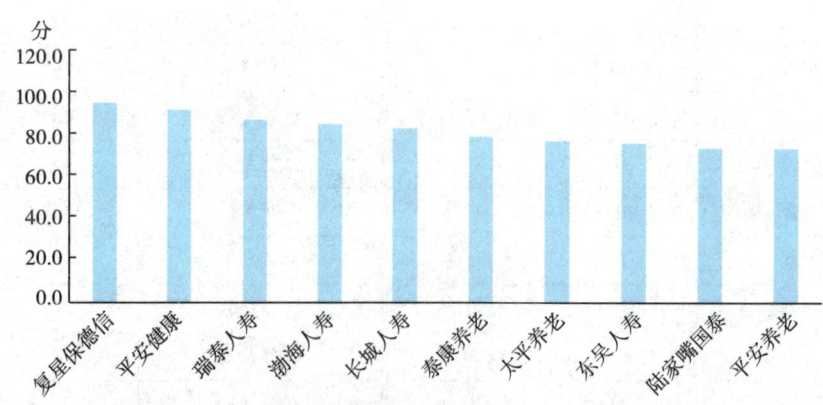

图4-5 风险管理能力得分排名前十的人身险公司

从图4-5中可以看出，风险管理能力排名前十的人身险公司的得分总体呈逐渐下降趋势。第十名得分相对于第一名得分降幅为22.4%。

(一) 风险管理能力排名前十的人身险公司的二级指标的排名与得分

如表 4-15 所示,复星保德信在风险管理能力排名中位列第一,主要是由于其在风险管理能力下各二级指标的优异表现。复星保德信在准备金安全率指标上排名第一,在偿付能力充足率、资产杠杆率指标上排名第二。加上流动性比率、自留保费占净资产的比率和保险负债占总资产比,复星保德信共计6个二级指标进入前五名,总体来看,其具备较强的风险管理能力。

平安健康在风险管理能力排名中位列第二。其在偿付能力充足率、流动性比率、准备金安全率、资产杠杆率和保险负债占总资产比指标上表现出色,进入前五名。但平安健康在自留保费增长率和可运用资金收益率指标上的表现劣势明显,落入后五名。

总体来看,总体排名前十的公司在流动性比率、肯尼系数、保险负债占总资产比、准备金安全率、现金流满足率、资产杠杆率、偿付能力充足率7个指标上表现较为良好,多数公司处于60家公司中的中上游水平。

从资产杠杆率和准备金安全率指标来看,风险管理能力综合评分前十的公司表现优秀,其中在资产杠杆率指标中仅2家未进入前十,在准备金安全率指标中3家未进入前十,这说明绝大多数公司都具有稳健经营的能力。

现金盈余保障倍数这个二级指标上的表现则两极分化较为明显。在现金盈余保障倍数指标上,表现出色的公司有泰康养老(第3名,87.3分)、陆家嘴国泰(第5名,86.8分)、太平养老(第14名,84.6分)、复星保德信(第19名,84.5分);其余6家公司则均处于中游或下游水平。

此外,收现比、可运用资金收益率等指标上各公司表现分化也较为明显,分布在总体中的各个水平段。

二级指标得分分化较为明显,从一定程度上说明了各家公司在风险管理能力、管理意识以及具体的风险管理控制策略选择上存在较大的差异。

最后,可运用资金占净资产的比、自留保费增长率两个指标上10家公司除个别公司外,表现普遍较差,其中可运用资金占净资产的比指标甚至出现前10家公司中8家公司处于中下游水平,这说明这些方面各公司在风险管理能力上需要加强。

(二) 风险管理能力下各二级指标排名与得分前十的人身险公司情况

表 4-16 列明了风险管理能力指标下各二级指标排名前十的人身险公司及其得分,主要反映出保险公司风险管理能力的整体状况。

表4-15 风险管理能力排名前十的人身险公司的二级指标的表现

公司名称	偿付能力充足率		流动性比率		肯尼系数		自留保费增长率		准备金安全率		现金盈余保障倍数		收现比		现金流满足率		资产杠杆率		保险负债占总资产比		可运用资金收益率		可运用资金占净资产的比	
	排名	得分	排名	得分	排名	得分	排名	得分	排名	得分	排名	得分	排名	得分	排名	得分	排名	得分	排名	得分	排名	得分	排名	得分
复星保德信	2	88.2	3	91.3	4	88.5	58	51.1	1	100.0	19	84.5	34	41.1	10	77.9	2	99.9	4	85.4	22	74.5	58	41.3
平安健康	5	74.7	2	95.7	32	53.3	59	47.7	2	82.1	24	84.4	48	40.3	15	77.4	4	97.2	3	92.0	58	50.5	54	42.2
瑞泰人寿	28	59.6	33	58.9	5	87.0	53	65.2	3	67.4	60	40.0	16	46.2	5	79.1	25	87.4	9	73.5	27	69.8	32	49.6
渤海人寿	8	71.7	8	78.3	3	88.7	17	83.1	4	67.1	48	84.1	19	44.3	26	74.6	100.0		5	80.8	24	73.6	60	40.0
长城人寿	38	52.4	47	53.4	10	66.6	39	73.3	16	51.3	44	84.1	100.0		29	74.5	18	90.4	24	59.4	56	53.3	45	47.3
泰康养老	27	59.9	1	100.0	17	59.2	47	69.3	11	54.6	3	87.3	45	40.4	1	100.0	9	94.0	31	57.1	59	49.7	31	49.8
太平养老	6	73.5	29	61.9	27	55.2	23	78.5	8	58.1	14	84.6	46	40.4	13	77.6	6	96.8	6	80.2	34	67.7	57	41.7
东吴人寿	34	54.4	10	74.5	6	85.8	1	100.0	13	52.7	54	83.1	5	60.9	27	74.5	10	93.6	16	67.6	23	74.0	47	46.2
陆家嘴国泰	22	62.2	22	67.6	9	69.3	52	65.4	6	64.2	5	86.8	38	41.0	58	68.8	3	98.0	10	72.7	6	89.3	59	40.5
平安养老	17	65.2	31	59.7	36	50.4	36	73.6	5	64.8	39	84.3	54	40.2	16	77.4	8	94.3	12	68.6	36	66.4	49	45.2

第四章 中国人寿保险公司竞争力评价分析

表4-16 风险管理能力下各二级指标得分与排名前十的人身险公司

排名	偿付能力不足率 公司名称（得分）	流动性比率 公司名称（得分）	肯尼系数 公司名称（得分）	自留保费增长率 公司名称（得分）	准备金安全率 公司名称（得分）	现金盈余保障倍数 公司名称（得分）	收现比 公司名称（得分）	现金流满足率 公司名称（得分）	资产杠杆率 公司名称（得分）	保险负债占总资产比 公司名称（得分）	可运用资金收益率 公司名称（得分）	可运用资金占净资产的比 公司名称（得分）
1	友邦人寿（100.0）	泰康养老（100.0）	中融人寿（100.0）	东吴人寿（100.0）	复星保德信（100.0）	天安人寿（100.0）	长城人寿（100.0）	泰康养老（100.0）	渤海人寿（100.0）	弘康人寿（100.0）	前海人寿（100.0）	富德生命（100.0）
2	复星保德信（88.2）	平安健康（95.7）	珠江人寿（92.8）	珠江人寿（98.6）	平安健康（82.1）	光大永明（99.9）	珠江人寿（66.4）	国华人寿（88.9）	复星保德信（99.9）	光大永明（95.3）	君龙人寿（95.0）	华夏人寿（85.2）
3	中美联泰（80.3）	复星保德信（91.3）	渤海人寿（88.7）	中融人寿（97.8）	瑞泰人寿（67.4）	泰康养老（87.3）	百年人寿（62.2）	吉祥人寿（84.1）	陆家嘴国泰（98.0）	平安健康（92.0）	中融人寿（94.5）	百年人寿（81.1）
4	民生人寿（79.4）	君康人寿（82.8）	复星保德信（88.5）	国华人寿（97.4）	渤海人寿（67.1）	上海人寿（87.1）	君康人寿（61.0）	君龙人寿（81.6）	平安健康（97.2）	复星保德信（85.4）	北大方正人寿（93.6）	合众人寿（78.5）
5	平安健康（74.7）	中邮人寿（80.7）	瑞泰人寿（87.0）	信泰人寿（97.0）	平安养老（64.8）	陆家嘴国泰（86.8）	东吴人寿（60.9）	瑞泰人寿（79.1）	利安人寿（96.8）	渤海人寿（80.8）	长生人寿（92.2）	弘康人寿（66.8）
6	太平养老（73.5）	利安人寿（80.1）	东吴人寿（85.8）	吉祥人寿（95.1）	陆家嘴国泰（64.2）	中邮人寿（86.1）	中意人寿（59.0）	中德安联（78.6）	太平养老（96.8）	太平养老（80.2）	陆家嘴国泰（89.3）	农银人寿（66.0）
7	交银康联（72.3）	交银康联（79.7）	信泰人寿（71.0）	交银康联（93.2）	中韩人寿（60.0）	弘康人寿（85.1）	中信保诚（58.6）	天安人寿（78.4）	中韩人寿（95.0）	人保健康（79.9）	信大人寿（85.9）	天安人寿（64.7）
8	渤海人寿（71.9）	渤海人寿（78.3）	民生人寿（69.4）	中银三星（92.5）	太平养老（58.1）	利安人寿（85.0）	北大方正人寿（55.2）	中邮人寿（78.4）	平安养老（94.3）	民生人寿（75.7）	华夏人寿（85.3）	平安寿险（64.3）
9	人保健康（70.7）	百年人寿（78.3）	陆家嘴国泰（69.3）	合众人寿（91.6）	上海人寿（55.0）	百年人寿（84.9）	交银康联（53.8）	华夏人寿（78.3）	泰康养老（94.0）	瑞泰人寿（73.5）	国华人寿（85.3）	泰康人寿（64.1）
10	新华人寿（69.4）	东吴人寿（74.5）	长城人寿（66.6）	阳光人寿（88.2）	中融人寿（54.6）	富德生命（84.9）	弘康人寿（53.4）	复星保德信（77.9）	东吴人寿（93.6）	陆家嘴国泰（72.7）	中银三星（84.8）	汇丰寿险（63.5）

流动性比率是衡量公司财务安全状况和短期偿债能力的重要指标,流动性比率排名最高的是泰康养老(100分);平安健康位列第二(95.7分);复兴保德信排名第三(91.3分)。可以看出各家公司间的差距不大。就流动性比率排名前十的人身险公司而言,整体上该指标较上年有了明显提高,同时各家公司之间的差距显著缩小。

偿付能力充足率排名前十的公司中,友邦人寿排名第一(100分),并与排名第二的复星保德信(88.2分)及排名第三的中美联泰(80.3)拉开了一定的差距。与此同时,从第四名到第十名的7家公司在偿付能力充足率指标下的得分差距较大(从79.4分到69.4分)。

同样前十名差距较大的指标还有自留保费占净资产的比率(肯尼系数)、准备金安全率、收现比和可运用资金占净资产的比,从一定程度上再次说明了各个保险公司的风险管理能力、风险管理策略的选择都存在较大不同。

准备金安全率中,除复星保德信(第一名,100分)、平安健康(第二名,82.1分)表现优良外,瑞泰人寿(第三名,67.4)、渤海人寿(第四名,67.1)等其余公司的准备金安全状况不佳。这说明除少数公司外,很多人身险公司的准备金安全风险保障能力仍有所欠缺。

而对于自留保费增长率、现金盈余保障倍数、资产杠杆率、可运用资金收益率等二级指标,排名前十的公司之间的得分差距较小,均在20以内。

(三)风险管理能力指标结构的模糊聚类分析

表4-17中的模糊聚类等价分析矩阵,是对风险管理能力排名前十的公司的一个等价分类,满足自反性、对称性与传递性。

表4-17 风险管理能力排名前十的公司的模糊聚类等价矩阵

	复星保德信	平安健康	瑞泰人寿	渤海人寿	长城人寿	泰康养老	太平养老	东吴人寿	陆家嘴国泰	平安养老
复星保德信	1	0.63	0.45	0.70	0.50	0.58	0.66	0.60	0.64	0.64
平安健康	0.63	1	0.45	0.63	0.50	0.58	0.63	0.60	0.63	0.63
瑞泰人寿	0.45	0.45	1	0.45	0.45	0.45	0.45	0.45	0.45	0.45
渤海人寿	0.70	0.63	0.45	1	0.50	0.58	0.66	0.60	0.64	0.64
长城人寿	0.50	0.50	0.45	0.50	1	0.50	0.50	0.50	0.50	0.50
泰康养老	0.58	0.58	0.45	0.58	0.50	1	0.58	0.58	0.58	0.58
太平养老	0.66	0.63	0.45	0.66	0.50	0.58	1	0.60	0.64	0.64
东吴人寿	0.60	0.60	0.45	0.60	0.50	0.58	0.60	1	0.60	0.60

续表

	复星保德信	平安健康	瑞泰人寿	渤海人寿	长城人寿	泰康养老	太平养老	东吴人寿	陆家嘴国泰	平安养老
陆家嘴国泰	0.64	0.63	0.45	0.64	0.50	0.58	0.64	0.60	1	0.64
平安养老	0.64	0.63	0.45	0.64	0.50	0.58	0.64	0.60	0.64	1

从表4-17中可以看出，处于主对角线上的值都取1，显然各家公司和自己的相似与贴近程度为100%。

除了主对角线线上的元素，此等价矩阵的取值介于0.45~0.70，说明这10家公司的风险管理能力和水平具有较大的差异性；这主要因为一是外资公司与中资公司的风险管理能力和理念差别较大；二是因为中资公司之间以及外资公司之间的再保能力和风险管理能力的水平差别也很大。因此，公司之间的风险管理能力的可比性都较差。

在此矩阵中，复星保德信和渤海人寿这组之间的相似程度最高，为0.70分，说明这两家公司的风险管理能力具有一定的可比性。

风险管理能力排名第一的复星保德信与排名第十的平安养老之间的相似度得分取值是0.64分。

风险管理能力排名第三的瑞泰人寿与其他9家公司之间的相似度得分都是0.45分，是矩阵中的最低分，说明瑞泰人寿的风险管理业务结构与管理模式与其他9家公司之间不具有可比性，相似程度较低。

通过表4-17可以看出，尽管这些公司的风险管理能力都是前十名，但是各公司的风险管理能力和水平等差别还是很大，这其中有多方面的原因，也是中资保险公司需要多加注意和学习的地方。

五、2018年人身险公司发展潜力排名与分析

对数据进行预处理后，我们根据60家人身险公司的10个二级指标数据，得到一个60×10的数据矩阵；根据主成分分析法，我们选取了6个主成分，其累计解释率为85.92%，每个主成分都是这10个二级指标的线性组合（见表4-18）。

表4-18　　　　　　　　　人身险公司发展潜力得分及排名

公司名称	排名	得分	公司名称	排名	得分
中邮人寿	1	100.0	陆家嘴国泰	31	66.7
弘康人寿	2	99.3	英大人寿	32	66.2

续表

公司名称	排名	得分	公司名称	排名	得分
平安健康	3	93.2	长城人寿	33	65.9
泰康人寿	4	86.6	天安人寿	34	64.1
友邦人寿	5	86.5	利安人寿	35	64.0
泰康养老	6	85.8	人保寿险	36	63.8
华夏人寿	7	83.0	上海人寿	37	63.7
太保寿险	8	81.3	国华人寿	38	62.9
中宏人寿	9	80.9	中融人寿	39	62.2
新华人寿	10	79.9	汇丰人寿	40	62.1
中国人寿	11	78.0	中英人寿	41	60.6
百年人寿	12	76.7	交银康联	42	60.3
恒大人寿	13	76.7	瑞泰人寿	43	60.3
平安寿险	14	75.8	同方全球人寿	44	60.3
光大永明	15	74.7	中韩人寿	45	59.3
中德安联	16	74.1	建信人寿	46	59.1
复星保德信	17	73.5	阳光人寿	47	58.1
中美联泰	18	73.5	农银人寿	48	57.8
太平人寿	19	73.4	合众人寿	49	56.6
前海人寿	20	73.4	工银安盛	50	55.8
君康人寿	21	73.4	北大方正人寿	51	54.9
中意人寿	22	72.3	中银三星	52	54.4
中信保诚	23	72.3	长生人寿	53	53.4
平安养老	24	71.4	信泰人寿	54	51.2
招商信诺	25	70.8	人保健康	55	51.1
华泰人寿	26	68.3	君龙人寿	56	49.3
民生人寿	27	67.9	吉祥人寿	57	49.0
富德生命	28	67.4	渤海人寿	58	45.4
中荷人寿	29	67.4	珠江人寿	59	45.2
太平养老	30	66.8	东吴人寿	60	40.0

从表 4-18 中可以看出，人身险市场上发展潜力排名前三的依次是中邮人寿、弘康人寿、平安健康，在百分制基准下，得分分别为 100 分、99.3 分和 93.2 分。

在参评的 60 家人身险公司中，发展潜力得分最高的为中邮人寿（100 分），最低分为东吴人寿（40.0 分），平均得分为 67.5 分，大于平均分的公司有 27 家，占比为45%。其中,80分以上的公司有9家,70~80分的有16家,60~70分的有19家,60分以下的有16家。

图4-6显示了发展潜力排名前十的公司,依次是中邮人寿、弘康人寿、平安健康、泰康人寿、友邦人寿、泰康养老、华夏人寿、太保寿险、中宏人寿、新华人寿。

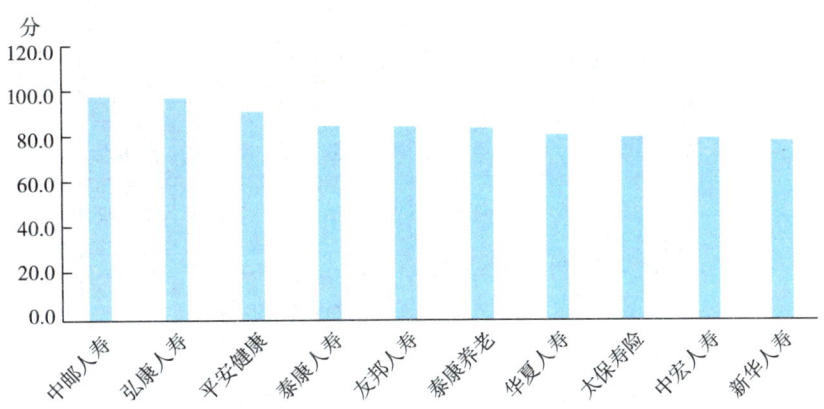

图4-6 发展潜力得分排名前十的人身险公司

从图4-6中可以看出,发展潜力排名前十的人身险公司中,前五名之间呈现出较为明显的下降趋势,分数差的平均值在2.7分左右。第六至第十名得分差距不大,分数差的平均值在1.2分左右。观察其余的50家人身险公司发展潜力情况,可以发现得分趋势与第五名至第十名相似,同样表现出了缓慢下降趋势,分数差的平均值为0.76分,整体差异不大。

与此同时,比较不同排名段的人身险公司发展潜力得分的平均值,不难发现,在发展潜力一级指标得分方面,不同排位的公司得分差异较大。第一梯队的前4名公司的平均得分为94.8分,将其余公司甩开很远。其中,第5名至第10名的平均得分为82.9分,与第一梯队的平均分差为11.9分;第11名至第60名的平均得分为63.4分,与第一梯队的平均分差为31.4分,与第二梯队的平均分差19.5分。

(一)发展潜力排名前十的人身险公司的二级指标的排名与得分

如表4-19所示,中邮人寿在60家人身险公司中的发展潜力排名第一,反映了公司较为良好的发展前景。中邮人寿在发展潜力上的优异表现,得益于其在人均产能(第2名,87.8分)、总资产增长率(第3名,82.3分)、净资产增长率(第5名,52.7分)等3个二级指标上的优异表现。同时,中邮人寿在发展系数(第10名,80.5分)、保险业务收入增长率(第10名,77.4分)指标中也表现较好。其余的二级指标中,中邮人寿表现较为良好,万张保单投诉量、分支机构数目、市场拓展能力等指标处于中等偏上的水平。

表4-19 发展潜力排名前十的人身险公司的二级指标的表现

公司名称	发展系数		综合收益增长率		总资产增长率		净资产增长率		市场拓展能力		人均产能		分支机构数目		万张保单投诉量(件/万张)		保险业务收入增长率		资金运用效率	
	排名	得分	排名	得分	排名	得分	排名	得分	排名	得分	排名	得分	排名	得分	排名	得分	排名	得分	排名	得分
中邮人寿	10	80.5	36	61.1	3	82.3	5	52.7	25	45.5	2	87.8	20	70.8	16	90.2	10	77.4	52	57.1
弘康人寿	11	80.2	47	60.6	10	69.8	31	46.0	10	52.1	1	100.0	54	44.9	1	100.0	11	77.1	55	54.7
平安健康	3	93.0	33	61.3	1	100.0	8	50.7	34	42.7	44	42.7	38	53.0	6	94.0	1	100.0	58	50.5
泰康人寿	43	65.4	30	61.5	33	62.3	17	48.2	2	99.9	23	45.4	4	96.8	17	90.1	41	64.0	41	64.9
友邦人寿	18	74.8	2	84.0	16	66.8	13	49.6	11	50.2	8	54.3	47	49.7	19	89.4	18	72.1	54	55.1
泰康养老	15	77.7	56	59.7	2	90.2	11	50.3	40	42.2	60	40.0	9	90.3	26	85.7	15	74.8	59	49.7
华夏人寿	2	96.7	37	61.1	32	62.6	58	42.2	8	55.5	3	65.6	19	72.4	43	75.2	3	90.6	8	85.3
太保寿险	31	70.8	22	62.1	27	63.9	23	47.2	4	76.4	19	47.0	3	98.8	8	93.0	32	68.3	35	67.0
中宏人寿	27	72.6	1	100.0	13	68.6	7	50.7	18	47.3	30	45.0	26	67.6	48	70.2	27	70.0	49	58.8
新华人寿	35	69.3	39	61.0	42	58.3	30	46.1	1	100.0	27	45.1	5	95.1	50	68.9	34	67.1	45	62.9

弘康人寿在发展潜力上排名第二，主要是由于公司在发展潜力各项指标上稳定且优秀的表现。弘康人寿除资金运用效率（第55名、54.7分）、分支机构数目（第54名，44.9分）、综合收益增长率（第47名，60.6分）等指标比较靠后之外，其余指标的表现都比较良好。其中，人均产能（第1名，100分）、万张保单投诉量（第1名，100分）指标方面表现优异，同时，总资产增长率和市场拓展能力指标位列前十。

平安健康的发展潜力排名第三，主要是由于公司总资产增长率（第1名，100分）、保险业务收入增长率（第1名，100分）和发展系数（第3名，93分）指标都有着不错的表现。但是，其在资金运用效率（第58名，50.5分）和人均产能（第44名，42.7分）指标中表现稍弱。

泰康人寿在发展潜力上排名第四，其在市场拓展能力（第2名，99.9分）、分支机构数目（第4名，96.8分）方面表现优异，维持了公司整体较强的发展潜力。

计算发展潜力得分前十位的人身险公司各项二级指标的平均值，可以看出在各指标下前十位人身保险公司的整体情况。总体来看，发展潜力排名前十位的10家公司，在综合收益增长率（第6名，67.2分①）、市场拓展能力（第6名，61.2分②）、人均产能（第6名，57.3分③）、总资产增长率（第8名，72.5分④）等指标下的表现都较为良好，均处于整体的上游水平。

（二）发展潜力下各二级指标排名与得分前十的人身险公司情况

表4-20列明了发展潜力指标下各项二级指标排名前十的人身险公司及得分，主要反映了人身险公司在发展潜力上各二级指标的整体表现和分布情况。

从表4-20中可以看出，各项指标排名前十的公司在分支机构数目和万张保单投诉量两个指标上差异不大，前者从人保寿险（第一名，100分）到平安寿险（第10名，88.6分），后者从弘康人寿（第一名，100分）到中国人寿（第十名，92.2分）。但各家公司在综合收益增长率（63.5分至100分）、净资产增长率（50.4分至100分）、市场拓展能力（52.1分至100分）、人均产能（49.6分至100分）指标上差距十分明显。这些指标中，基本表现为排位第一或第二以后的公司，指标得分会出现明显下降。由此可见，大多数二级指标下，不同公司的得分差异是十分明显的。

---

① 计算前10家公司各项二级指标的平均值，可以得到该平均值在60家人身险公司中的排名。
② 计算前10家公司各项二级指标的平均值，可以得到该平均值在60家人身险公司中的排名。
③ 计算前10家公司各项二级指标的平均值，可以得到该平均值在60家人身险公司中的排名。
④ 计算前10家公司各项二级指标的平均值，可以得到该平均值在60家人身险公司中的排名。

表4-20　发展潜力下各二级指标得分与排名前十的公司

排名	发展系数 公司名称（得分）	综合收益增长率 公司名称（得分）	总资产增长率 公司名称（得分）	净资产增长率 公司名称（得分）	市场拓展能力 公司名称（得分）	人均产能 公司名称（得分）	分支机构数目 公司名称（得分）	万张保单投诉量 公司名称（得分）	保险业务收入增长率 公司名称（得分）	资金运用效率 公司名称（得分）
1	复星保德信（100.0）	中宏人寿（100.0）	平安健康（100.0）	中德安联（100.0）	新华人寿（100.0）	弘康人寿（100.0）	人保寿险（100.0）	弘康人寿（100.0）	平安健康（100.0）	前海人寿（100.0）
2	华夏人寿（96.7）	友邦人寿（84.0）	泰康养老（90.2）	交银康联（74.8）	泰康人寿（99.9）	中邮人寿（87.8）	珠江人寿（66.4）	平安养老（96.7）	复星保德信（95.4）	君龙人寿（95.0）
3	平安健康（93.0）	富德生命（73.7）	中邮人寿（82.3）	吉祥人寿（65.3）	恒大人寿（89.5）	华夏人寿（65.6）	太保养老（98.4）	中荷人寿（95.4）	华夏人寿（90.6）	中融人寿（94.5）
4	前海人寿（86.1）	中德安联（69.8）	君康人寿（79.3）	中美联泰（59.9）	太保寿险（76.4）	前海人寿（64.4）	泰康养老（96.8）	中荷人寿（95.0）	前海人寿（82.5）	北大方正人寿（93.6）
5	中意人寿（83.8）	中美联泰（67.8）	百年人寿（76.7）	中邮人寿（52.7）	中国人寿（68.8）	上海人寿（63.9）	太平养老（95.1）	光大永明（94.1）	中意人寿（80.5）	长生人寿（92.2）
6	光大永明（82.7）	华夏人寿（66.5）	国华人寿（73.9）	瑞泰人寿（50.7）	平安养老（59.9）	百年人寿（56.3）	中意人寿（59.0）	平安健康（94.0）	光大永明（79.4）	陆家嘴国泰（89.3）
7	陆家嘴国泰（82.7）	交银康联（64.9）	复星保德信（73.9）	中宏人寿（50.7）	太平人寿（58.6）	君康人寿（55.7）	中信保诚（58.6）	上海人寿（93.4）	陆家嘴国泰（79.4）	佰大人寿（85.9）
8	瑞泰人寿（82.5）	工银安盛（63.7）	天安人寿（72.3）	平安健康（50.7）	华夏人寿（55.5）	友邦人寿（54.3）	阳光人寿（91.9）	太保寿险（93.0）	瑞泰人寿（79.2）	华夏人寿（85.3）
9	中融人寿（81.8）	民生人寿（63.5）	招商信诺（70.2）	同方全球人寿（50.6）	国华人寿（53.6）	恒大人寿（51.7）	泰康养老（90.3）	君康人寿（92.5）	中融人寿（78.6）	国华人寿（85.3）
10	中邮人寿（80.5）	同方全球人寿（63.5）	弘康人寿（69.8）	中信保诚（50.4）	弘康人寿（52.1）	中德安联（49.6）	平安寿险（88.6）	中国人寿（92.2）	中邮人寿（77.4）	中银三星（84.8）

（三）发展潜力指标结构的模糊聚类分析

表 4-21 中的模糊聚类等价分析矩阵，是对发展潜力排名前十的公司的一个等价分类，满足自反性、对称性与传递性。

表 4-21　　　　　　发展潜力排名前十的公司的模糊聚类等价矩

	中邮人寿	弘康人寿	平安健康	泰康人寿	友邦人寿	泰康养老	华夏人寿	太保寿险	中宏人寿	新华人寿
中邮人寿	1	0.60	0.54	0.44	0.50	0.58	0.36	0.44	0.50	0.44
弘康人寿	0.60	1	0.54	0.44	0.50	0.58	0.36	0.44	0.50	0.44
平安健康	0.54	0.54	1	0.44	0.50	0.54	0.36	0.44	0.50	0.44
泰康人寿	0.44	0.44	0.44	1	0.44	0.44	0.36	0.76	0.44	0.68
友邦人寿	0.50	0.50	0.50	0.44	1	0.50	0.36	0.44	0.55	0.44
泰康养老	0.58	0.58	0.54	0.44	0.50	1	0.36	0.44	0.50	0.44
华夏人寿	0.36	0.36	0.36	0.36	0.36	0.36	1	0.36	0.36	0.36
太保寿险	0.44	0.44	0.44	0.76	0.44	0.44	0.36	1	0.44	0.68
中宏人寿	0.50	0.50	0.50	0.44	0.55	0.50	0.36	0.44	1	0.44
新华人寿	0.44	0.44	0.44	0.68	0.44	0.44	0.36	0.68	0.44	1

从表 4-21 中可以看出，处于主对角线上的值都取 1，显然各家公司和自己的相似与贴近程度为 100%。

此模糊聚类等价矩阵里的分值偏低、差距较大，介于 0.36~0.76，说明在发展潜力竞争力上，各家公司的相似程度差别较大。

从矩阵中可以发现，发展潜力排名第一的中邮人寿与排名第二的弘康人寿及排名第六的泰康养老相似程度较高，得分分别为 0.6 分和 0.58 分。

处于发展潜力排名第二和第三的分别是弘康人寿、平安健康，这两家公司之间的相似度得分是 0.54 分，并不高；而这两家公司与华夏人寿的相似度得分均为 0.36 分，是整个矩阵的最低分，可比性较差。

矩阵中，相似程度最高的分别是泰康人寿和太保寿险之间，达到了 0.76 分；体现了这两家保险公司在发展潜力的表现形式和模式具有较高的可比性和相似性。

此外，华夏人寿与其余 9 家公司之间的相似程度达到了 0.36 分，均为矩阵最低分，基本不具有可比性。

综上所述，人身险公司在发展潜力的模式、观念上差别较大，在各项指标得分上近似很低，可比性和借鉴性不高。

第四节 2018年人身保险公司综合竞争力评价结果的稳健性检验

一、稳健性分析的必要性

在对保险公司的竞争力评价研究中，需要对反映事物的多个变量进行大量观测，收集大量数据以便进行分析，寻找规律。多变量大样本无疑会为科学研究提供丰富的信息，主成分分析法的降维特点使其在处理大量信息时显示出优越性，主成分分析法给出了全面衡量保险公司竞争力的一种渠道，然而正是基于其处理信息的大量性，其稳健性才显得越发重要。

同时，保险公司在现实的经营中有其自身的发展轨道和趋势，也拥有其自身在市场中地位的连续性，即稳健性，市场微小波动，如某家小规模公司进入或者退出市场，对于其他在市场中已经拥有规模优势及占据大量市场的公司来说其相对位置冲击应该不大。如果市场微小波动，导致所有公司排名发生颠覆性变化，那么这个结果就有悖于市场和现实，就失去了其指导现实的客观性；主成分分析法基于选择代表保险公司竞争力特征的指标来为保险公司"打分"，如果某个指标的微小波动就导致保险公司竞争力排名的剧烈波动，那么主成分分析法也是不稳健的。我们假设这样一个市场，仅仅由于某家保险公司增开了一家分支机构，该公司本身甚至整个行业的竞争力都发生了重大变化，那么这种情况在现实中也是不可能存在的，所以稳健性分析对于方法的适用性很重要。

稳健性分析对于运用定量分析法研究保险公司的竞争力评价非常重要，这也是我们课题组的一个创新性应用研究成果。

二、稳健性的定义与步骤

稳健性（robust）检验的是实证结果是否随着参数设定的改变而发生变化，如果改变参数设定以后，发现结果的顺序等没有发生显著性改变，就说明结果是稳健的；相反，如果结果发生了显著性改变，则说明结果不是稳健的，需要寻找问题所在。

一般根据所要检验问题的具体情况选择稳健性检验的内容。我们根据对保险公司综合竞争力评价结果的影响因素，分两种情况对评价结果进行稳健性检验。

（1）从公司出发，根据一定的标准剔除部分公司后，检验剩余公司的评价结果是否与原来一致。

（2）从指标出发，根据一定的标准剔除部分指标后，重新进行竞争力评价，检验保险公司的评价结果是否与原来一致。

三、2018年人身险公司综合竞争力评价结果的稳健性检验

主要基于两种思路进行人身险公司的稳健性检验。

一是剔除部分公司进行稳健性检验。首先利用聚类分析，将保险公司分为两类；在排除掉一类公司（公司数目较少的一类）后，对另一类公司仍然运用主成分分析，进行竞争力评价的排名和得分，与这些公司在原来情况下的排名进行比较分析，从而得到保险公司竞争力评价结果的稳健性检验。

二是剔除部分指标进行稳健性检验。利用聚类分析法对评价指标进行分类，并剔除指标较少的类别后，运用余下的指标对保险公司竞争力进行主成分分析，得到的排名与原来的排名进行对比，从而完成稳健性分析。

（1）剔除部分公司后，保险公司竞争力评价的稳健性分析

为了便于剔除公司和提高稳健性分析结果的有效性，首先运用聚类分析法将60家人身险公司分为六类。根据前述方法，结果如表4-22所示。

表4-22　　　　　　　人身险公司在聚类分析下分为六类结果

公司	类别6	类别5	类别4	类别3	类别2
中国人寿	1	1	1	1	1
太保寿险	2	2	2	2	2
平安寿险	1	1	1	1	1
新华人寿	2	2	2	2	2
泰康人寿	2	2	2	2	2
太平人寿	2	2	2	2	2
建信人寿	2	2	2	2	2
天安人寿	2	2	2	2	2
光大永明	2	2	2	2	2
民生人寿	2	2	2	2	2
富德生命	2	2	2	2	2
平安养老	2	2	2	2	2
中融人寿	2	2	2	2	2

续表

公司	类别6	类别5	类别4	类别3	类别2
合众人寿	3	3	3	2	2
太平养老	2	2	2	2	2
人保健康	2	2	2	2	2
华夏人寿	2	2	2	2	2
君康人寿	2	2	2	2	2
信泰人寿	2	2	2	2	2
农银人寿	2	2	2	2	2
长城人寿	2	2	2	2	2
人保寿险	2	2	2	2	2
国华人寿	2	2	2	2	2
英大人寿	2	2	2	2	2
泰康养老	2	2	2	2	2
阳光人寿	2	2	2	2	2
百年人寿	2	2	2	2	2
中邮人寿	2	2	2	2	2
利安人寿	2	2	2	2	2
前海人寿	2	2	2	2	2
东吴人寿	2	2	2	2	2
珠江人寿	2	2	2	2	2
弘康人寿	2	2	2	2	2
吉祥人寿	2	2	2	2	2
渤海人寿	4	2	2	2	2
上海人寿	2	2	2	2	2
中宏人寿	2	2	2	2	2
中德安联	5	4	2	2	2
工银安盛	2	2	2	2	2
中信保诚	2	2	2	2	2
交银康联	2	2	2	2	2
中意人寿	2	2	2	2	2
友邦人寿	2	2	2	2	2
北大方正人寿	2	2	2	2	2
中荷人寿	2	2	2	2	2
中英人寿	2	2	2	2	2

续表

公司	类别6	类别5	类别4	类别3	类别2
同方全球人寿	2	2	2	2	2
招商信诺	2	2	2	2	2
长生人寿	2	2	2	2	2
瑞泰人寿	2	2	2	2	2
华泰人寿	2	2	2	2	2
陆家嘴国泰	2	2	2	2	2
中美联泰	2	2	2	2	2
平安健康	6	5	4	3	2
中银三星	2	2	2	2	2
恒大人寿	2	2	2	2	2
汇丰人寿	2	2	2	2	2
君龙人寿	2	2	2	2	2
复星保德信	6	5	4	3	2
中韩人寿	2	2	2	2	2

根据聚类分析的原理，进行聚类分析时，类别越多，每个类别内的距离最近，则类内的相似度最近。为了保证信息的充足性，增强可比性，将60家公司分为两大类。由表4-22得到，大部分公司属于类别2，共有53家公司；其余7家公司分别属于类别1、类别3、类别4、类别5和类别6，分别是中国人寿、平安寿险、复星保德信、平安健康、中德安联、渤海人寿、合众人寿，占总体60家的11.7%。

剔除这7家后，再对剩余的53家公司进行竞争力评价，通过对比分析，对2018年人身险公司综合竞争力的评价结果进行稳健性检验。

首先重新对类别2中的53个成员运用主成分分析法进行综合竞争力评价，结果如表4-23所示。

表4-23　2018年人身险公司综合竞争力评价结果的前后排名对比（剔除部分公司）

公司	新排名	原排名	公司	新排名	原排名
华夏人寿	1	8	中荷人寿	28	19
太保寿险	2	1	中宏人寿	29	23
君康人寿	3	12	招商信诺	30	15
前海人寿	4	13	人保寿险	31	6
百年人寿	5	48	平安养老	32	22

续表

公司	新排名	原排名	公司	新排名	原排名
泰康人寿	6	4	中信保诚	33	24
恒大人寿	7	5	北大方正人寿	34	20
中邮人寿	8	2	农银人寿	35	47
新华人寿	9	3	阳光人寿	36	34
同方全球人寿	10	14	长生人寿	37	32
陆家嘴国泰	11	11	中英人寿	38	26
天安人寿	12	46	建信人寿	39	36
弘康人寿	13	49	工银安盛	40	39
国华人寿	14	42	中韩人寿	41	41
富德生命	15	51	中银三星	42	44
民生人寿	16	9	太平养老	43	25
中融人寿	17	43	交银康联	44	31
友邦人寿	18	30	瑞泰人寿	45	38
泰康养老	19	28	上海人寿	46	17
利安人寿	20	10	吉祥人寿	47	37
英大人寿	21	16	信泰人寿	48	45
光大永明	22	27	汇丰人寿	49	50
中美联泰	23	18	人保健康	50	40
太平人寿	24	7	长城人寿	51	35
中意人寿	25	21	珠江人寿	52	53
华泰人寿	26	33	东吴人寿	53	52
君龙人寿	27	29			

在表4-23中，第1列表示类别2中的53家公司在重新运用主成分分析法后进行评价的综合竞争力评价结果；第2列表示类别2中的公司在剔除上述7家公司后，在原来综合竞争力评价结果中的排名。

对公司的新旧排名进行对比，基本分析情况如表4-24所示。

表 4-24　　　　　　　　　　　　　　描述统计

描述性统计资料								
	N	平均数	标准偏差	最小值	最大值	百分位数		
						25 日	第 50（中位数）	第 75
新排名	53	27.0000	15.44345	1.00	53.00	13.5000	27.0000	40.5000
原排名	53	27.0000	15.44345	1.00	53.00	13.5000	27.0000	40.5000

根据表 4-24 的结果，运用威尔科克森（Wilcoxon）符号秩检验，进行稳健性分析。

主要结论如表 4-25 所示。

表 4-25　　　　　　　　　威尔科克森（Wilcoxon）符号秩检验

等级				
		N	平均等级	等级总和
原排名—新排名	负等级	33[a]	24.88	821.00
	正等级	19[b]	29.32	557.00
	等值结	1[c]		
	总计	53		

注：a. 原排名＜新排名；b. 原排名＞新排名；c. 原排名＝新排名。

表 4-26　　　　　　　　　　　　　检验统计结果

检定统计资料[a]	
	原排名—新排名
Z	-1.203[b]
渐近显著性（双尾）	0.229
精确显著性（双尾）	0.232
精确显著性（单尾）	0.116
点机率	0.001

注：a. Wilcoxon 符号等级检定；b. 根据正等级。

表 4-26 结果显示：使用"渐进"法计算的双侧显著性水平 Z 值为 0.229，大于 0.05，所以新旧排名的差异不显著。也就是说，两个样本来自同一总体，具有相同的总体分布。

运用主成分分析法对 2018 年人身险公司综合竞争力评价结果的检验在 0.05 的显著性水平下具有稳健性。即我们根据聚类分析的结果，剔除部分公司后，根据建立的指标体系，运用主成分分析方法对其余公司竞争力的评价结果的影响不显著，通过了稳健性检验。

（2）剔除部分指标后保险公司竞争力评价的稳健性分析

指标体系应该尽可能地反映保险公司竞争力各方面的信息，显然部分指标的缺失或波动对保险公司竞争力的评价结果有影响。此部分通过聚类分析，剔除部分表现"特殊"的指标后，再对保险公司竞争力进行评价。通过剔除部分指标对评价结果的影响来进行稳健性检验。

首先利用聚类分析对所有指标进行分类。

根据聚类结果，净利润、所有者权益、人均产能、报告期营业收入、现金盈余保障倍数这5个指标特殊，剔除后重新对保险公司进行竞争力评价，与其他指标不在同一类中。我们把净利润、所有者权益、人均产能、报告期营业收入、现金盈余保障倍数这5个指标剔除，再对公司的综合竞争力评价结果进行检验，如表4-27所示。

表4-27　剔除上述4个指标后人身险公司综合竞争力评价结果的对比

公司	新排名	原排名	公司	新排名	原排名
复星保德信	1	20	太平养老	31	30
君康人寿	2	15	长生人寿	32	37
恒大人寿	3	7	光大永明	33	32
中邮人寿	4	4	交银康联	34	36
前海人寿	5	16	工银安盛	35	44
中德安联	6	13	吉祥人寿	36	42
同方全球人寿	7	17	上海人寿	37	22
利安人寿	8	12	中信保诚	38	29
陆家嘴国泰	9	14	阳光人寿	39	39
人保寿险	10	8	信泰人寿	40	50
民生人寿	11	11	中国人寿	41	1
英大人寿	12	21	瑞泰人寿	42	43
中宏人寿	13	28	泰康养老	43	33
中美联泰	14	23	泰康人寿	44	6
中融人寿	15	48	国华人寿	45	47
招商信诺	16	18	建信人寿	46	41
北大方正人寿	17	25	天安人寿	47	51
平安健康	18	19	中银三星	48	49
中荷人寿	19	24	农银人寿	49	52

续表

公司	新排名	原排名	公司	新排名	原排名
新华人寿	20	5	人保健康	50	45
中意人寿	21	26	百年人寿	51	53
华夏人寿	22	10	长城人寿	52	40
中英人寿	23	31	渤海人寿	53	55
友邦人寿	24	35	汇丰人寿	54	56
平安养老	25	27	太平人寿	55	9
太保寿险	26	3	富德生命	56	57
平安寿险	27	2	弘康人寿	57	54
君龙人寿	28	34	东吴人寿	58	58
华泰人寿	29	38	珠江人寿	59	59
中韩人寿	30	46	合众人寿	60	60

根据表4-28的结果，运用威尔科克森（Wilcoxon）符号秩检验进行稳健性分析。

表4-28　　　　　　　　　公司的竞争力评价结果排名情况

描述性统计资料								
	N	平均数	标准偏差	最小值	最大值	百分位数		
						25日	第50（中位数）	第75
新排名	60	30.5000	17.46425	1.00	60.00	15.2500	30.5000	45.7500
原排名	60	30.5000	17.46425	1.00	60.00	15.2500	30.5000	45.7500

主要结论如表4-29所示。

表4-29　　　　　　　指标的威尔科克森（Wilcoxon）符号秩检验

等级				
		N	平均等级	等级总和
原排名—新排名	负等级	17[a]	33.91	576.50
	正等级	37[b]	24.55	908.50
	等值结	6[c]		
	总计	60		

注：a. 原排名＜新排名；b. 原排名＞新排名；c. 原排名＝新排名。

表4-30 人身险公司指标稳健性的威尔科克森（Wilcoxon）符号秩检验结果

检定统计资料[a]	
	原排名—新排名
Z	-1.431[b]
渐近显著性（双尾）	0.153
精确显著性（双尾）	0.154
精确显著性（单尾）	0.077
点机率	0.001

注：a. Wilcoxon符号等级检定；b. 根据负等级。

表4-30列出了统计检验结果。结果显示：使用"渐进"法计算的双侧渐进显著性水平Z值为0.154，大于0.05，两组排名的差异不显著。所以认为剔除部分特殊指标后，采用剩余的指标进行竞争力评价与没有剔除这些指标下的评价结果差异不显著。也就是说，两个样本来自同一总体，具有相同的总体分布，即认为主成分分析法对于指标的变化具有统计上的稳健性，通过了稳健性检验。

（3）结论及建议

由以上一系列的分析可知，利用主成分分析法进行保险公司竞争力评价研究时，剔除少部分公司或者指标后，对于保险公司竞争力的最后结果影响有限，即分析我们的评价结果在统计上的稳健性。

但是，从评价结果来看，通过聚类分析法，剔除少部分公司的评价结果比剔除少部分指标的评价结果更具有稳健性。这在一定程度上说明，部分公司的进入或者退出对最后结果的影响没有指标的选择对评价结果的影响大，所以选择比较客观、全面和科学的指标，对于保险公司竞争力的评价结果尤为关键；同时，从得到的个别结果来看，某些公司的排名波动较大，可以考虑在对公司进行最终的排名前能设计一种过滤方法，将对主成分排名法最终排名结果影响较大的因子予以剔除，或者运用最优化方法选择使得最终竞争力排名的结果波动最小的因子（这与主成分分析法中寻找方差占比最大的综合因子并不矛盾，因为它们所指的对象并不一样）。而这些因子从理论上最能够代表保险公司竞争力的本质，但这是一个不断探索和优化的过程，甚至需要对其选择标准进行数理化设定，有待进一步的研究。

第五章
中国财产保险公司竞争力评价分析

保险公司竞争力评价研究都是基于公开、客观和科学的原则，即研究方法、评价指标、数据来源等坚持公开、客观和科学的原则。

我们坚持评价过程和目标要客观有效，避免或者尽量减少人为主观因素的干扰；考虑到结果的敏感性，在有可能使用定量分析的地方，使用定量分析；尽量避免或者减少涉及权重选择等主观性问题的评价方法。

一、信息来源说明

保险公司竞争力评价研究的数据主要来源于各保险公司的年度信息披露报告，少部分指标来源于历年的中国保险年鉴和保监会、保险学会、保险行业协会以及各公司自己的网站信息，即全部数据都是来源于公开渠道。

保险公司的2018年年报信息披露报告主要包括以下几个方面内容：公司简介；年度财务报告及其附注；风险管理状况；产品信息；偿付能力信息；重大关联交易信息、重大事项信息等。本研究分析主要从以上报表中获取数据进行研究。

二、研究对象

根据中国银保监会网站，截至2018年12月31日，中国共有88家财产保险公司，其中中资保险公司有66家，外资保险公司共22家。

在这88家公司中，出口信用保险和安邦财险没有公布2018年度信息披露报告。太平科技、黄河财险、融盛财险、众惠相互、汇友相互、中远海自保、粤电自保这7家保险公司距离2018年年底，成立营业时间不足两年，不予评价。长安责任2018年的综合偿付能力充足率为负，不予评价。劳合社的经营业务特殊，不予评价。建信财险、信利保险、久隆财险、安心财险、合众财险、燕赵财险、浙商财险、富邦财险、利宝互助、珠峰财险、中煤财险、国泰财险、安达财险，经营指标异常，不予评价。

上述 22 家公司，如果有任何问题、建议或者意见，请与保险公司竞争力评价研究课题组联系。

最后，课题组共对 64 家财产保险公司进行竞争力评价。

三、特别说明

（1）本研究都是采用公开发布的披露数据进行分析，我们根据实质重于形式的原则，对发现个别公司披露数据存在错误或异样的年报信息进行调整或者在涉及该指标时进行批注说明。

（2）本研究采用的数据皆来源于已公开的资料或课题组成员的个人分析，但我们不保证上述信息的完整与准确性，中国精算研究院不因使用本报告而产生的一切后果承担责任，只以此作为学术研究以及学界和业界的信息交流与参考。同时，本研究为课题组成员的个人观点，并不代表中国精算研究院的观点。有关问题的来源、讨论或争议，请使用电话或电子邮件的方式与我方联系。

（3）评价指标中，有的指标的取值是越大越好，可以称为正向指标；有的指标取值是越小越好，可以称为逆向指标；有的指标取值是位于中间的某个值为好。

对于逆向指标，我们在本报告中都已经作逆向化处理，即逆向化后的指标数据的取值也是越高越好；对于有的指标取值是位于中间的某个值为好，此时我们往往是通过构建系数的方式，对此类指标进行处理，经过系数化后的指标取值也是越大越好。

第一节 财产险公司竞争力指标体系的构建

一、评价指标体系说明

目前国内外还没有一个比较明确的、被广泛接受的"保险公司竞争力"的定义。我们综合国内外相关研究，结合自己的经验和理解，给出保险公司竞争力的定义：保险公司竞争力是保险公司根据行业和自身特点，在市场经济环境中，综合运用其各种人力、物力、财力等各种资源，获得相对于竞争对手所表现出来的更强的生存能力、创新能力和持续发展能力的总和，是公司综合能力的体现。同时，竞争力也是一个相对概念，强调的是保险行业内竞争者之间的比较。

我们进行的保险公司竞争力评价研究是以保险公司为出发点和落脚点，建立保险公司的盈利能力、资本管理能力、经营能力、风险管理能力和发展潜力5个一级指标，来反映保险公司竞争力的不同方面。我们首先在每个一级指标下建立个数不等的二级指标（二级指标如果不特别说明，均为正向指标）；其次通过对二级指标进行定量分析得到保险公司一级指标的评价结果；最后对全部二级指标进行定量分析，得到保险公司竞争力的综合评价结果。

二、指标体系构建

具体指标体系如下：

Ⅰ 盈利能力指标

盈利能力指标共有10个二级指标，包括8个比率、结构分析指标和2个规模性指标。

Ⅰ-1. 总资产收益率：

总资产收益率 = 报告期净利润 ÷ [（期初总资产 + 期末总资产）÷ 2] × 100%

Ⅰ-2. 净资产收益率：

净资产收益率 = 净利润 ÷ 平均净资产 × 100%

Ⅰ-3. 投资收益率：

投资收益率 = 投资收益总额 ÷ （期初投资资产 + 期末投资资产）的均值 × 100%

Ⅰ-4. 净投资收益率：

净投资收益率 = （利润表中的投资收益 + 其他业务收入）÷ （期初投资资产 + 期末投资资产）的均值 × 100%

Ⅰ-5. 承保利润率：

承保利润率 = 承保利润 ÷ 已赚保费 × 100%

Ⅰ-6. 投资资产占总资产比率：

投资资产占总资产比率 = 平均投资资产 ÷ 平均总资产 × 100%

其中，平均投资资产 = （本年投资资产 + 上一年投资资产）÷ 2；平均总资产 = （本年总资产 + 上一年总资产）÷ 2

Ⅰ-7. 净利润增长率：

净利润增长率 = （当年净利润 - 上一年净利润）÷ （上一年净利润的绝对值）

Ⅰ-8. 人均利润：

人均利润 = 利润总额 / 公司职工人数

Ⅰ-9. 净利润

Ⅰ-10. 综合收益率：

综合收益率 = （利息收入 + 投资收益 + 交易类公允价值变动 + 可供出售类公允价值变动 - 交易费用及税金 + 其他综合收益）÷ 两年平均投资资产

Ⅱ 资本管理能力

资本管理能力包含 12 个二级指标，包括 1 个规模性指标和 11 个比率、结构性分析指标。

Ⅱ-1. 资本管理系数：

偿付能力充足率 (x) = 实际资本 ÷ 最低资本；

$$资本管理系数 = \begin{cases} \dfrac{x - 150\% + 70\%}{70\%}, & 80\% \leq x \leq 150\% \\ 1, & 150\% < x \leq 300\% \\ \dfrac{300\% + 2000\% - x}{2000\%}, & 300\% < x \leq 300\% + 2000\% \\ 0, & \text{Others} \end{cases}$$

Ⅱ-2. 认可资产负债率：

认可资产负债率 = 认可负债 ÷ 认可资产 × 100%

Ⅱ-3. 资产认可率：

资产认可率 = 认可资产 ÷ 总资产 × 100%

Ⅱ-4. 认可资产增长率：

认可资产增长率 = （期末认可资产 - 期初认可资产）÷ 期初认可资产

Ⅱ-5. 资本利用率：

资本利用率 = 保险业务收入 ÷ 所有者权益 × 100%

Ⅱ-6. 准备金保费比率：

准备金保费比率 = 两年的（未到期责任准备金 + 未决赔款准备金 + 保险保障基金 + 寿险责任准备金 + 长期健康险责任准备金 - 应收分保未到期责任准备金 - 应收分保未决赔款准备金 - 应收分保寿险责任准备金 - 应收分保长期健康险责任准备金）均值 ÷ 两年的原保费收入的均值

Ⅱ-7. 实际资本变化率：

实际资本变化率 = （期末实际资本 - 期初实际资本）/ 期初实际资本 × 100%

Ⅱ-8. 保险业务收入变化率/实际资本变化率

Ⅱ-9. 所有者权益（净资产）

Ⅱ-10. 所有者权益增长率：

所有者权益增长率 = （当年所有者权益 - 上一年所有者权益）÷ 上一年所有者权益

Ⅱ-11. 资产杠杆系数

杠杆比率（x）=总资产/净资产

$$资产杠杆系数 = \begin{cases} 1, & 3 \leq x \leq 10 \\ \dfrac{30-x}{20}, & 10 \leq x \leq 30 \\ \dfrac{x-1}{2}, & 1 \leq x \leq 3 \\ 0, & Others \end{cases}$$

Ⅱ-12. 资本管理绩效增长率：

资本管理绩效增长率=本年的（净利润÷最低资本）÷上一年的（净利润÷最低资本）

Ⅲ 经营能力指标

经营能力由以下13个指标构成，12个是比率或结构性指标，1个规模性指标。

Ⅲ-1. 净资产周转率：

净资产周转率=报告期营业收入合计÷［（期初股东权益+期末股东权益）÷2］×100%

Ⅲ-2. 总资产周转率：

总资产周转率=报告期营业收入合计÷［（期初总资产+期末总资产）÷2］×100%

Ⅲ-3. 综合赔付率：

综合赔付率=（赔付支出-摊回赔付支出+提取未决赔款准备金-摊回未决赔款准备金+保费准备金）÷已赚保费

Ⅲ-4. 综合费用率：

综合费用率=（业务及管理费+手续费及佣金+分保费用+保险业务营业税金及附加-摊回分保费用）÷已赚保费×100%

Ⅲ-5. 手续费及佣金比率：

手续费及佣金比率=等于手续费及佣金÷原保费收入×100%

Ⅲ-6. 业务及管理费占比：

业务及管理费占比=当年的业务及管理费/原保费收入，逆向指标

Ⅲ-7. 险种集中度系数：

$$险种集中度系数 = \sum_{i=1}^{5}（前\,i\,种产品的各自保费收入）^2 ÷（前五种产品保费总收入）^2$$

Ⅲ-8. 报告期营业收入

Ⅲ-9. 营业收入增长率：

营业收入增长率 =（当年营业收入 - 上一年营业收入）÷ 上一年营业收入

Ⅲ-10. 分出率：

分出率 = 分保费支出 ÷ 保费收入

Ⅲ-11. 保费收入费用增长比：

保费收入费用增长比 =（当期原保费收入 - 上一期原保费收入）÷（当期综合费用 - 上一期综合费用）

Ⅲ-12. 应收分保率：

应收分保率 =（期初应收分保账款 + 期末应收分保账款）÷（期初分出保费 + 期末分出保费）

Ⅲ-13. 再保险亏损率：

再保险亏损率 =（分出保费 - 摊回赔付支出 - 摊回保险责任准备金 - 摊回分保费用）÷ 分出保费 × 100%

Ⅳ 风险管理能力指标

风险管理能力由12个比率结构性分析指标构成。

Ⅳ-1. 偿付能力充足率：

偿付能力充足率 = 实际资本 ÷ 最低资本 × 100%

Ⅳ-2. 流动性比率：

流动性比率 = 流动性资产余额 ÷ 流动性负债余额 × 100%

Ⅳ-3. 自留比率：

自留比率 = 自留保费 ÷ 保险业务收入 × 100%

Ⅳ-4. 未决赔款准备金充足率：

未决赔款准备金充足率 = 两年的提取未决赔款准备金的均值 ÷ 两年赔付支出的均值 × 100%

Ⅳ-5. 自留保费占净资产的比率（肯尼系数）：

自留保费占净资产的比率 = 自留保费 ÷（期初所有者权益 + 期末所有者权益）的均值

Ⅳ-6. 自留保费增长率：

自留保费增长率 =（公司本年自留保费 - 公司上一年自留保费）÷ 公司上一年自留保费

Ⅳ-7. 应收保费率：

应收保费率 =（期初应收保费 + 期末应收保费）÷（期初保险业务收入 + 期末保险业务收入）

Ⅳ-8. 保险负债占总资产比：

保险负债占总资产比 = 保险负债 ÷ 总资产

Ⅳ-9. 付现比：

付现比 =（经营活动、投资活动、筹资活动的现金流出合计 + 汇率变动对现金及现金等价物的影响额）÷ 营业支出合计

Ⅳ-10. 现金盈余保障倍数：

现金盈余保障倍数 = 经营活动净现金流 ÷（净利润的绝对值）

Ⅳ-11. 资产杠杆率：

资产杠杆率 = 总资产 ÷ 净资产

Ⅳ-12. 负债权益比率：

负债权益比率 = 总负债 ÷ 股东权益

Ⅴ 发展潜力

发展潜力由以下9个比率或结构性分析指标和2个规模指标构成。

Ⅴ-1. 发展系数：

发展系数 = 公司的原保费收入增量市场份额 ÷ 公司的原保费收入市场份额 ×100%；

Ⅴ-2. 保险业务收入增长率：

保险业务收入增长率 =（公司当年保险业务收入 - 公司上一年保险业务收入）÷ 公司上一年保险业务收入

Ⅴ-3. 总资产增长率：

承保潜力 = 4 - 自留保费 ÷（实收资本 + 资本公积 + 盈余公积）

Ⅴ-4. 净资产增长率：

净资产增长率 =（期末所有者权益 - 期初所有者权益）÷ 期初所有者权益 ×100%

Ⅴ-5. 单位最低资本的利润增长率

Ⅴ-6. 资本运营充分率：

资本运营充分率 = 公司原保费收入 ÷ [实收资本（股本）+ 资本公积]

Ⅴ-7. 人均产能：

人均产能 = 保险业务收入 / 公司职工人数

Ⅴ-8. 人均产能增长率

Ⅴ-9. 承保潜力：

承保潜力 = 4 - 自留保费 ÷ （实收资本 + 资本公积 + 盈余公积）

Ⅴ-10. 亿元保费投诉量

Ⅴ-11. 分支机构数目

第二节 2018年财产险公司综合竞争力评价结果与分析

为了保证保险公司竞争力评价的客观性和科学性，首先根据指标的正向和逆向进行数据的预处理、统一，使处理后的全部指标数据为正向，即其数据越大越好；其次，指标数据中有些是比率指标，有些是数值指标，为了避免"以大欺小"以及指标单位对评价结果的影响，我们对全部数据进行归一化处理，即全部指标数据都在0~1间取值；最后在运用主成分分析法进行综合竞争力评价时，对全部58个二级指标数据进行分析处理，因此二级指标与一级指标的隶属关系不影响对综合竞争力的评价结果。

为了便于对公司的业绩进行比较，对以下披露的各家公司的二级指标数据都进行了逆向化处理，即得分高意味着对一级指标具有更大的"正向"作用，得分低则对于一级指标具有较低的"负向"作用。同时，根据综合运用主成分分析法、因子分析得到的对保险公司综合竞争力以及一级指标的评价结果，设定最高分不超过100分，最低分不低于40分。

一、2018年财产保险公司综合竞争力的得分与排名

对数据进行预处理后，我们得到64家财产险公司的58个二级指标数据。为了更好地反映保险公司竞争力的实际情况，并根据保险业发展阶段和我们对于保险公司发展规律的认识，课题组对部分指标进行了加权处理，得到一个64×62的数据矩阵；运用主成分分析法，共选取了15个主成分，其累计解释率为87.7%，其中每个主成分都是这些二级指标的线性组合（见图5-1）。

选取这15个主成分后，各保险公司综合竞争力的评价结果与排名如表5-1所示。

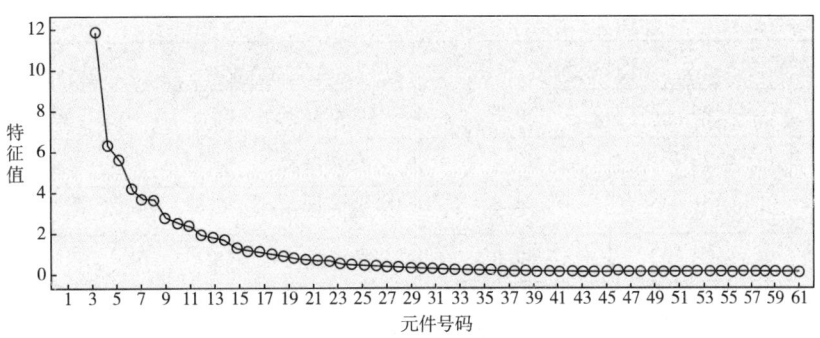

图5-1 财产险公司综合竞争力分析的陡坡图(碎石图)

表5-1　　2018年中国财产险公司竞争力综合评价得分与排名

公司名称	排名	得分	公司名称	排名	得分
人保财险	1	100.0	华农财险	33	67.2
平安财险	2	98.7	泰康在线	34	66.9
太保财险	3	93.3	中路财险	35	66.2
太平保险	4	86.2	苏黎世	36	66.1
中华联合	5	84.8	美亚财险	37	65.5
阳光财险	6	84.4	中银保险	38	65.3
国寿财险	7	83.9	华泰财险	39	64.7
大地财产	8	79.5	史带财险	40	64.7
英大财险	9	79.3	永诚财险	41	64.5
中石油专属保险	10	79.1	国任财险	42	64.4
北部湾财险	11	79.0	亚太财险	43	63.1
爱和谊	12	77.9	前海联合	44	63.1
华海财险	13	76.7	阳光农险	45	61.4
安联财险	14	76.6	中意财险	46	60.7
永安财险	15	74.9	三星财险	47	60.3
渤海财险	16	74.8	易安财险	48	60.0
锦泰财险	17	72.6	众安财险	49	60.0
鼎和财险	18	72.5	瑞再企商	50	59.3
国元农险	19	72.3	泰山财险	51	59.0
诚泰财险	20	71.7	天安财险	52	58.8
日本财险	21	71.5	鑫安车险	53	57.2
铁路自保	22	71.3	乐爱金	54	57.1
众诚保险	23	71.3	现代财险	55	54.1
中原农业	24	70.6	安华农险	56	53.6

续表

公司名称	排名	得分	公司名称	排名	得分
东京海上	25	70.5	日本兴亚	57	53.4
三井住友	26	70.4	安诚财险	58	53.1
华安财险	27	70.2	阳光信用	59	51.8
中航安盟	28	69.0	东海航运	60	50.6
安信农险	29	68.5	恒邦财险	61	47.3
都邦财险	30	68.4	海峡金桥	62	43.6
安盛天平	31	67.6	长江财险	63	42.2
紫金财险	32	67.4	富德财险	64	40.0

二、结论与分析

我们根据中国保险业的发展状况，修改和完善了财产险公司竞争力评价指标体系，并进一步明确了当前中国财产险公司行业发展与保险市场建设以及保险公司应关注的关键指标。根据保险公司竞争力的定义和相应的评价指标体系，运用主成分分析法对中国财产险公司的竞争力进行了评价分析。

研究表明，国际经济金融危机对中国保险业发展的影响开始逐渐减小，中国财产险公司的管理能力和技术不断得到提高。课题组的研究表明，中国财产险公司在注重规模的同时开始注重效益，并且中资保险公司的竞争力普遍高于外资保险公司。主要结论如下：

（1）综合竞争力方面：根据2018年中国财产险公司的综合竞争力评价结果可以看出，综合竞争力排名前十的公司，只有1家是外资保险公司（爱和谊），其余9家公司全部是中资财险公司，其中，人保股份、平安财险、太保财险占据全部64家公司中的前三名。整体来看，得益于国家的经济发展、政策监管的不断完善和保险公司资本、管理、技术的不断提高，中国财产险公司的竞争实力不断得到加强，但是，在风险管理能力和产品开发能力方面还有待加强。

（2）盈利能力方面：2018年以承保为利润主要来源的财险业取得了不菲的业绩，财产险公司的盈利能力普遍提高。盈利能力竞争力排名前十的公司中全部为中资保险公司，这说明中资保险公司的盈利能力与外资保险公司相比，占有一定的优势。

2018年盈利能力竞争力排名前十的公司中，有一家相互制农业保险公司——阳光农险入围，这说明随着政策性农业保险业务的放开和相关业务的激烈竞争，政策性农业保险业务对财险公司盈利水平的贡献将越来越不明显,尽管我国的政策性农业保险公司和农业保险业务继续保持了一个很好的发展速度,并取得了不错的成绩。

相比 2017 年,财险公司对于未来行业承保盈利能力水平充满担忧,从而加大当期业务拓展力度;在新增车险需求疲弱的环境下,如何提高业务能力、寻找优势项目以及提高公司的产品开发能力等,到了一个前所未有的高度。

(3) 资本管理能力方面:2018 年财产险公司的资本管理能力方面,中资保险公司比外资保险公司更占有优势。根据评价结果,财产险公司的资本管理能力前十名的公司中,有 2 家是外资保险公司,分别是安联保险(排名第二)、爱和谊(排名第四),其余 8 家均为中资保险公司。

(4) 经营能力方面:根据 2018 年财产保险公司的经营能力评价结果,排名前十的保险公司中,有 9 家是中资保险公司,1 家是外资保险公司(乐爱金)。

与 2017 年经营能力竞争力排名结果进行比较发现,中资保险公司在经营能力竞争力方面的优势扩大。在 2017 年的财产保险公司经营能力评价中,前十位的保险公司中,外资保险公司占有四席。

根据我们的经营能力评价指标可以看出,中资财险公司在总资产周转率和净资产周转率方面排名靠前(也意味着比较辛苦),在综合费用成本控制方面比较严格(综合费用率较低);外资保险公司在综合赔付的成本控制比较严格(综合赔付比较低)、分保能力强、保费收入的来源比较均衡稳定。

由于股东背景和公司管理能力和策略的不同,中资财险公司在经营管理能力方面还有许多有待改进和学习的地方。

(5) 风险管理能力方面:与往年的评价结果进行比较,在风险管理能力方面,2018 年外资保险公司占有明显优势。风险管理能力排名前十的保险公司中,外资保险公司占有比较明显的优势(中资公司只有 4 家,外资有 6 家),其中日本财险、安联财险、史带财险、苏黎世、瑞再企商分别位列风险管理能力竞争力排名第一、第三、第四、第五、第六,这说明中资财产险公司在对风险管理能力的识别、控制和管理等方面还有许多需要学习的地方。

(6) 发展潜力方面:在公司增长潜力竞争力排名前十的公司中,有 9 家为中资保险公司,只有 1 家为外资保险公司(爱和谊,排名第六)。这说明中资保险公司在发展潜力方面占有一定的优势。同时,外资保险公司在保险理念、技术、资本等方面有许多中资保险公司需要学习的地方。分析表明,外资保险公司的增长潜力开始逐步克服机构数量较少、资产规模增长较慢等因素,呈现出良好的发展势头。

依据2018年中国保险公司综合竞争力评价结果，显示排名前十的有9家是中资保险公司。研究结论说明中资保险公司竞争力低于外资保险公司的论断并不成立。通过分析，我们对中国保险公司的竞争力现状有了一个基本的了解。

针对中国财产险公司竞争力评价的结论，为了更好地提高财产险公司的竞争力，建议如下：

第一，中国保险公司应该加强企业的风险管理。在中国国家经济结构转型升级，以及国际金融危机尚未得到解决甚至有所深化的国内外环境下，资本市场的风险、产品创新风险等使保险公司面临诸多挑战，严重的可能会导致偿付能力不足的风险。因此，高标准地开展承保业务和充足的资本，是财产险公司管理其风险的关键。在中国财产险市场迅速发展的过程中，相对于外资保险公司，中资保险公司只有相对较低的资本实力和偿付能力充足率，这是一个很清楚的警示信号：财产险公司要注重内部的全面风险管理。

第二，在现阶段，整体比较而言，中国财产保险公司要想提高竞争力，必须实现规模、效益、风险的统一，确保机构数达到20~25家，保费规模达到100亿元以上，注册资本50亿元以上，总资产达到300亿元以上。

第三，2019年财产险市场竞争的激烈程度将进一步提高，市场格局的转变速度将不断加快，规模化经营与互联网金融的快速发展给实力不强的中小财产险公司带来了巨大的生存压力和突破空间；因金融、保险市场的不断发展，政府监管力度、质量的不断提高，预计2019年财险行业承保利润和投资收益的竞争将会更加激烈。

第四，加大政府和中国银行保险监督管理委员会的支持力度。随着第二代偿付能力建设，以及费率市场化、利率市场化的改革，财险公司需要继续推进渠道转型，需要更注重电销、网销和交叉销售，增强产品开发能力，满足不同层次消费者的需求，提高行业的服务管理水平。

第五，探讨外资保险公司竞争力普遍低于中资保险公司的原因并予以改进。

这方面既有股东背景和资金实力的问题，又有综合费用与综合赔付的成本管理策略和分保再保的技术策略等问题，需要财险公司根据实际情况和定位进行具体分析。

第六，我国经济由高速增长阶段转向高质量发展阶段，需要更好地发挥保险的作用。党的十九大作出了我国经济由高速增长阶段转向高质量发展阶段的重大判断，这一过程要求坚持市场化改革，更好地发挥市场配置资源的决定性作用。在我国经济由高速增长阶段转向高质量发展阶段这一历史进程中，通过商业保险市场化手段解决转型过程中可能出现的风险问题，可以有效促进社会的和谐稳定。

总而言之，随着国家经济实力和保险意识的增强，我们的研究所得到的中国财产险公司竞争力排名，向中国的财产险公司发出了强烈而积极的信号：中国财产险业有着光明的发展前景。

第三节　2018年财产险公司综合竞争力一级指标的评价结果与分析

根据定义，财产保险公司的综合竞争力评价含有盈利能力、资本管理能力、经营能力、风险管理能力和发展潜力5个一级指标。各一级指标下含有数量不等的二级指标。基于二级指标，我们运用主成分分析法对各公司一级指标的表现情况进行评价和分析。

一、2018年财产险公司盈利能力排名与分析

对数据进行预处理后，我们得到64家财产险公司的13个二级指标数据。根据得到的64×13的数据矩阵，运用主成分分析法，共选取了5个主成分，其累计解释率为89.5%，其中每个主成分都是这13个二级指标的线性组合（见表5-2）。

表5-2　　　　　　　财产险公司盈利能力竞争力得分与排名

公司名称	排名	得分	公司名称	排名	得分
人保财险	1	100.0	中航安盟	33	74.8
平安财险	2	96.3	阳光财险	34	74.8
鼎和财险	3	89.8	华泰财险	35	74.6
阳光农险	4	88.6	诚泰财险	36	74.6
中石油专属保险	5	86.3	三星财险	37	74.6
太保财险	6	84.8	乐爱金	38	74.5
北部湾财险	7	84.2	中意财险	39	74.4
鑫安车险	8	83.5	渤海财险	40	74.4
永安财险	9	81.4	苏黎世	41	74.2
中华联合	10	81.0	史带财险	42	74.0
天安财险	11	80.9	海峡金桥	43	73.7
铁路自保	12	80.7	锦泰财险	44	73.6
英大财险	13	80.7	众诚保险	45	73.4

续表

公司名称	排名	得分	公司名称	排名	得分
华农财险	14	80.4	都邦财险	46	73.0
华海财险	15	80.2	国任财险	47	72.7
恒邦财险	16	79.6	安盛天平	48	72.6
日本财险	17	79.1	紫金财险	49	72.3
安信农险	18	79.0	东京海上	50	71.8
中银保险	19	78.5	安诚财险	51	71.8
大地财产	20	78.3	泰康在线	52	71.4
国元农险	21	78.1	安联财险	53	71.3
爱和谊	22	77.9	富德财险	54	70.8
阳光信用	23	77.6	东海航运	55	70.4
国寿财险	24	76.9	中原农业	56	70.3
泰山财险	25	76.7	瑞再企商	57	66.0
亚太财险	26	76.5	中路财险	58	65.9
美亚财险	27	76.0	众安财险	59	65.8
三井住友	28	75.9	安华农险	60	61.7
华安财险	29	75.8	永诚财险	61	61.5
日本兴亚	30	75.5	易安财险	62	60.5
太平保险	31	75.0	前海联合	63	48.9
现代财险	32	74.9	长江财险	64	40.0

从表5-2中可以看出，财产险市场中盈利能力排名前三的依次是人保股份、平安财险、鼎和财险，在百分制基准下，得分分别为100.0分、96.3分、89.8分。

参评的64家人身险公司中，盈利能力的最高分为人保股份（100.0分），最低分为长江财险（40.0分），平均得分为75.2分，大于平均分的公司有30家，占比为46.9%。

其中，80分以上的有15家，70~80分的有41家，60~70分的有6家，60分以下的有2家。

图5-2显示了盈利能力排名前十的公司，依次是人保财险、平安财险、鼎和财险、阳光农险、中石油专属保险、太保财险、北部湾财险、鑫安车险、永安财险、中华联合。

从图5-2中可以看出，在前10家公司中，排名前两位的人保财险和平安财险，它们的盈利能力得分较为显著地高于其他财险公司，超过其他家财险公司盈利能力

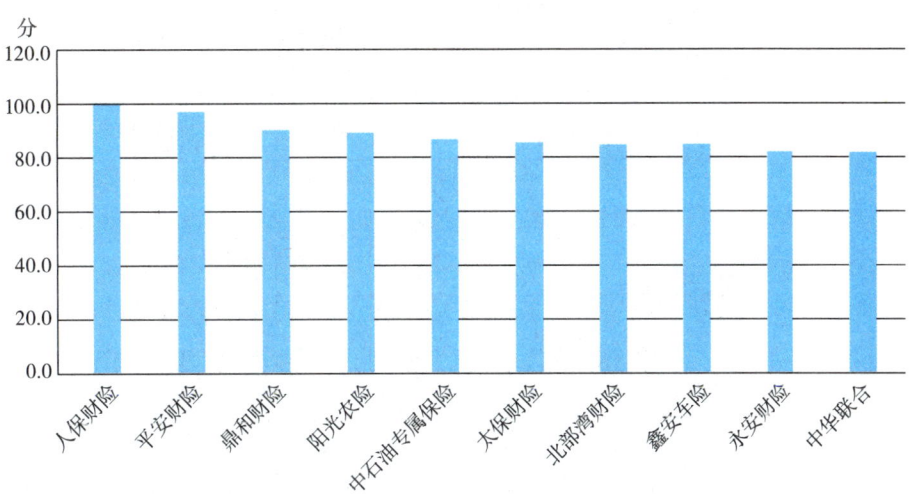

图 5-2 盈利能力得分排名前十的财产险公司

平均得分 23.7 分。其余各家保险公司之间得分较为紧凑,普遍集中在 70~80 分,分差平均值为 0.8 分。与此同时,盈利能力前十的公司全部为中资公司,可见中资产险企业在盈利能力上较外资企业有着明显优势。

(一)盈利能力排名前十的财产险公司的二级指标的排名与得分

盈利能力是保险公司竞争力的重要表现之一,我们首先对数据进行预处理。然后根据 64 家财产险公司的 10 个二级指标数据,得到一个 64×10 的数据矩阵;通过主成分分析法,最后选取了累积解释率为 90.3% 的 6 个主成分,其中每一个主成分都是这 10 个盈利能力二级指标的线性组合。将主成分分析得分按照最低分 40 分、最高分 100 分为标准进行标准化,得到最后的展示分数。

表 5-3 主要反映了盈利能力排名前十的财产险公司各个二级指标的表现情况。

从表 5-3 中可以看出,人保股份的盈利能力排名第一,主要是由于该公司在净利润(第一名,100 分)、净资产收益率(第五名,93.4 分)等二级指标上远超其他公司,其他盈利能力各项二级指标基本表现优秀,人保财险作为国内体量最大、资历最老的财产险公司,在市场上始终保持着强有力的竞争力,获得了此一级指标的第一名。

平安财险在盈利能力一级指标中排名第二,其在净资产收益率(第一名,100 分)、净利润(第二名,89.4 分)等指标上表现优异。同时,平安财险其他二级指标表现处于中上游水平。

鼎和财险排名第三,其二级指标中总资产收益率(第一名,100 分)净投资收益率、(第一名,100 分)、综合收益率(第二名,86.2 分)等指标表现优异。同时,

表 5-3 盈利能力排名前十的财产险公司的二级指标的排名与得分

公司名称	总资产收益率		净资产收益率		投资收益率		净投资收益率		承保利润率		投资资产占总资产的比率		净利润增长率		人均利润		净利润		综合收益率	
	排名	得分	排名	得分	排名	得分	排名	得分	排名	得分	排名	得分	排名	得分	排名	得分	排名	得分	排名	得分
人保财险	10	92.8	5	93.4	15	80.3	25	76.8	14	94.3	12	79.3	31	93.8	18	47.0	1	100.0	18	66.5
平安财险	7	95.2	1	100.0	20	79.3	30	75.8	10	95.3	26	73.6	24	93.9	13	47.4	2	89.4	16	67.2
鼎和财险	1	100.0	6	93.2	2	90.6	1	100.0	8	96.0	61	43.4	9	94.5	14	47.4	8	46.7	2	86.2
阳光农险	2	97.8	13	89.6	1	100.0	10	82.0	6	96.6	64	40.0	35	93.7	19	47.0	11	45.9	1	100.0
中石油专属保险	14	91.1	21	85.6	27	78.2	51	72.2	44	90.8	4	88.9	26	93.8	1	100.0	9	46.2	25	64.7
太保财险	15	90.6	9	91.0	12	81.2	24	76.8	13	94.4	18	76.1	23	93.9	20	46.9	3	56.9	15	67.2
北部湾财险	11	92.2	15	89.1	3	88.3	4	87.4	29	93.2	55	53.7	16	94.1	28	46.4	19	45.5	3	80.1
鑫安车险	5	96.8	12	89.8	6	83.1	20	77.2	3	97.6	24	73.8	10	94.4	3	49.9	20	45.5	5	72.5
永安财险	25	87.8	29	84.2	8	81.9	11	81.5	26	93.5	21	74.8	36	93.6	36	46.4	14	45.8	9	69.8
中华联合	21	88.9	17	88.5	29	78.1	9	82.2	27	93.4	37	67.5	29	93.8	27	46.5	4	49.0	11	69.3

鼎和财险在投资收益率、承保利润率等其他二级指标上表现也比较优秀。

整体来看,盈利能力排名前十的各家公司各个二级指标排名都处于市场中上游水平,并且都有个别表现拔尖的二级指标。这说明10家保险公司具有较强的获取投资能力和利润获取能力。

(二)盈利能力下各二级指标排名与得分前十的财产险公司情况

表5-4列明了盈利能力指标下各二级指标排名前十的财产险公司及得分,主要反映了财产险公司盈利能力的整体情况。

从表5-4中可以看出,人均利润指标中,第一名与第二名之间存在非常大的差距,说明该指标中排名第一的公司有较为明显的优势,而第三名到第十名得分则较为紧凑。结合前文所述,中石油专属保险公司在该指标上有明显优势。

其次,净利润指标中排名前二的公司与第三名至第十名的差距更为明显。净利润指标是规模性指标,该指标波动范围大主要是因为排名第一的人保财险、第二的平安财险,在企业规模、盈利管理能力水平上具有较为明显的优势。净利润作为规模性指标,排名靠前的公司与后面的公司差距较大是符合客观情况的。

另外,总资产收益率、净资产收益率、承保利润率等指标上,前十名的得分波动范围较小,第十名都在90分以上。净投资收益率和承保利润率指标上,第一名和第十名得分差距分别仅有9.1分和4.7分。

表 5-4　盈利能力各二级指标中排名前十的财产险公司及其得分

排名	总资产收益率 公司名称（得分）	净资产收益率 公司名称（得分）	投资收益率 公司名称（得分）	净投资收益率 公司名称（得分）	承保利润率 公司名称（得分）	投资资产占总资产的比率 公司名称（得分）	净利润增长率 公司名称（得分）	人均利润 公司名称（得分）	净利润 公司名称（得分）	综合收益率 公司名称（得分）
1	鼎和财险（100）	平安财险（100）	阳光农险（100）	鼎和财险（100）	美亚财险（100）	天安财险（100）	安诚财险（100）	中石油专属保险（100）	人保财险（100）	阳光农险（100）
2	阳光农险（97.8）	英大财险（96.3）	鼎和财险（90.6）	泰康在线（97.8）	铁路自保（99.5）	众诚财险（91.6）	东京海上（99.6）	铁路自保（69.1）	平安财险（89.4）	鼎和财险（86.2）
3	安信农险（96.9）	日本财险（96.1）	北部湾财险（88.3）	华海财险（93.8）	鑫安车险（97.6）	富德财险（90.0）	阳光农险（95.7）	鑫安车险（49.9）	太保财险（56.9）	北部湾财险（80.1）
4	铁路自保（96.8）	三井住友（93.6）	日本财险（84.6）	北部湾财险（87.4）	安信农险（97.0）	中石油专属保险（88.9）	乐爱金（95.6）	苏黎世（49.6）	中华联合（49）	日本财险（72.9）
5	鑫安车险（96.8）	人保财险（93.4）	华农财险（83.3）	泰山财险（84.9）	苏黎世（96.9）	众诚保险（87.2）	三星财险（95.5）	爱和谊（49.6）	阳光财险（48.7）	鑫安车险（72.5）
6	美亚财险（96.4）	鼎和财险（93.2）	鑫安车险（83.1）	华安财险（84.1）	阳光农险（96.6）	安诚财险（85.9）	现代财险（95.1）	安信农险（48.8）	大地财产（48.6）	华农财险（71.7）
7	平安财险（95.2）	美亚财险（92.9）	华安财险（83）	中路财险（83.2）	三井住友（96.4）	爱和谊（84）	日本财险（95.1）	英大财险（48.5）	英大财险（47.2）	日本财险（70.6）
8	英大财险（94.1）	阳光财险（91.7）	永安财险（81.9）	锦泰财险（82.3）	鼎和财险（96.0）	海峡金桥（83.5）	亚太财险（94.9）	三井住友（48.4）	鼎和财险（46.7）	恒邦财险（70.6）
9	三井住友（93.9）	太保财险（91.0）	恒邦财险（81.9）	中华联合（82.2）	英大财险（95.4）	阳光信用（83.1）	鼎和财险（94.5）	史带财险（48.2）	中石油专属保险（46.2）	永安财险（69.8）
10	人保财险（92.8）	安信农险（90.9）	日本兴亚（81.8）	阳光农险（82）	平安财险（95.3）	紫金财险（80.4）	鑫安车险（94.4）	美亚财险（47.9）	太平保险（46.1）	华海财险（69.8）

(三)盈利能力结构的模糊聚类分析

本书试图根据保险公司在这些指标上的指标得分,运用模糊聚类法分析各公司之间的相似程度,为各公司之间的盈利能力比较提供一个新的方法和视角。

表 5–5　　　　　　　　　盈利能力排名前十公司的模糊聚类等价矩阵

	人保财险	平安财险	鼎和财险	阳光农险	中石油专属保险	太保财险	北部湾财险	鑫安车险	永安财险	中华联合
人保财险	1	0.73	0.52	0.52	0.32	0.66	0.52	0.52	0.59	0.59
平安财险	0.73	1	0.52	0.52	0.32	0.66	0.52	0.52	0.59	0.59
鼎和财险	0.52	0.52	1	0.55	0.32	0.52	0.52	0.53	0.52	0.52
阳光农险	0.52	0.52	0.55	1	0.32	0.52	0.52	0.53	0.52	0.52
中石油专属保险	0.32	0.32	0.32	0.32	1	0.32	0.32	0.32	0.32	0.32
太保财险	0.66	0.66	0.52	0.52	0.32	1	0.52	0.52	0.59	0.59
北部湾财险	0.52	0.52	0.52	0.52	0.32	0.52	1	0.52	0.52	0.52
鑫安车险	0.52	0.52	0.53	0.53	0.32	0.52	0.52	1	0.52	0.52
永安财险	0.59	0.59	0.52	0.52	0.32	0.59	0.52	0.52	1	0.59
中华联合	0.59	0.59	0.52	0.52	0.32	0.59	0.52	0.52	0.59	1

从表 5–5 中可以看出,处于主对角线上的值都取 1,显然各个公司和自己的相似与贴近程度为 100%。

此矩阵的得分介于 0.32~0.73,这说明各公司之间的盈利能力与业务结构具有一定程度的差异性。我们需要关注那些公司盈利能力业务结构具有明显较高或明显较低之间的比较分析,因为即使是盈利能力排名前十的公司,它们的盈利模式、能力和水平也具有很多需要进一步分析研究的地方。

人保股份的盈利能力竞争力排名第一,与其他 9 家财险公司的盈利能力相似度处于 0.32~0.73。这从定量分析的角度说明了人保股份的盈利能力和模式与其他 9 家财险公司相似程度差别较大,这也说明了人保股份的盈利能力在行业中具有代表性。

此矩阵中,人保股份与平安财险之间的盈利能力相似度达到了 0.73 分,也是矩阵中的第二高得分,说明这两家公司在盈利能力和模式上与其他财险公司之间具有最高的可比性。同时,太保财险、北部湾财险、鑫安车险、永安财险和中华联合的盈利能力相似度居于 0.52~0.66 分,说明这 5 家保险公司盈利能力的可比性与其他公司的可比性处于中等水平。

值得注意的是，除了人保股份和平安财险盈利能力相似性得分较高，太保财险、北部湾财险、鑫安车险、永安财险和中华联合这4家公司之间盈利能力相似度比较高，其余3家公司与上述7家保险公司之间盈利能力相似性得分不高。这说明这10家盈利能力排名靠前的公司，在盈利能力业务结构、盈利模式等方面还有一定的差异性，不具有很强的有可比性，模仿学习性较低。

二、2018年财产险公司资本管理能力排名与分析

资本管理能力共包含12个相关二级指标，经过数据预处理后，得到一个64×12的数据矩阵。根据主成分分析法，我们选取了6个累计解释率为85.9%的主成分，其中每个主成分都是这12个资本管理能力二级指标的线性组合。主成分分析得分结果经过线性调整为40～100后的最终结果展示在表5-6中。

表5-6　　　　　　　财产险公司资本管理能力竞争力排名及得分

公司名称	排名	得分	公司名称	排名	得分
人保财险	1	100.0	华安财险	33	69.5
安联财险	2	97.6	国任财险	34	69.0
平安财险	3	90.7	中航安盟	35	68.8
爱和谊	4	89.5	渤海财险	36	68.6
大地财产	5	83.4	华泰财险	37	68.5
泰康在线	6	82.0	鼎和财险	38	68.2
太保财险	7	81.7	中石油专属保险	39	67.5
华农财险	8	81.0	现代财险	40	67.5
英大财险	9	78.4	安盛天平	41	66.9
众诚保险	10	76.5	三星财险	42	66.8
国寿财险	11	76.5	恒邦财险	43	65.9
阳光财险	12	75.5	永诚财险	44	65.7
日本财险	13	75.3	安信农险	45	65.7
华海财险	14	74.7	国元农险	46	65.6
北部湾财险	15	74.5	乐爱金	47	64.5
苏黎世	16	74.4	亚太财险	48	64.2
瑞再企商	17	74.3	前海联合	49	64.1
中华联合	18	74.2	长江财险	50	63.6
天安财险	19	74.1	泰山财险	51	61.8
三井住友	20	74.0	易安财险	52	61.7

续表

公司名称	排名	得分	公司名称	排名	得分
太平保险	21	73.3	铁路自保	53	61.1
史带财险	22	72.6	鑫安车险	54	59.7
锦泰财险	23	71.9	安诚财险	55	58.3
诚泰财险	24	71.9	中路财险	56	58.3
永安财险	25	71.7	阳光农险	57	58.1
东京海上	26	71.7	日本兴亚	58	57.9
中银保险	27	71.5	众安财险	59	55.4
中原农业	28	71.1	海峡金桥	60	47.6
美亚财险	29	70.4	富德财险	61	45.2
紫金财险	30	70.2	东海航运	62	45.1
中意财险	31	69.9	安华农险	63	44.5
都邦财险	32	69.9	阳光信用	64	40.0

从表 5-6 中可以看出，财产险市场上资本管理能力排名前三的依次是人保股份、安联财险和平安财险，在百分制基准下，得分分别为 100.0 分、97.6 分和 90.7 分。

参评的 64 家财险公司的资本管理能力的最高分为人保股份（100.0 分），最低分为阳光信用（40.0 分），平均得分为 69.1 分，大于平均分的公司有 33 家，占比为 51.6%。

其中，80 分以上的公司有 8 家，70~80 分的公司有 22 家，60~70 分的有 23 家，60 分以下的有 11 家。

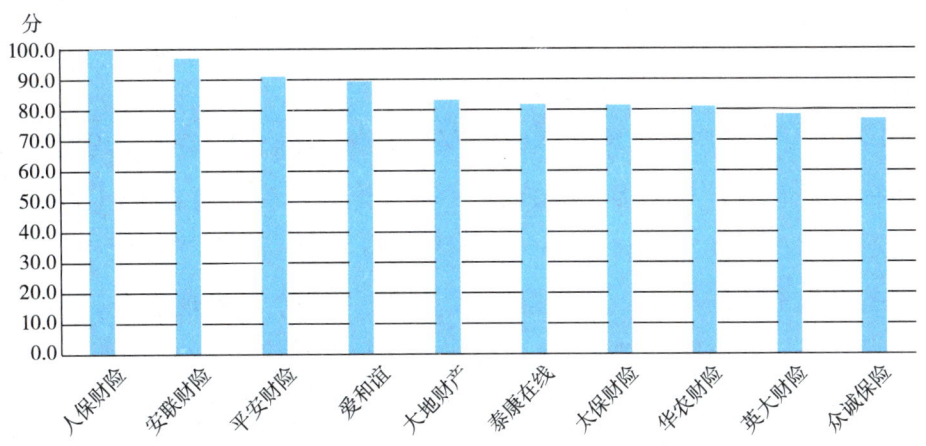

图 5-3 资本管理能力前 10 名的财产保险公司得分比较

图 5-3 显示了资本管理能力排名前十的保险公司包括：人保财险、安联财险、平安财险、爱和谊、大地财产、泰康在线、太保财险、华农财险、英大财险、众诚保险。

其中，前三名人保财险、安联财险、平安财险得分高于 90 分，高于其余公司；第四到第十名的公司得分差距非常小，走势平缓。总体来说，这 10 家公司中，各公司的资本管理能力差别并不明显。

（一）资本管理能力排名前十财产险公司的二级指标的排名与得分

表 5-7 展示了资本管理能力排名前十的财产险公司的情况，即资本管理能力体系下 10 个二级指标的具体得分及排名，有助于我们分析这 10 家公司的资本管理能力。

10 家公司中，人保财险的资本管理能力排名第一，主要是因为其在所有者权益指标上具有非常明显的相对优势（第一名，100 分），远高于其他公司（例如，第二名平安财险，73.1 分），并且在资本管理系数指标（第一名，100 分）和资产杠杆系数指标（第一名，100 分）上均有不错的表现。同时，其他指标中除准备金保费比率指标外，均处于中上游水平。

安联财险在资本管理能力指标中位列第二，这主要是由于其在实际资本变化率（第一名，100 分）和所有者权益增长率（第一名，100 分）指标上优势明显，两个指标分别远超过第二名（大地财产 67.2 分；泰康在线 68.2 分），同时，资产杠杆系数（100 分）获得了并列第一名。在其余指标上的表现也基本处于不错的水平。

整体来看，资本管理能力排名前十的公司中多数都取得了资本管理系数（100 分）和资产杠杆系数（100 分）这两个指标的并列第一，在一定程度上说明几个指标对资本管理能力得分有显著的影响作用。

这 10 家公司在资产认可率和准备金保费比率指标上则呈两极分化。对于资产认可率指标：爱和谊（第 4 名，92.3 分）表现优秀，而泰康在线（第 60 名，58.5 分）、华农财险（第 61 名，58.1 分），则处于 64 家公司中的下游水平，甚至落入后五名；准备金保费比率指标：爱和谊（第 1 名，100 分）表现优秀，而其他公司表现较差，尤其是安联财险（第 62 名，40.6 分），落入了后三名。

这 10 家公司在资本管理绩效增长率指标上除众诚保险（第 56 名，96.5 名）外，其余的表现较为适中，相对均匀地处于中上游水平，但整体上 64 家公司该指标相差很小。

表 5-7　资本管理能力排名前十的财产保险公司，其二级指标的排名与得分得分情况

公司名称	资本管理系数		认可资产负债率		资产认可率(不小于85%)		认可资产增长率		资本利用率		准备金保费比率		实际资本变化率		保险业务收入变化率/实际资本变化率		所有者权益		所有者权益增长率		资产杠杆系数		资本管理绩效增长率	
	排名	得分	排名	得分	排名	得分	排名	得分	排名	得分	排名	得分	排名	得分	排名	得分	排名	得分	排名	得分	排名	得分	排名	得分
人保财险	1	100.0	19	87.9	31	78.8	37	64.9	11	66.9	40	41.7	22	49.1	13	46.4	1	100.0	18	48.8	1	100.0	37	96.9
安联财险	55	83.5	23	86.2	59	60.3	2	86.9	43	49.1	62	40.6	1	100.0	32	46.3	36	40.4	1	100.0	1	100.0	24	96.9
平安财险	1	100.0	6	94.8	24	83.0	17	68.1	8	71.1	20	42.4	11	49.9	17	46.3	2	73.1	10	49.8	1	100.0	28	96.9
爱和谊	40	99.7	28	85.3	4	92.3	26	66.5	17	61.9	1	100.0	13	49.9	14	46.4	59	40.1	13	49.2	38	92.3	19	97.0
大地财产	51	91.0	43	78.1	45	73.3	4	82.3	31	56.0	47	41.5	2	67.2	28	46.3	5	50.7	3	67.2	43	86.0	38	96.9
泰康在线	1	100.0	25	85.7	60	58.5	5	76.5	18	61.7	56	41.2	3	66.7	21	46.3	32	40.5	2	68.2	1	100.0	29	96.9
太保财险	41	99.6	15	90.3	23	83.6	10	70.7	7	72.4	45	41.5	7	52.0	24	46.3	3	55.1	32	47.3	1	100.0	27	96.9
华农财险	42	98.6	47	75.9	61	58.1	14	70.2	26	57.5	43	41.7	30	47.9	2	87.0	37	40.4	31	47.3	35	96.5	44	96.8
英大财险	1	100.0	22	86.7	27	81.5	6	76.0	28	57.0	12	43.0	4	59.4	36	46.3	16	41.8	9	49.8	1	100.0	13	97.2
众诚保险	49	91.5	4	95.4	39	77.2	1	100.0	32	54.9	35	41.9	33	47.7	61	45.4	44	40.3	38	46.5	1	100.0	56	96.5

(二)资本管理能力下各二级指标排名与得分前十的财产险公司情况

对于资本管理系数,共有37家保险公司的得分为100分,除了表5-7中给出的10家公司,还有安信农险、永诚财险、国任财险、安华农险、阳光财险、都邦财险、国寿财险、鼎和财险、紫金财险、锦泰财险、诚泰财险、长江财险、北部湾财险、华海财险、中原农业、易安财险、前海联合、史带财险、美亚财险、东京海上、三井住友、日本财险、中航安盟、苏黎世、现代财险、中意财险和乐爱金27家公司,限于表格的篇幅,我们在这里进行说明。

对于资产杠杆系数,共有32家保险公司的得分为100分,除了表5-7中给出的10家公司,还有太平保险、中银保险、永诚财险、国任财险、安华农险、阳光财险、都邦财险、渤海财险、国寿财险、紫金财险、锦泰财险、诚泰财险、北部湾财险、华海财险、中原农业、史带财险、东京海上、三井住友、三星财险、日本财险、苏黎世和中意财险22家公司。

上述两个指标,限于表格的篇幅,我们在这里进行说明。

表5-8列出了资本管理能力指标下各二级指标排名前十的财产险公司及得分,主要反映了财产险公司资本管理能力的整体情况。

从表5-8中可以看出,各项指标排名前十的公司,在资本管理系数、资产杠杆系数指标上的得分均为满分100分,并列第一(排名顺序按照一级指标得分由高至低)。这说明财产险公司在偿付能力、资产质量方面的表现都比较好。在这两个指标上是否获得第一导致了公司在资本管理能力得分的分层,获得满分的公司排名较为靠前;但同时由于并列满分的公司较多,也导致了这些指标对并列的公司之间的得分排序影响被稀释。

认可资产负债率指标和资产认可率指标反映了公司的经营类别、观念与资产质量。两项指标的第一名分别是平安财险和天安财险,得分均为100分,排名第十的分别是华海财险(93.3分)和日本兴亚(87.1分),这两项指标第十名得分差异不大,认可资产负债率和资产认可率两项指标得分前十的公司差距均较小。资产认可率指标前十名中有2家外资保险公司,考虑到2018年考察分析的64家财险公司中外资仅占16家,1/8进入前十名,总体来看,外资公司的资产质量与中资公司相当。

资本利用率表明了公司利用资本获取收入的能力,第一名为安华农险(100分)。与太平保险(第2名,79.5分)拉开明显差距,但这项二级指标的得分第二名到第十名相邻差距较小,第十名中华联合得分减少至67.1分,比第一名低32.9%。

表 5-8　资本管理能力各二级指标中排名前十的公司及得分

排名	资本管理系数 公司名称（得分）	认可资产负债率 公司名称（得分）	资产认可率（不小于85%）公司名称（得分）	认可资产增长率 公司名称（得分）	资本利用率 公司名称（得分）	准备金保费比率 公司名称（得分）	实际资本变化率 公司名称（得分）	保险业务收入变化率实际资本变化率 公司名称（得分）	所有者权益 公司名称（得分）	所有者权益增长率 公司名称（得分）	资产杠杆系数 公司名称（得分）	资本管理绩效增长率 公司名称（得分）
1	人保财险(100)	安华农险(100)	天安财险(100)	众诚保险(100)	安华农险(100)	爱和谊(100)	安联财险(100)	恒邦财险(100)	人保财险(100)	安联财险(100)	人保财险(101)	东京海上(102)
2	平安财险(100)	渤海财险(97.6)	众安财险(96.3)	安联财险(86.9)	太平保险(79.5)	史带财险(52.7)	大地财产(67.2)	华农财险(87)	平安财险(73.1)	泰康在线(68.2)	安联财险(100)	安诚财险(99.8)
3	泰康在线(100)	日本财险(96.0)	中石油专属保险(94.9)	瑞再企商(83.4)	渤海财险(76.9)	三井住友(48.4)	泰康在线(66.7)	中原农业(47.5)	太保财险(55.1)	大地财产(67.2)	平安财险(100)	三星财险(99.8)
4	英大财险(100)	众诚保险(95.4)	爱和谊(92.3)	大地财产(82.3)	阳光财险(76.2)	中石油专属保险(47.7)	英大财险(59.4)	中石油专属保险(46.9)	天安财险(53.7)	华海财险(55.6)	泰康在线(100)	乐爱金(98.4)
5	华泰财险(100)	都邦财险(95)	中原农业(91.5)	泰康在线(76.5)	国寿财险(73.9)	苏黎世(47)	瑞再企商(52.3)	铁路自保(46.6)	大地财产(50.7)	日本财险(51.6)	太保财险(100)	阳光信用(98.2)
6	天安财险(100)	平安财险(94.8)	安诚财险(90.6)	英大财险(76.0)	都邦财险(73.5)	现代财险(45.0)	日本财险(52.2)	鑫安车险(46.5)	国寿财险(48.4)	瑞再企商(51.5)	英大财险(100)	日本财险(98)
7	华安财险(100)	国寿财险(94.5)	阳光信用(90)	北部湾财险(74.1)	太保财险(72.4)	中意财险(45.0)	太保财险(52)	北部湾财险(46.5)	中华联合(46.4)	三井住友(50.4)	众诚保险(100)	亚太财险(97.7)
8	永安财险(100)	阳光财险(94.3)	阳光财险(88.8)	铁路自保(74.1)	平安财险(71.1)	日本财险(44.0)	阳光农险(51)	史带财险(46.5)	众安财险(46.1)	美亚财险(50.3)	中华联合(100)	现代财险(97.6)
9	太平保险(100)	永诚财险(93.4)	恒邦财险(88.8)	易安财险(73.1)	永诚财险(67.8)	东京海上(43.5)	三井住友(50.9)	中航安盟(46.4)	阳光财险(44.1)	英大财险(49.8)	天安财险(100)	安盛天平(97.6)
10	中银保险(100)	华海财险(93.3)	日本兴亚(87.1)	太保财险(70.7)	中华联合(67.1)	日本财险(43.3)	美亚财险(50.9)	乐爱金(46.4)	中石油专属保险(42.6)	平安财险(49.8)	华安财险(100)	长江财险(97.4)

准备金保费比率反映的是公司准备金占保费收入的比率，该指标下第 1 名爱和谐（100 分）优势明显，同 2017 年继续保持该指标的第一位。其余 9 家公司得分普遍不高且相差不大，从 52.7 分至 43.3 分。可以看出，前 10 名中仅有 1 家中资公司（中石油专属保险公司，第 4 名，47.7 分），在该指标上外资公司占有很明显的优势，可见外资公司在管理资本时更趋于保守，能够为公司提供更安全的运营环境。

（三）资本管理能力结构的模糊聚类分析

根据保险公司在这些指标上的指标得分，运用模糊聚类法分析各公司之间的相似程度，为各公司之间的资本管理能力比较提供一个新的方法和视角。

表 5-9　资本管理能力排名前十的公司的模糊聚类等价矩阵

	人保财险	安联财险	平安财险	爱和谐	大地财产	泰康在线	太保财险	华农财险	英大财险	众诚保险
人保财险	1	0.50	0.80	0.57	0.46	0.68	0.80	0.70	0.70	0.50
安联财险	0.50	1	0.50	0.50	0.46	0.50	0.50	0.50	0.50	0.50
平安财险	0.80	0.50	1	0.57	0.46	0.68	0.87	0.70	0.70	0.50
爱和谐	0.57	0.50	0.57	1	0.46	0.57	0.57	0.57	0.57	0.50
大地财产	0.46	0.46	0.46	0.46	1	0.46	0.46	0.46	0.46	0.46
泰康在线	0.68	0.50	0.68	0.57	0.46	1	0.68	0.68	0.68	0.50
太保财险	0.80	0.50	0.87	0.57	0.46	0.68	1	0.70	0.70	0.50
华农财险	0.70	0.50	0.70	0.57	0.46	0.68	0.70	1	0.70	0.50
英大财险	0.70	0.50	0.70	0.57	0.46	0.68	0.70	0.70	1	0.50
众诚保险	0.50	0.50	0.50	0.50	0.46	0.50	0.50	0.50	0.50	1

从表 5-9 中可以看出，处于主对角线上的值都取 1，显然各家公司和自己的相似与贴近程度最好，为 100%。

此矩阵有以下几个特点：

（1）2018 年各公司之间的相似性得分不高，除人保财险、太保财险和平安财险外，大部分公司之间的相似性得分都在 0.80 以下。

（2）根据表 5-9，公司之间最具有相似性的是太保财险和平安财险，相似性得分是 0.87。此外，它们与人保财险的相似度也达到了 0.80 分，说明这 3 家公司在资本管理能力竞争力方面具有较强的可比性和相似性。

（3）人保财险的资本管理能力竞争力排名第一。人保财险与其余 9 家公司的资本管理能力竞争力相似性程度差别较大，在 0.80~0.46 分，说明人保财险的资本管理能力比较具有代表性,可以反映中国财险业的资本管理水平。

此矩阵中的相关结果只是根据资本管理能力各个指标运算得到的。但是,这对我们认识保险公司在资本管理的模式、技术和意识方面肯定有所帮助,还需要感兴趣的学者作进一步的研究。

三、2018年财产险公司经营能力的排名与分析

经营能力共包含13个相关二级指标,经过数据预处理后,得到一个64×13的数据矩阵。根据主成分分析法,我们选取了8个累计解释率为87.7%的主成分,其中每个主成分都是这13个经营能力二级指标的线性组合。主成分分析得分结果经过线性调整为40~100后的最终结果展示在表5-10中。

表5-10 财产险公司经营能力竞争力排名及得分

公司名称	排名	得分	公司名称	排名	得分
人保财险	1	100.0	渤海财险	33	53.6
平安财险	2	81.9	中航安盟	34	53.1
太保财险	3	66.8	都邦财险	35	52.6
国寿财险	4	62.4	中意财险	36	52.5
阳光农险	5	60.5	华安财险	37	52.5
大地财产	6	58.5	现代财险	38	52.4
中华联合	7	58.4	亚太财险	39	52.3
阳光财险	8	58.2	天安财险	40	52.2
乐爱金	9	58.1	紫金财险	41	52.1
国元农险	10	57.2	众安财险	42	51.9
鑫安车险	11	56.7	中石油专属保险	43	51.7
三星财险	12	56.6	华海财险	44	51.4
锦泰财险	13	56.1	日本兴亚	45	50.6
太平保险	14	56.1	国任财险	46	50.5
爱和谊	15	56.1	安诚财险	47	50.2
英大财险	16	56.0	众诚保险	48	50.1
安华农险	17	55.8	泰康在线	49	49.9
日本财险	18	55.7	安盛天平	50	49.8
鼎和财险	19	55.6	富德财险	51	49.8
中原农业	20	55.6	安联财险	52	49.6
三井住友	21	55.4	泰山财险	53	49.3

续表

公司名称	排名	得分	公司名称	排名	得分
中银保险	22	55.2	长江财险	54	49.3
苏黎世	23	55.0	恒邦财险	55	48.9
美亚财险	24	54.9	易安财险	56	48.6
安信农险	25	54.8	中路财险	57	47.9
诚泰财险	26	54.8	铁路自保	58	47.5
北部湾财险	27	54.6	前海联合	59	47.0
东京海上	28	54.3	华农财险	60	46.8
华泰财险	29	53.9	海峡金桥	61	45.7
永安财险	30	53.9	阳光信用	62	41.8
史带财险	31	53.9	东海航运	63	41.4
永诚财险	32	53.8	瑞再企商	64	40.0

从表5-10中可以看出，财产险市场上经营能力排名前三的依次是人保财险、平安财险和太保财险，在百分制基准下，得分分别为100.0分、81.9分和66.8分。

在参评的64家财产险公司中，经营能力得分最高的为人保财险（100.0分），最低的为瑞再企商（40.0分），平均得分为54.1分，大于平均分的公司有28家，占比为43.8%。

其中，80分以上的公司有2家，70~80分的有0家，60~70分的有3家，60分以下的有59家。

图5-4显示了经营能力排名前十的公司，依次是人保财险、平安财险、太保财险、国寿财险、阳光农险、大地财产、中华联合、阳光财险、乐爱金、国元农险。

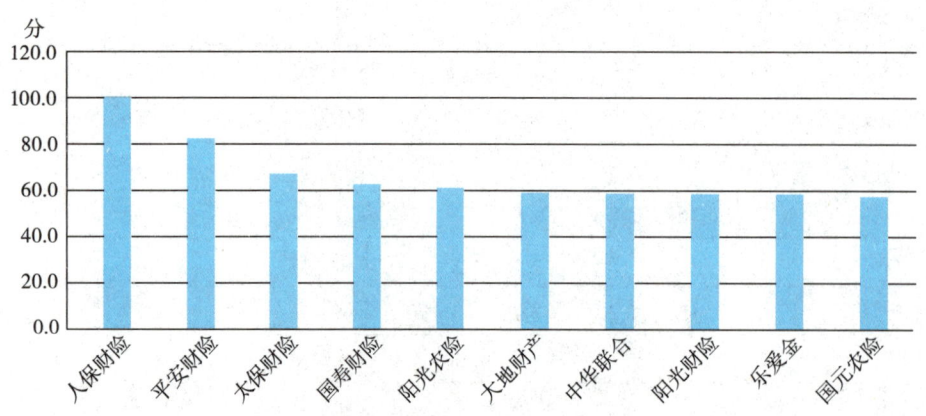

图5-4 经营能力得分排名前十公司的得分比较

从图 5-4 中可以看出，前十名公司得分仅有 2 家在 80 分以上（人保财险 100 分，平安财险 81.9 分），第三名到第十名各家公司之间差距不大，得分缓慢下降。其中外资财产险公司有 1 家，总体来看，中资财产险公司的经营能力相对较强。

（一）经营能力排名前十的公司的二级指标的具体得分及排名

如表 5-11 所示，人保财险的经营能力排名第一，主要是由于该公司在报告期营业收入这一指标表现优异（第 1 名，100.0 分），远高于第 2 名（76.7 分）。在综合赔付率（第 43 名，78.7 分）、手续费及佣金占比（第 45 名，60.7 分）、险种集中度系数（第 41 名，69.1 分）和分出率（第 41 名，40.7 分）指标上得分较低，其余指标均处于 64 家公司中的中上游水平。可见人保股份的经营能力整体来看比较优秀。

平安财险的经营能力排名第二，主要是由于其在报告期营业收入较高（第 2 名，76.7 分），这是平安财险在经营能力方面的突出优势。在手续费及佣金占比（第 51 名，59.3 分）、险种集中度系数（第 44 名，62.4 分）、分出率（第 43 名，40.5 分）和再保险亏损率（第 44 名，75.1 分）指标上得分较低，其余指标均处于 64 家公司中的中上游水平。

太保财险的经营能力排名第三，主要是由于其在报告期营业收入（第 3 名，57.1 分）、净资产周转率（第 9 名，74.6 分）指标上的优异表现。

总资产周转率和净资产周转率是考察企业资产运营效率的重要指标，能够反映企业对其全部资产的管理质量及利用效率。总体来看，经营能力综合排名前十的公司，除乐爱金保险外（其总资产周转率排第 63 名，得分 41 分；净资产收益率排第 60 名，得分 40.9 分），这两项二级指标的表现普遍处于上游水平，分别有 1 家和 4 家公司进入各指标的前十名。这在一定程度上说明这些公司具备较强的资产经营能力，而乐爱金保险则在这一方面处于明显的劣势。

此外，从整体上看，这些经营能力排名前十的公司在综合费用率、业务及管理费增长率、应收分保率等指标上的表现都较为良好，除个别公司外，几乎都处于 64 家公司的中游以上水平，部分进入前十名。这说明 10 家公司在费用管控、分保方面的表现都较为不错，从而取得了经营能力总体评价的高分。

但也应该看到，这 10 家公司在综合赔付率、险种集中度系数、分出率、再保险亏损率 3 个指标上多数表现较差，相当一部分公司处于中下游水平。以上指标的表现从一定程度上说明这些公司的经营能力在某些方面仍存在短板，如赔付管控、产品结构等。公司可以有针对性地加以改进，以进一步提高其综合经营能力。

表5-11 经营能力排名前十的财产险公司的二级指标的排名与得分情况

公司名称	净资产周转率		总资产周转率		综合赔付率		综合费用率		手续费及佣金占比		业务及管理费占比		险种集中度系数		报告期营业收入		营业收入增长率		分出率		保费收入费用增长比		应收分保率		再保险亏损率	
	排名	得分	排名	得分	排名	得分	排名	得分	排名	得分	排名	得分	排名	得分	排名	得分	排名	得分	排名	得分	排名	得分	排名	得分	排名	得分
人保财险	11	71.5	14	82.1	43	78.7	11	83.7	45	60.7	5	97.0	41	69.1	1	100.0	33	55.5	41	40.7	31	73.7	20	81.0	32	76.5
平安财险	8	75.2	20	79.7	22	83.6	17	82.2	51	59.3	8	94.9	44	62.4	2	76.7	29	56.0	43	40.5	23	74.1	13	82.5	44	75.1
太保财险	9	74.6	13	82.2	26	82.7	22	81.7	50	59.5	11	93.8	51	54.4	3	57.1	32	55.7	33	41.0	35	73.6	12	82.9	28	77.6
国寿财险	6	79.3	4	91.1	44	78.4	15	82.5	46	60.0	9	94.7	50	54.9	4	50.7	41	54.4	37	40.8	45	73.0	5	84.9	50	73.9
阳光农险	34	54.0	17	81.8	55	74.2	5	88.6	6	92.5	10	94.3	37	71.1	27	40.5	54	51.3	21	41.6	1	100.0	21	80.7	31	77.1
大地财产	21	62.0	15	81.9	25	83.1	28	80.8	29	68.4	22	89.7	36	71.4	6	46.2	28	56.1	40	40.7	22	74.1	29	78.1	27	77.9
中华联合	10	74.1	19	80.0	40	79.8	18	82.2	44	61.0	18	91.3	45	61.5	5	46.8	44	53.6	42	40.6	40	73.4	36	76.8	54	72.7
阳光财险	5	79.8	16	81.8	15	84.8	29	80.5	38	63.3	24	87.9	38	70.6	7	45.6	36	55.1	54	40.4	21	74.1	40	76.0	38	76.2
乐爱金	60	40.9	63	41.0	63	47.1	1	100.0	3	96.0	4	97.3	34	72.4	63	40.0	48	52.6	7	46.0	59	70.9	22	80.6	4	87.9
国元农险	23	59.9	12	84.8	61	61.2	2	91.4	7	91.4	2	99.7	40	69.7	16	41.0	14	62.1	56	40.3	7	80.8	32	77.8	61	63.7

经营能力排名前十的公司中，仅有1家外资保险公司，可以看出中资保险公司在经营能力这一块表现较好。

(二) 经营能力下各二级指标排名与得分前十的财产险公司情况

表5-12列明了经营能力指标下各二级指标排名前十的财产公司及其得分，主要反映保险公司经营能力的整体状况。其中逆向指标已经过逆向化处理。

从表5-12中可以看出，各项指标得分中，这些公司在报告期营业收入、营业收入增长率和分出率两个指标上的得分差距十分明显，第1名高出第10名的差距分别为58分、33.6分和54.6分，反映了公司营业收入、分出水平方面的巨大差异。

在剩余的指标中，第1名和第10名的得分差距基本在30分以内，比较合理，能够较好地反映各个公司的经营能力和水平。

在净资产周转率和总资产周转率方面，净资产周转率前十名的均为中资公司，总资产周转率前十名中仅有1家外资公司（安盛天平，第3名，94.2分），可见中资公司的资产整体营运能力和效率较高，外资公司在此方面还有上升空间。

外资财产险公司在险种集中度系数、分出率、应收分保率和再保险亏损率指标上拥有突出表现。分出率进入前十名的有9家外资公司，应收分保率有3家外资公司进入前十名。险种集中度系数反映了保险公司保费收入来源的集中程度，也反映了公司的产品开发能力和业务拓展水平。从险种集中度系数指标来看，险种集中度系数有7家外资公司进入前十名，说明中资公司的产品较单一，不够多样化，与外资公司相比有一定的差距。

在剩余的指标中，进入前十名的外资保险数量如下：综合费用率指标2家；综合赔付率指标4家；手续费及佣金占比指标3家；业务及管理费增长率指标4家；报告期营业收入和营业收入增长率0家；保费收入费用增长比指标4家。

在收集的数据中，中资、外资保险公司分别有48家和16家，比例为3∶1。总体来看，外资公司在产品结构、分保、成本控制和赔付管控方面表现相对较好，而中资公司在营业收入、资产管理效率和费用管理方面更有优势。

表 5-12 经营能力指标下，各二级指标排名前十的财产险公司及其得分情况

排名	净资产周转率 公司名称(得分)	总资产周转率 公司名称(得分)	综合赔付率 公司名称(得分)	综合费用率 公司名称(得分)	手续费及佣金占比 公司名称(得分)	业务及管理费占比 公司名称(得分)	险种集中度系数 公司名称(得分)	报告期营业收入 公司名称(得分)	营业收入增长率 公司名称(得分)	分出率 公司名称(得分)	保费收入费用增长比 公司名称(得分)	应收保费率 公司名称(得分)	再保险亏损率 公司名称(得分)
1	安华农险(100)	都邦财险(100)	铁路自保(100)	乐爱金(100)	阳光信用(100)	阳光信用石油专属保(100)	众安财险(100)	人保财险(100)	中路财险(100)	爱和谊(100)	阳光信用(101)	安诚财险(101)	三星财险(102)
2	都邦财险(86.2)	安华农险(96)	前海联合(93.1)	国元农险(91.4)	中原农业(99.1)	国元农险(99.7)	中意财险(97.2)	平安财险(76.7)	海峡金桥(93.4)	史带财险(62.4)	史带财险(94.4)	渤海财险(86.3)	华海财险(90.7)
3	太平保险(80.3)	安盛天平(94.2)	苏黎世(88.5)	鑫安车险(89.4)	乐爱金(96.0)	安联财险(98.6)	中银保险(93.9)	太保财险(57.1)	铁路自保(90.1)	瑞再企商(51.9)	锦泰财险(91)	众诚保险(85.6)	爱和谊(88.3)
4	渤海财险(80.3)	国寿财险(91.1)	国任财险(88.7)	美亚财险(89.1)	易安财险(93.8)	乐爱金(97.3)	东京海上(93.5)	国寿财险(50.7)	铁路自保(90.1)	现代财险(48.6)	诚泰财险(91)	太平保险(85.1)	乐爱金(87.9)
5	阳光财险(79.8)	华安财险(89.3)	亚太财险(88.5)	阳光农险(88.6)	安信农险(93.1)	人保财险(97)	三井住友(93.5)	中华联合(46.8)	众安在线(87.5)	三井住友(47.1)	中意财险(89.9)	国寿财险(84.9)	安信农险(86.7)
6	国寿财险(79.3)	紫金财险(89.1)	安联财险(87.4)	安信农险(87.4)	阳光财险(92.5)	鑫安车险(96.7)	日本财险(91.5)	大地财产(46.2)	阳光信用(76.2)	日本财险(46.6)	前海联合(89.9)	日本兴亚(84.6)	中原农业(85.9)
7	华海财险(76)	永安财险(89.0)	华农财险中石油专属保(86.9)	中原农业(85.3)	阳光农险(91.4)	苏黎世(95.5)	三星财险(91.3)	阳光财险(45.6)	前海联合(74.8)	乐爱金(46)	日本财险(82.8)	华泰财险(84.1)	苏黎世(85.8)
8	平安财险(75.2)	渤海财险(88.8)	爱和谊(86.9)	中原农业(85.0)	三井住友(90.2)	平安财险(94.9)	瑞再企商(91.1)	天安财险(43.7)	易安财险(69.5)	安联财险(45.8)	现代财险(80.6)	中航安盟(83.8)	鑫安车险(84.6)
9	太保财险(74.6)	太平保险(87.7)	众诚保险(86.3)	鼎和财险(84.5)	鑫安车险(87.8)	国寿财险(94.7)	鑫安车险(90.9)	太平财险(43.6)	泰康在线(68.0)	铁路自保(45.6)	北部湾财险(77.4)	美亚财险(83.8)	三井住友(84.4)
10	中华联合(74.1)	华海财险(86.2)	三井住友(85.8)	英大财险(84.5)	日本财险(86.9)	阳光农险(94.3)	史带财险(90.3)	华安财险(42.0)	华农财险(66.4)	东京海上(45.4)	泰山财险(77.4)	中原农业(83.5)	富德财险(83.7)

(三) 财险公司经营能力结构的模糊聚类分析

表 5-13　　　　经营能力排名前十的公司的模糊聚类等价分析矩阵

	人保财险	平安财险	太保财险	国寿财险	阳光农险	大地财产	中华联合	阳光财险	乐爱金	国元农险
人保财险	1	0.78	0.78	0.78	0.52	0.67	0.67	0.67	0.44	0.52
平安财险	0.78	1	0.80	0.80	0.52	0.67	0.67	0.67	0.44	0.52
太保财险	0.78	0.80	1	0.80	0.52	0.67	0.67	0.67	0.44	0.52
国寿财险	0.78	0.80	0.80	1	0.52	0.67	0.67	0.67	0.44	0.52
阳光农险	0.52	0.52	0.52	0.52	1	0.52	0.52	0.52	0.44	0.54
大地财产	0.67	0.67	0.67	0.67	0.52	1	0.68	0.77	0.44	0.52
中华联合	0.67	0.67	0.67	0.67	0.68	0.68	1	0.68	0.44	0.52
阳光财险	0.67	0.67	0.67	0.67	0.52	0.77	0.68	1	0.44	0.52
乐爱金	0.44	0.44	0.44	0.44	0.44	0.44	0.44	0.44	1	0.44
国元农险	0.52	0.52	0.52	0.52	0.54	0.52	0.52	0.52	0.44	1

从表 5-13 中可以看出，处于主对角线上的值都取 1，显然各家公司和自己的相似与贴近程度为 100%。

此矩阵中的得分介于 0.44~0.80，差距比较大。经营能力排名第一的是人保财险，这家公司与平安财险、太保财险和国寿财险的相似度较高，介于 0.78~0.80，这说明这几家公司在经营能力的模式、业务结构等方面具有较好的可比性，其他几家保险公司经营能力的相似度较低

整体来看，外资财险公司与中资财险公司在股东背景、资金实力、综合费用与综合赔付的成本管理策略、产品开发技术和分保再保技术与策略等方面存在较明显的差异，因此，可比性、可学习性不强。这也说明在中国，财产保险业还没有形成一个比较占主流地位的经营管理模式。

四、2018 年财产险公司风险管理能力排名与分析

风险管理能力共包含 12 个相关二级指标，经过数据预处理后，得到一个 64×12 的数据矩阵。根据主成分分析法，我们选取了 6 个累计解释率为 89.2% 的主成分，其中每个主成分都是这 12 个风险管理能力二级指标的线性组合。主成分分析得分结果经过线性调整为 40~100 后的最终结果展示在表 5-14 中。

表 5-14　　　　　　　　　财产险公司风险管理能力得分及排名

公司名称	排名	得分	公司名称	排名	得分
日本财险	1	100.0	安盛天平	33	67.5
安华农险	2	94.0	泰康在线	34	67.2
安联财险	3	93.3	中航安盟	35	66.2
史带财险	4	92.8	长江财险	36	66.1
苏黎世	5	90.0	紫金财险	37	65.6
瑞再企商	6	86.4	华泰财险	38	63.9
永诚财险	7	85.9	永安财险	39	63.6
渤海财险	8	82.1	华安财险	40	62.8
英大财险	9	81.9	锦泰财险	41	62.5
三井住友	10	79.5	诚泰财险	42	62.5
三星财险	11	78.6	日本兴亚	43	62.0
现代财险	12	77.9	铁路自保	44	61.9
阳光信用	13	77.8	泰山财险	45	61.9
太平保险	14	76.9	易安财险	46	60.3
阳光财险	15	76.6	爱和谊	47	59.7
中意财险	16	74.9	大地财产	48	58.3
乐爱金	17	74.8	北部湾财险	49	58.1
太保财险	18	73.9	中石油专属保险	50	57.8
国寿财险	19	73.6	前海联合	51	57.7
都邦财险	20	73.5	安诚财险	52	57.3
平安财险	21	72.8	阳光农险	53	56.2
中华联合	22	72.5	华农财险	54	54.8
东京海上	23	72.1	恒邦财险	55	54.6
人保财险	24	71.3	亚太财险	56	54.6
鑫安车险	25	71.2	国元农险	57	53.6
海峡金桥	26	70.5	鼎和财险	58	51.3
国任财险	27	70.3	中原农业	59	48.4
美亚财险	28	69.7	安信农险	60	48.1
中银保险	29	69.0	中路财险	61	47.3
华海财险	30	68.3	东海航运	62	46.0
富德财险	31	68.2	天安财险	63	45.8
众诚保险	32	68.0	众安财险	64	40.0

从表 5-14 中可以看出，财险市场上风险管理能力排名前三的依次是日本财险、安华农险和安联财险，在百分制基准下，得分分别为 100.0 分、94.0 分和 93.3 分。

在参评的 64 家财险公司中，风险管理能力得分最高的为日本财险（100.0 分），最低分为众安财险（40.0 分），平均得分为 67.7 分，大于平均分（含平均分）的公司有 32 家，占比为 50%。

其中，80 分以上的公司有 9 家，70~80 分的有 18 家，60~70 分的有 19 家，60 分以下的有 18 家。

图 5-5 显示了风险管理能力排名前十的公司，依次是日本财险、安华农险、安联财险、史带财险、苏黎世、瑞再企商、永诚财险、渤海财险、英大财险、三井住友。

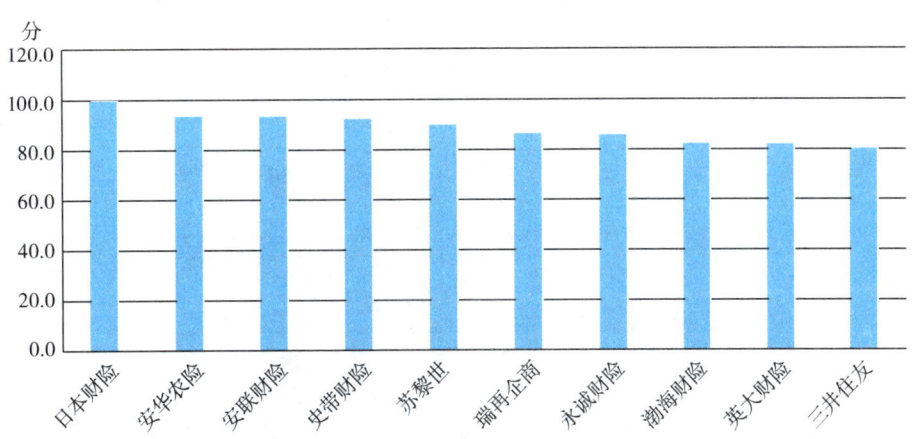

图 5-5　风险管理能力得分排名前十的财产险公司

从图 5-5 中可以看到，风险管理能力排名前十的财产险公司的得分总体呈逐渐下降趋势，第十名得分相对于第一名得分降幅为 20.5%。

（一）风险管理能力排名前十的财产险公司的二级指标得分与排名情况

2018 年在风险管理能力排名前十的财产险公司中，有 6 家外资公司，4 家中资公司；2017 年在风险管理能力排名前十的财产险公司中，全部为中资公司；2016 年，在风险管理能力排名前十的财产险公司中，有 4 家外资公司和 6 家中资公司。这说明中资财产险公司的风险管理意识和能力在 2018 年有所下降。

如表 5-15 所示，日本财险的风险管理能力排名第一，主要得益于其资产杠杆率（第 4 名，75.3 分）、负债权益比率（第 4 名，75.3 分），并且其自留比率、未决赔款准备金充足率指标均进入前十名，总体来看，其具备较强的风险管理能力，且在以上方面具备较大优势。

表5-15 风险管理能力排名前十的公司的二级指标得分与排名

公司名称	偿付能力充足率 排名	偿付能力充足率 得分	流动性比率 排名	流动性比率 得分	自留比率 排名	自留比率 得分	未决赔款准备金充足率 排名	未决赔款准备金充足率 得分	自留保费占净资产的比率 排名	自留保费占净资产的比率 得分	自留保费增长率 排名	自留保费增长率 得分	应收保费率 排名	应收保费率 得分	保险负债占总资产比 排名	保险负债占总资产比 得分	付现比 排名	付现比 得分	现金盈余保障倍数 排名	现金盈余保障倍数 得分	资产杠杆率 排名	资产杠杆率 得分	负债权益比率 排名	负债权益比率 得分
日本财险	42	45.8	27	54.8	9	77.2	10	54.8	22	87.8	13	84.1	39	91.3	62	45.6	36	98.6	47	99.7	4	75.3	4	75.3
安华农险	63	40.7	14	58.6	11	68.9	62	41.0	58	48.2	2	96.9	33	91.9	64	40.0	19	99.1	34	99.7	1	100.0	1	100.0
安联财险	9	63.1	17	58.1	3	89.0	6	64.6	13	93.7	51	75.1	44	90.0	57	48.7	47	97.4	9	99.8	17	65.3	17	65.3
史带财险	36	47.7	8	61.3	5	82.3	7	62.7	10	94.9	25	82.0	28	93.3	61	47.3	42	97.6	31	99.7	19	64.2	19	64.2
苏黎世	58	42.8	26	55.0	6	82.0	2	96.7	9	95.4	4	89.0	57	73.1	59	48.3	26	98.9	6	99.9	18	64.9	18	64.9
瑞再企商	21	50.3	7	61.4	2	97.1	3	91.1	5	98.9	45	76.3	43	90.0	17	68.3	53	93.3	1	100.0	42	54.1	42	54.1
永诚财险	43	45.6	15	58.5	20	54.3	41	43.4	46	63.0	8	87.0	38	91.4	50	53.8	17	99.1	52	99.6	6	74.3	6	74.3
渤海财险	64	40.0	52	48.5	25	52.1	30	44.5	57	49.0	7	87.4	14	96.3	63	44.8	25	98.9	49	99.6	3	76.4	3	76.4
英大财险	53	44.6	24	55.4	23	53.0	14	48.7	36	73.7	5	88.4	17	95.6	41	55.5	24	98.9	39	99.7	11	70.1	11	70.1
三井住友	38	47.3	25	55.2	17	58.2	13	49.2	29	79.0	18	83.1	16	96.0	58	48.5	10	99.3	19	99.8	20	63.3	20	63.3

安华农业的风险管理能力排名第二,这主要由于其资产杠杆率(第1名,100分)、负债权益比率(第1名,100分)两个指标优势明显,比阳光财险(第2名,82.2分)高出17.8分。另外,安华农业自留保费增长率(第2名,96.9分)指标也十分优秀。

此外,排名第六的瑞再企商在各二级指标上呈两极化:其在自留比率(第2名,97.1名)、未决赔款准备金充足率(第3名,91.1分)、自留保费占净资产的比率(第5名,98.9)和现金盈余保障倍数(第1名,100分)4个指标上得分有较大优势,但其自留保费增长率、应收保费率、付现比、资产杠杆率和负债权益比率处于下游,可见瑞再企商在现金收益保障方面优势突出,但其他方面的风险管理能力有待加强。

总体来看,总体排名前十的公司在流动性比率、自留比率、自留保费增长率、资产杠杆率和负债权益比率5个指标上表现较为良好,除个别公司外,多数处于64家公司中的中上游乃至前十名。

此外,在偿付能力充足率、未决赔款准备金充足率、自留保费增长率和现金盈余保障倍数上,各公司表现分化也较为明显,分布在总体的各个水平段。

最后,在应收保费率、应收保费率、保险负债占总资产比和付现比指标上,10家公司除个别公司外表现普遍较差外,出现多数公司落入后十名的情况,说明各公司在现金流动风险管理方面需要加强。

(二)风险管理能力下各二级指标排名前十的财产公司及其得分

表5-16列明了风险管理能力指标下各二级指标排名前十的公司及其得分,主要反映保险公司风险管理能力的整体状况。

从表5-16中可以看出,自留保费占净资产的比率、自留保费增长率、应收保费率、付现比和现金盈余保障倍数指标下,前十名公司得分普遍较高,分差很小,第十名均在90分以上。相反,各公司在偿付能力充足率、流动性比率和未决赔款准备金充足率指标上差距明显,第一名和第十名之间相差40~50分。

偿付能力充足率指标前十名的公司中,只有1家外资公司,2017年全部为中资公司,2016年有8家中资保险公司,这说明中资公司在偿付能力方面一直要优于外资公司。

流动性比率反映了公司偿还短期债务的能力。流动性比率指标排名第一的是阳光信用,且前十名中有8家外资公司入围,这说明中资保险公司在短期偿债能力方面表现较好。

表 5-16 风险管理能力下各二级指标排名前十的财产公司及其得分

排名	偿付能力充足率 公司名称（得分）	流动性比率 公司名称（得分）	自留比率 公司名称（得分）	未决赔款准备金充足率 公司名称（得分）	自留保费占净资产的比率 公司名称（得分）	自留保费增长率 公司名称（得分）	应收保费率 公司名称（得分）	保险负债占总资产比 公司名称（得分）	付现比 公司名称（得分）	现金盈余保障倍数 公司名称（得分）	资产杠杆率 公司名称（得分）	负债权益比率 公司名称（得分）
1	阳光信用(100)	阳光信用(100)	乐爱金(100)	中石油专属保(100)	乐爱金(100)	乐爱金(100)	爱和谊(100)	阳光信用(100)	爱和谊(100)	瑞再企商(100)	安华农险(101)	安华农险(102)
2	东海航运(86.9)	海峡金桥(72.5)	瑞再企商(97.1)	苏黎世(96.7)	东海航运(99.7)	安华农险(96.9)	都邦财险中石油(99.9)	中石油专属保(91.3)	东京海上(99.8)	华海财险(100)	阳光财险(82.2)	阳光财险(82.2)
3	恒邦财险(84.2)	富德财险(71.6)	安联财险(89)	瑞再企商(91.1)	阳光信用(99.6)	安盛天平(92.5)	鑫安车险(99.8)	中原农业(91.1)	海峡金桥(99.6)	东京海上(100)	渤海财险(76.4)	渤海财险(76.4)
4	海峡金桥(84.1)	铁路自保(68.7)	东海航运(82.6)	现代财险中石油(80.9)	中石油专属保(99.4)	苏黎世(89.0)	华海财险(99.4)	东海航运(85.6)	安盛天平(99.6)	中意财险(99.9)	日本财险(75.3)	日本财险(75.3)
5	富德财险(72.3)	鑫安车险(65)	史带财险(82.3)	中意财险(67.3)	瑞再企商(98.9)	英大财险(88.4)	安盛天平(99.2)	恒邦财险(85.3)	永安财险(99.5)	国元农险(99.9)	平安财险(74.4)	平安财险(74.4)
6	鑫安车险(68.2)	东海航运(63.4)	苏黎世(82)	安联财险(64.6)	日本兴亚(98.0)	都邦财险(88)	鼎和财险(98.4)	众诚财险(84.1)	人保财险(99.5)	苏黎世(99.9)	永诚财险(74.3)	永诚财险(74.3)
7	众安财险(66.1)	瑞再企商(61.4)	美亚财险(81.1)	史带财险(62.7)	现代财险(97.9)	渤海财险(87.4)	三星财险(98.2)	海峡金桥(83.5)	国寿财险(99.4)	恒邦财险(99.8)	太平保险(73.9)	太平保险(73.9)
8	铁路自保(64.2)	史带财险(61.3)	现代财险(77.4)	铁路自保(62)	海峡金桥(95.7)	永诚财险(87.0)	天安财险(97.9)	众安财险(82.9)	中意财险(99.3)	永安财险(99.8)	太保财险(73.1)	太保财险(73.1)
9	安联财险(63.1)	中原农业(61.0)	日本财险(77.2)	日本兴亚(60.8)	苏黎世(95.4)	日本兴亚(86.8)	华安财险(97.6)	富德财险(79.2)	太保财险(99.3)	安联财险(99.8)	中华联合(70.3)	中华联合(70.3)
10	安诚财险(61.2)	安诚财险(60.9)	三星财险(72.4)	日本财险(54.8)	史带财险(94.9)	阳光农险(86.1)	安诚财险(97.6)	阳光农险(77.6)	三井住友(99.3)	北部湾财险(99.8)	国寿财险(70.2)	国寿财险(70.2)

自留比率是自留保费和保险业务收入的比例,反映了公司的风险管理意识,是一个逆向指标。前十名中有9家都是外资保险公司,这说明外资保险公司在保费自留与分出的处理方面的风险管理能力明显强于中资公司。

未决赔款准备金充足率是考察公司风险能力的一个重要指标。排名前十的公司有9家都是外资公司,这说明外资保险公司的风险管理意识和水平较强。

自留保费增长率是一个逆向指标,反映了2016—2017年公司自留保费的增长速度。前十名的公司中有4家外资公司。

保险负债占总资产比是保费负债与总资产的比值,反映公司的长期偿债能力,是一个逆向指标。排名前十的保险公司全部为中资公司,总体来看,中资公司的长期偿债能力发展较强。

(三)财险公司风险管理能力结构的模糊聚类分析

表5-17　　　风险管理能力排名前十的公司的模糊聚类等价分析矩阵

	日本财险	安华农险	安联财险	史带财险	苏黎世	瑞再企商	永诚财险	渤海财险	英大财险	三井住友
日本财险	1	0.55	0.70	0.70	0.60	0.55	0.68	0.61	0.68	0.68
安华农险	0.55	1	0.55	0.55	0.55	0.55	0.55	0.55	0.55	0.55
安联财险	0.70	0.55	1	0.74	0.60	0.55	0.68	0.61	0.68	0.68
史带财险	0.70	0.55	0.74	1	0.60	0.55	0.68	0.61	0.68	0.68
苏黎世	0.60	0.55	0.60	0.60	1	0.55	0.60	0.60	0.60	0.60
瑞再企商	0.55	0.55	0.55	0.55	0.55	1	0.55	0.55	0.55	0.55
永诚财险	0.68	0.55	0.68	0.68	0.60	0.55	1	0.61	0.76	0.76
渤海财险	0.61	0.55	0.61	0.61	0.60	0.55	0.61	1	0.61	0.61
英大财险	0.68	0.55	0.68	0.68	0.60	0.55	0.76	0.61	1	0.77
三井住友	0.68	0.55	0.68	0.68	0.60	0.55	0.76	0.61	0.77	1

从表5-17中可以看出,处于主对角线上的值都取1,显然各家公司和自己的相似与贴近程度为100%。

表5-17给出了风险管理能力排名前十的公司之间的模糊聚类等价分析得分,介于0.55~0.77,即这10家公司的风险管理能力差异性很大。

对财险公司风险管理能力排名的分析可以发现,相较于其他几个一级指标的分析,风险管理能力排名靠前的外资保险公司比较多。这与我们前几年的分析结果相类似。

从此矩阵可以看出，三井住友和英大财险之间的风险管理能力最具有相似性，相似性得分是 0.77 分，是此矩阵中的两组最高分，说明它们具有较强的可比性。

此矩阵中，风险管理能力排名第四的瑞再企商比较特殊，它与其余 9 家保险公司之间的得分都是 0.55 分，说明这家公司与其他公司之间在风险管理能力上可比性很低，在风险管理能力各项指标的表现上差异性很大。

从此矩阵中可以得出如下结论：

这也从一个侧面说明，在风险管理能力方面，不同的保险公司之间，还没有找到一个比较统一的、可行的方法进行科学管理，还处于探索过程之中；或者各公司根据自己的背景特点、发展思路和技术优势等，确定自己的风险管理模式和战略，相互之间还没有形成一个固定和权威的模式和方法。

五、2018 年财产险公司发展潜力的排名与分析

保险公司发展潜力由 11 个分析指标构成。对数据进行预处理后，我们根据 64 家财产险公司的这 11 个二级指标数据，得到一个 64×11 的数据矩阵；根据主成分分析法，选取了 6 个累计解释率为 87.3% 的主成分，其中每个主成分都是这 11 个发展潜力二级指标的线性组合。主成分分析得分结果经过线性调整为 40～100 后的最终结果展示在表 5-18 中。

表 5-18　　　　　　　　　财产险公司发展潜力排名及得分

公司名称	排名	得分	公司名称	排名	得分
平安财险	1	100.0	安信农险	33	63.7
中石油专属保险	2	97.6	诚泰财险	34	63.1
人保财险	3	96.9	史带财险	35	62.1
太保财险	4	90.4	瑞再企商	36	61.9
铁路自保	5	86.9	锦泰财险	37	61.8
爱和谊	6	83.2	中意财险	38	61.2
泰康在线	7	80.3	众诚保险	39	60.9
华海财险	8	80.0	鼎和财险	40	60.8
众安财险	9	80.0	美亚财险	41	60.7
阳光财险	10	79.3	中银保险	42	60.6
前海联合	11	75.0	紫金财险	43	59.4
安联财险	12	74.6	恒邦财险	44	58.4
阳光农险	13	74.3	亚太财险	45	58.3

续表

公司名称	排名	得分	公司名称	排名	得分
大地财产	14	74.1	中航安盟	46	57.2
太平保险	15	73.7	渤海财险	47	55.7
国寿财险	16	72.5	永诚财险	48	55.6
中路财险	17	72.4	安华农险	49	53.8
易安财险	18	71.1	苏黎世	50	51.5
国元农险	19	71.0	日本财险	51	50.0
华农财险	20	70.6	泰山财险	52	49.6
阳光信用	21	70.6	安诚财险	53	49.1
永安财险	22	69.4	海峡金桥	54	48.8
鑫安车险	23	68.5	乐爱金	55	47.9
英大财险	24	68.3	三星财险	56	47.2
三井住友	25	67.0	长江财险	57	46.7
中华联合	26	66.9	日本兴亚	58	45.9
北部湾财险	27	66.8	安盛天平	59	45.1
国任财险	28	66.2	东海航运	60	44.8
华泰财险	29	66.0	都邦财险	61	44.5
东京海上	30	65.9	现代财险	62	43.6
华安财险	31	65.9	天安财险	63	43.1
中原农业	32	65.4	富德财险	64	40.0

从表5-18中可以看出，财险市场上发展潜力排名前三的依次是平安财险、中石油专属保险和人保财险，在百分制基准下，得分分别为100.0分、97.6分和96.9分。

在参评的6458家人身险公司中，发展潜力得分最高的为平安财险（100.0分），最低分为富德生命（40.0分），平均得分为64.4分，大于平均分的公司有32家，占比为50%。

其中，80分以上的公司有7家，70~80分的有14家，60~70分的有21家，60分以下的有22家。

图5-6显示了发展潜力排名前十的公司，依次是平安财险、中石油专属保险、人保财险、太保财险、铁路自保、爱和谊、泰康在线、华海财险、众安财险、阳光财险。

可以看出，发展潜力排名前十的人身险公司的得分呈较为平缓的下降趋势，第十名得分较第一名降幅为20.7%。

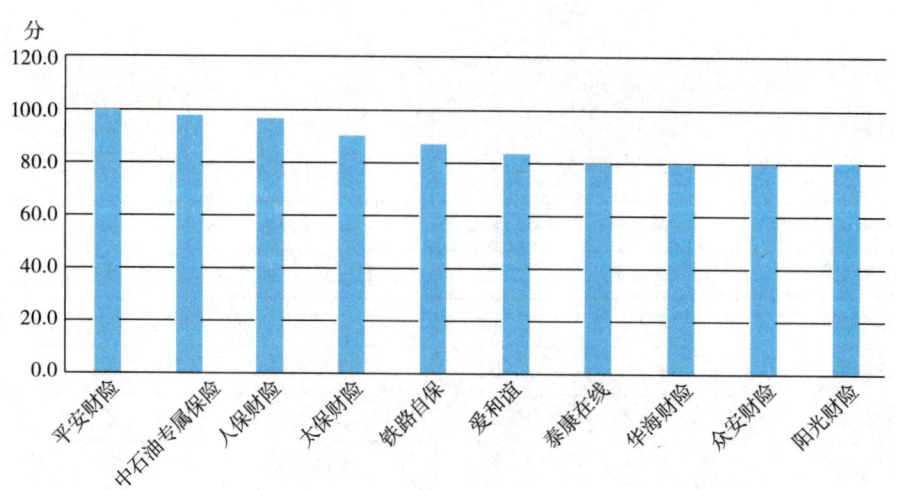

图 5-6 发展潜力得分排名前十的财产险公司

（一）发展潜力排名前十的财产险公司的二级指标的排名与得分

在发展潜力排名前十的财产险公司中，中资公司有 9 家，外资公司有 1 家。考察前十名中的排位，中资公司占比高且排名更靠前，发展潜力方面更具优势。

平安财险的发展潜力排名第一，主要得益于其在资本运营充分率指标上极具优势的表现（获得第一名，100 分）以及分支机构数目（第二名，95.3 分）。同时应当看到，但在承保潜力指标上表现不佳，落入 64 家公司中的后五名，其余指标则处中上游。可见平安财险发展潜力的优势集中于其较快的发展速度和业务增长。

中石油专属保险公司的发展潜力排名第二，这主要是由于其在人均产能（第 1 名，100 分）、亿元保费投诉量（第 1 名，100 分）、承保潜力（第 5 名，99.4 分）指标上具备突出优势，且与其余公司拉开了巨大差距。

总体来看，发展潜力排名前十的公司，在发展系数、保险业务收入增长率、总资产增长率、人均产能指标上的表现都较为良好，多数处于整体的中上游水平。然而，10 家公司在分支机构数目指标上呈两极化，其中 2 家公司并列第一，2 家公司并列第二，5 家公司则处于 64 家公司中的下游。除个别公司外，10 家公司在承保潜力方面表现较差，多数位于中下游，说明各公司在承保业务方面有待加强。

（二）发展潜力下各二级指标排名前十的财产公司及其得分

表 5-19、表 5-20 列明了发展潜力指标下各个二级指标排名前十的财产险公司及得分，主要反映了财产险公司在发展潜力上各二级指标的整体表现和分布情况。

从表 5-19、表 5-20 中可以看出，各项指标排名前十的公司在单位最低资本的利润增长率、承保潜力、亿元保费投诉量和分支机构数目上得分普遍较高且差距

第五章 中国财产保险公司竞争力评价分析

表5-19 发展潜力排名前十的公司的二级指标得分与排名

公司名称	发展系数		保险业务收入增长率		总资产增长率		净资产增长率		单位最低资本的利润增长率		资本运营充分率		人均产能		人均产能增长率		承保潜力		亿元保费投诉量		分支机构数目	
	排名	得分	排名	得分	排名	得分	排名	得分	排名	得分	排名	得分	排名	得分	排名	得分	排名	得分	排名	得分	排名	得分
平安财险	24	69.2	28	56.3	23	67.9	10	49.8	28	96.9	1	100.0	22	46.0	17	67.4	60	49.2	17	96.5	2	95.3
中石油专属保险	12	75.5	9	68.5	26	67.6	26	47.9	35	96.9	62	40.1	1	100.0	5	77.1	5	99.4	1	100.0	55	40.0
人保财险	32	67.1	36	54.7	36	65.1	18	48.8	37	96.9	2	91.3	26	45.2	16	67.5	64	40.0	13	97.0	1	100.0
太保财险	26	68.2	32	55.4	21	68.1	32	47.3	27	96.9	4	69.9	24	45.5	14	68.5	61	46.6	15	96.8	2	95.3
铁路自保	62	49.3	6	72.7	8	75.1	14	49.2	16	97.1	55	41.0	2	85.5	27	63.1	18	94.2	7	99.8	55	40.0
爱和谊	52	61.9	25	57.6	37	65.1	13	49.2	19	97.0	63	40.0	3	77.3	13	69.1	42	76.1	1	100.0	50	41.6
泰康在线	5	93.1	4	84.8	2	91.0	2	68.2	29	96.9	29	47.6	9	51.1	38	58.9	30	83.4	64	40.0	55	40.0
华海财险	10	77.5	12	63.7	11	72.0	4	55.6	58	96.0	25	48.8	11	49.7	4	83.4	41	77.0	55	87.9	22	68.4
众安财险	4	95.6	3	89.6	28	67.2	55	44.7	45	96.8	48	42.9	6	53.1	8	73.9	19	92.6	63	76.1	55	40.0
阳光财险	41	65.3	43	53.5	24	67.8	48	45.3	32	96.9	3	73.0	60	41.0	61	44.6	63	42.3	26	94.7	2	95.3

表 5-20 发展潜力下各二级指标排名前十的财产公司及其得分

排名	发展系数 公司名称(得分)	保险业务收入增长率 公司名称(得分)	总资产增长率 公司名称(得分)	净资产增长率 公司名称(得分)	单位最低资本的利润增长率 公司名称(得分)	资本运营充分率 公司名称(得分)	人均产能 公司名称(得分)	人均产能增长率 公司名称(得分)	承保潜力 公司名称(得分)	亿元保费投诉量 公司名称(得分)	分支机构数目 公司名称(得分)
1	中路财险(100)	中路财险(100)	众诚保险(100)	安联财险(100)	东京海上(100)	平安财险(100)	中石油专属保险(100)	阳光农险(100)	乐爱金(100)	中石油专属保险(100)	人保财险(101)
2	阳光信用(98.7)	阳光信用(93.4)	泰康在线(91)	泰康在线(68.2)	安诚财险(99.8)	人保财险(91.3)	铁路自保(85.5)	鑫安车险(91)	瑞再企商(99.9)	爱和谊(100)	平安财险(95.3)
3	前海联合(95.9)	众安财险(89.6)	大地财产(83.4)	大地财产(67.2)	三星财险(99.8)	阳光财险(73)	爱和谊(77.3)	中意财险(85.5)	东海航运(99.9)	瑞再企商(100)	太保财险(95.3)
4	众安财险(95.6)	泰康在线(84.8)	瑞再企商(82.8)	华海财险(55.6)	乐爱金(98.4)	太保财险(69.9)	苏黎世(54.3)	华海财险(83.4)	阳光信用(99.9)	乐爱金(100)	阳光财险(95.3)
5	泰康在线(93.1)	易安财险(73.3)	华农财险(78.6)	日本财险(51.6)	阳光信用(98.2)	太平保险(65.5)	易安财险(53.6)	中石油专属保险(77.1)	中石油专属保险(99.4)	东京海上(99.8)	大地财产(95.3)
6	易安财险(86.0)	铁路自保(72.7)	安联财险(77.5)	瑞再企商(51.5)	日本财险(98)	安华农险(65)	众安财险(53.1)	英大兴亚(76.3)	日本兴亚(99.1)	三井住友(99.8)	国寿财险(95.3)
7	中原农业(85)	前海联合(72.4)	史带财险(75.3)	三井住友(50.4)	亚太财险(97.7)	国寿财险(59.4)	史带财险(52)	安信农险(75.4)	现代财险(98.8)	铁路自保(99.8)	华泰财险(90.5)
8	恒邦财险(81.1)	中原农业(71.4)	铁路自保(75.1)	美亚财险(50.3)	现代财险(97.6)	阳光农险(57.7)	安联财险(51.7)	众联财险(73.9)	安联财险(97.9)	日本财险(99.7)	天安财险(90.5)
9	北部湾财险(80.7)	中石油专属保险(68.5)	阳光农险(74.1)	英大财险(49.8)	安盛天平(97.6)	华安财险(55.9)	泰康在线(51.1)	阳光信用(72.3)	史带财险(97.8)	阳光信用(99.5)	永诚财险(90.5)
10	华海财险(77.5)	北部湾财险(66.9)	易安财险(73.8)	平安财险(49.8)	长江财险(97.4)	中华联合(55.8)	三井住友(49.9)	国元农险(72)	海峡金桥(97.2)	安信农险(99.4)	都邦财险(90.5)

不大，第一名均为 100 分，第十名得分均在 90 分以上。

但各家公司在保险业务收入增长率（100~66.9 分）、净资产增长率（100~49.8 分）、资本运营充分率（100~55.8 分）、人均产能（100~49.9 分）4 个指标上差距十分明显，在一定程度上说明各家公司在业务增长、净资产增长、资本运营和人均产能等方面的能力存在比较明显的差异。

（三）财险公司发展潜力指标结构的模糊聚类分析等价矩阵

表 5-21　　　　　　　发展潜力排名前十公司的模糊聚类分析等价矩阵

	平安财险	中石油专属保险	人保财险	太保财险	铁路自保	爱和谊	泰康在线	华海财险	众安财险	阳光财险
平安财险	1	0.51	0.87	0.86	0.51	0.51	0.50	0.49	0.51	0.77
中石油专属保险	0.51	1	0.51	0.51	0.71	0.69	0.50	0.49	0.61	0.51
人保财险	0.87	0.51	1	0.86	0.51	0.51	0.50	0.49	0.51	0.77
太保财险	0.86	0.51	0.86	1	0.51	0.51	0.50	0.49	0.51	0.77
铁路自保	0.51	0.71	0.51	0.51	1	0.69	0.50	0.49	0.61	0.51
爱和谊	0.51	0.69	0.51	0.51	0.69	1	0.50	0.49	0.61	0.51
泰康在线	0.50	0.50	0.50	0.50	0.50	0.50	1	0.49	0.50	0.50
华海财险	0.49	0.49	0.49	0.49	0.49	0.49	0.49	1	0.49	0.49
众安财险	0.51	0.61	0.51	0.51	0.61	0.61	0.50	0.49	1	0.51
阳光财险	0.77	0.51	0.77	0.77	0.51	0.51	0.50	0.49	0.51	1

从表 5-21 中可以看出，处于主对角线上的值都取 1，显然各家公司和自己的相似与贴近程度为 100%。

此矩阵中除了主对角线，取值介于 0.49~0.87，得分比上年有所上升，公司之间的业务结构差异性表现较为明显。

此矩阵中，发展潜力排名第一的是平安财险，与其他 9 家保险公司的相似度得分介于 0.49~0.87，可比性较低。

此矩阵中相似度较高的是人保财险与平安财险，发展潜力相似度得分是 0.87 分。显然这两家公司之间在发展潜力的相似度方面表现都很突出，具有可比性。

发展潜力排名第八的华海财险与其余 9 家公司之间的相似度得分都是 0.49 分，显然不具有可比性，这是一个比较特殊和值得关注的地方。当然，相似度得分的高低并不意味着发展潜力的"优劣"。

2018 年财险公司的发展潜力前十名中，只有 1 家外资保险公司；中资财险公司与外资财险公司之间在发展潜力各项指标的表现具有较大的差异性。这些现象有待于对相关问题和公司的更进一步探讨和分析。

第四节 2018年财产险公司综合竞争力评价结果的稳健性检验

与人身险公司的稳健性检验相类似，本书主要基于两种方式进行财产险公司的稳健性分析。一是首先利用聚类分析，将保险公司分为两类；在排除掉一类公司（公司数目较少的一类）后，对另一类公司运用主成分分析法，进行竞争力评价的排名和得分，与这些公司在原来情况下的排名进行比较分析，从而得到保险公司竞争力排名主成分分析的稳健性分析。二是利用聚类分析法对评价指标进行分类，并剔除指标较少的类别后，运用余下的指标对保险公司竞争力进行主成分分析，得到的排名与原来的排名进行对比，从而完成稳健性分析。

一、剔除部分公司后保险公司竞争力评价结果的稳健性检验

为了便于剔除公司和提高稳健性分析结果的有效性，首先运用聚类分析法将64家财产险公司分为6类（见表5-22）。

表5-22 财产险公司在聚类分析下分类的具体结果

公司名称	类别6	类别5	类别4	类别3	类别2
人保财险	1	1	1	1	1
大地财产	2	2	2	2	1
中华联合	2	2	2	2	1
太保财险	2	2	2	2	1
平安财险	1	1	1	1	1
华泰财险	2	2	2	2	1
天安财险	2	2	2	2	1
华安财险	2	2	2	2	1
永安财险	2	2	2	2	1
太平保险	2	2	2	2	1
亚太财险	2	2	2	2	1

续表

公司名称	类别6	类别5	类别4	类别3	类别2
中银保险	2	2	2	2	1
安信农险	2	2	2	2	1
永诚财险	2	2	2	2	1
国任财险	2	2	2	2	1
安华农险	3	3	3	3	2
阳光财险	2	2	2	2	1
阳光农险	2	2	2	2	1
都邦财险	2	2	2	2	1
渤海财险	2	2	2	2	1
华农财险	2	2	2	2	1
国寿财险	2	2	2	2	1
安诚财险	2	2	2	2	1
国元农险	2	2	2	2	1
鼎和财险	2	2	2	2	1
英大财险	2	2	2	2	1
紫金财险	2	2	2	2	1
泰山财险	2	2	2	2	1
众诚保险	2	2	2	2	1
锦泰财险	2	2	2	2	1
诚泰财险	2	2	2	2	1
长江财险	2	2	2	2	1
富德财险	2	2	2	2	1
鑫安车险	2	2	2	2	1
北部湾财险	2	2	2	2	1
中石油专属保险	2	2	2	2	1
众安财险	2	2	2	2	1
恒邦财险	2	2	2	2	1
华海财险	2	2	2	2	1
中原农业	2	2	2	2	1
中路财险	2	2	2	2	1
铁路自保	2	2	2	2	1
阳光信用	4	2	2	2	1
泰康在线	2	2	2	2	1

续表

公司名称	类别6	类别5	类别4	类别3	类别2
易安财险	2	2	2	2	1
东海航运	4	2	2	2	1
前海联合	2	2	2	2	1
海峡金桥	2	2	2	2	1
史带财险	2	2	2	2	1
美亚财险	2	2	2	2	1
东京海上	2	2	2	2	1
瑞再企商	4	2	2	2	1
三井住友	2	2	2	2	1
三星财险	2	2	2	2	1
安联财险	5	4	4	2	1
日本财险	2	2	2	2	1
中航安盟	2	2	2	2	1
安盛天平	2	2	2	2	1
苏黎世	2	2	2	2	1
现代财险	2	2	2	2	1
中意财险	2	2	2	2	1
爱和谊	6	5	2	2	1
日本兴亚	2	2	2	2	1
乐爱金	2	2	2	2	1

根据聚类分析结果，我们剔除安联财险、安华农险、阳光信用、爱和谊、瑞再企商、东海航运6家特殊公司后，综合运用主成分分析法和因子分析法，对剩余的58家财产险公司重新进行综合竞争力的评价，结果如表5-23所示。

表5-23　剔除6家公司后，财产险公司综合竞争力评价结果的排名对比

公司名称	新排名	原排名	原排名—新排名
人保财险	1	1	0
平安财险	2	2	0
史带财险	3	38	35
苏黎世	4	34	30
太保财险	5	3	-2
日本财险	6	19	13

续表

公司名称	新排名	原排名	原排名—新排名
中石油专属保险	7	10	3
阳光财险	8	6	-2
英大财险	9	9	0
渤海财险	10	14	4
三井住友	11	24	13
国寿财险	12	7	-5
太平保险	13	4	-9
中华联合	14	5	-9
乐爱金	15	51	36
现代财险	16	52	36
众诚保险	17	21	4
华海财险	18	12	-6
中意财险	19	44	25
大地财产	20	8	-12
东京海上	21	23	2
中银保险	22	36	14
三星财险	23	45	22
美亚财险	24	35	11
泰康在线	25	32	7
北部湾财险	26	11	-15
都邦财险	27	28	1
锦泰财险	28	15	-13
诚泰财险	29	18	-11
永诚财险	30	39	9
华泰财险	31	37	6
鼎和财险	32	16	-16
华安财险	33	25	-8
紫金财险	34	30	-4
永安财险	35	13	-22
鑫安车险	36	50	14
安信农险	37	27	-10
中航安盟	38	26	-12
铁路自保	39	20	-19

续表

公司名称	新排名	原排名	原排名—新排名
国任财险	40	40	0
国元农险	41	17	-24
中原农业	42	22	-20
阳光农险	43	43	0
华农财险	44	31	-13
安盛天平	45	29	-16
日本兴亚	46	53	7
天安财险	47	49	2
亚太财险	48	41	-7
长江财险	49	57	8
泰山财险	50	48	-2
安诚财险	51	54	3
海峡金桥	52	56	4
恒邦财险	53	55	2
中路财险	54	33	-21
富德财险	55	58	3
易安财险	56	46	-10
前海联合	57	42	-15
众安财险	58	47	-11

"原排名"表示剔除上述6家公司后剩余的58家公司的竞争力原始排名;"新排名"是剔除上述6家公司后对剩余的58家公司重新运用主成分分析法、因子分析法等,进行综合竞争力评价的新排名。

容易看出,在删除6家财产险公司后,重新运用主成分分析法、因子分析方法对财产险公司综合竞争力进行评价,它们的排名变化并不是很大。

运用Wilcoxon符号秩检验,进行稳健性分析。

根据表5-23的原来排名、新排名的结果,进行对比分析,情况如表5-24、表5-25所示。

表 5-24　　　　　　　保险公司原排名、新排名的基本情况

描述性统计资料								
	N	平均数	标准偏差	最小值	最大值	百分位数		
						25 日	第 50（中位数）	第 75
VAR00001	58	29.5000	16.88688	1.00	58.00	14.7500	29.5000	44.2500
VAR00002	58	29.5000	16.88688	1.00	58.00	14.7500	29.5000	44.2500

表 5-25　　　　　　　威尔科克森（Wilcoxon）符号秩检验

等级				
		N	平均等级	等级总和
原排名—新排名	负等级	28[a]	28.70	803.50
	正等级	26[b]	26.21	681.50
	等值结	4[c]		
	总计	58		

注：a. 原排名＜新排名；b. 原排名＞新排名；c. 原排名＝新排名。

表 5-26　　剔除上述 9 家公司后的威尔科克森（Wilcoxon）符号秩检验结果

检定统计资料[a]	
	原排名—新排名
Z	-.525[b]
渐近显著性（双尾）	0.599
精确显著性（双尾）	0.604
精确显著性（单尾）	0.302
点机率	0.001

注：a. Wilcoxon 符号等级检定；b. 根据正等级。

表 5-26 的结果显示：使用"精确"方法计算的双侧显著性水平为 0.604，远大于 0.05，所以认为剔除 6 家公司后，再对剩余公司进行主成分析法排名与没有剔除公司进行排名的结果差异不显著，也就是说，两个样本来自同一总体，具有相同的总体分布，则主成分分析法在 0.05 的显著性水平下具有稳健性。即我们根据聚类分析的结果，剔除部分公司后，根据我们建立的指标体系，运用主成分分析方法对其余公司竞争力评价结果的影响不显著，通过了稳健性检验。

二、剔除部分指标后，保险公司竞争力评价的稳健性分析

指标体系应该尽可能地反映保险公司竞争力各方面的信息，显然部分指标的缺

失或波动对保险公司竞争力的评价结果有影响。我们首先通过聚类分析，剔除部分表现"特殊"的指标后，再对保险公司竞争力进行评价。通过剔除部分指标对评价结果的影响来进行稳健性检验。

首先利用聚类分析对所有指标进行分类。

聚类分析结果表明，人均利润、净利润、所有者权益、人均产能、报告期营业收入5个指标是特殊指标，并且均属于规模性指标。

其次剔除人均利润、净利润、所有者权益、人均产能、报告期营业收入5个指标后，综合运用主成分分析法、因子分析方法，得到保险公司竞争力的排名结果。

表5-27　剔除上述5个指标后财产险公司综合竞争力评价结果的比较

公司名称	新排名	原排名	原排名—新排名
爱和谊	1	12	11
平安财险	2	2	0
阳光财险	3	6	3
泰康在线	4	34	30
华海财险	5	13	8
太保财险	6	3	-3
人保财险	7	1	-6
北部湾财险	8	11	3
太平保险	9	4	-5
中原农业	10	24	14
国寿财险	11	7	-4
安联财险	12	14	2
中华联合	13	5	-8
永安财险	14	15	1
锦泰财险	15	17	2
诚泰财险	16	20	4
大地财产	17	8	-9
英大财险	18	9	-9
三井住友	19	26	7
东京海上	20	25	5
渤海财险	21	16	-5
国元农险	22	19	-3
鼎和财险	23	18	-5

续表

公司名称	新排名	原排名	原排名－新排名
中路财险	24	35	11
日本财险	25	21	－4
华安财险	26	27	1
中航安盟	27	28	1
安信农险	28	29	1
紫金财险	29	32	3
苏黎世	30	36	6
都邦财险	31	30	－1
美亚财险	32	37	5
中银保险	33	38	5
众诚保险	34	23	－11
中意财险	35	46	11
国任财险	36	42	6
众安财险	37	49	12
华农财险	38	33	－5
华泰财险	39	39	0
亚太财险	40	43	3
前海联合	41	44	3
史带财险	42	40	－2
易安财险	43	48	5
阳光农险	44	45	1
三星财险	45	47	2
中石油专属保险	46	10	－36
永诚财险	47	41	－6
铁路自保	48	22	－26
瑞再企商	49	50	1
鑫安车险	50	53	3
乐爱金	51	54	3
现代财险	52	55	3
天安财险	53	52	－1
泰山财险	54	51	－3
日本兴亚	55	57	2
安盛天平	56	31	－25

续表

公司名称	新排名	原排名	原排名—新排名
安华农险	57	56	-1
安诚财险	58	58	0
阳光信用	59	59	0
恒邦财险	60	61	1
长江财险	61	63	2
海峡金桥	62	62	0
富德财险	63	64	1
东海航运	64	60	-4

从表5-27中容易看出，剔除5个规模性指标（特殊指标）后，运用主成分分析法、因子分析方法，重新计算得到财产险公司的综合竞争力。

根据表5-28，运用威尔科克森（Wilcoxon）符号秩检验，进行稳健性分析（见表5-29）。

表5-28　　　　　　　　　新旧排名的基本情况

描述性统计资料							
	N	平均数	标准偏差	最小值	最大值	百分位数		
						25日	第50（中位数）	第75
VAR00003	64	32.5000	18.61899	1.00	64.00	16.2500	32.5000	48.7500
VAR00004	64	32.5000	18.61899	1.00	64.00	16.2500	32.5000	48.7500

表5-29　　　　　　　威尔科克森（Wilcoxon）符号秩检验的等级

	等级			
		N	平均等级	等级总和
原排名—新排名	负等级	23[a]	33.72	775.50
	正等级	36[b]	27.63	994.50
	等值结	5[c]		
	总计	64		

注：a. 原排名＜新排名；b. 原排名＞新排名；c. 原排名＝新排名。

表 5-30 威尔科克森（Wilcoxon）符号秩检验结果

检定统计资料[a]	
	原排名—新排名
Z	-.828[b]
渐近显著性（双尾）	0.407
精确显著性（双尾）	0.411
精确显著性（单尾）	0.206
点机率	0.001

注：a. Wilcoxon 符号等级检定；b. 根据负等级。

表 5-30 中列出了统计检验结果。结果显示：使用"渐进"方法计算的双侧显著性水平为 0.407，远大于 0.05，所以认为剔除指标前的综合竞争力排名与剔除几个指标后的综合竞争力排名差异不显著。也就是说，两个样本来自同一总体，具有相同的总体分布。综合运用主成分分析法、因子分析法对非寿险公司的竞争力进行排名时，当指标在特定的范围和程度内变化时所引起的排名的变化在统计上并不显著，即认为我们所采用的方法对指标的变化有一定的稳健性，此方法抓住了非寿险公司竞争力稳定的特征，并表现出来。

由本节所述内容可知，综合运用主成分分析法、因子分析方法对保险公司的竞争力进行评价排名时，保险市场的公司参与度以及指标的选择在统计上有稳健性。即从总体市场来看，稳健性是存在的，无论是部分公司的参与评价与否还是指标的增删，它们所引起的竞争力排名的变动在统计意义上都是不显著的，是可以接受的，也是稳健的。

附 录

附录一：中国人身险公司竞争力评价的主要结果

附表1-1　　2018年中国人身保险公司综合竞争力得分及排名

公司名称	排名	得分	公司名称	排名	得分
中国人寿	1	100.0	中英人寿	31	73.0
平安寿险	2	99.7	光大永明	32	72.7
太保寿险	3	97.1	复星保德信	33	72.6
中邮人寿	4	94.8	君龙人寿	34	72.2
新华人寿	5	93.1	友邦人寿	35	72.1
泰康人寿	6	92.5	交银康联	36	72.1
恒大人寿	7	92.2	长生人寿	37	71.3
人保寿险	8	87.0	华泰人寿	38	70.3
太平人寿	9	85.5	阳光人寿	39	70.3
华夏人寿	10	83.6	长城人寿	40	70.2
民生人寿	11	83.6	建信人寿	41	69.7
利安人寿	12	82.5	吉祥人寿	42	69.5
中德安联	13	81.4	瑞泰人寿	43	67.1
陆家嘴国泰	14	81.2	工银安盛	44	65.4
泰康养老	15	80.8	人保健康	45	65.3
前海人寿	16	80.2	中韩人寿	46	64.6
同方全球人寿	17	77.7	国华人寿	47	62.5
招商信诺	18	77.4	中融人寿	48	62.5
平安健康	19	77.2	中银三星	49	60.4
君康人寿	20	77.2	信泰人寿	50	59.9
英大人寿	21	76.7	天安人寿	51	59.4
上海人寿	22	76.2	农银人寿	52	59.1
中美联泰	23	75.4	百年人寿	53	58.6
中荷人寿	24	75.1	弘康人寿	54	57.6
北大方正人寿	25	74.9	渤海人寿	55	56.4
中意人寿	26	74.2	汇丰人寿	56	52.2
平安养老	27	74.2	富德生命	57	48.4
中宏人寿	28	74.1	东吴人寿	58	48.0
中信保诚	29	73.5	珠江人寿	59	47.1
太平养老	30	73.4	合众人寿	60	40.0

附表1-2　2018年中国人身险公司盈利能力竞争力得分与排名

公司名称	排名	得分	公司名称	排名	得分
平安寿险	1	100.0	太平人寿	31	68.4
君康人寿	2	92.3	中信保诚	32	68.3
珠江人寿	3	90.4	招商信诺	33	68.0
中德安联	4	87.5	英大人寿	34	67.9
君龙人寿	5	84.7	新华人寿	35	67.9
中美联泰	6	83.2	工银安盛	36	66.8
国华人寿	7	82.3	富德生命	37	66.5
平安健康	8	82.2	平安养老	38	66.5
友邦人寿	9	80.4	光大永明	39	65.1
华夏人寿	10	80.0	中邮人寿	40	64.9
恒大人寿	11	79.0	人保寿险	41	64.7
交银康联	12	78.5	瑞泰人寿	42	64.5
泰康人寿	13	76.8	泰康养老	43	64.3
弘康人寿	14	75.9	吉祥人寿	44	63.4
太保寿险	15	73.3	中英人寿	45	62.9
上海人寿	16	73.1	东吴人寿	46	62.9
同方全球人寿	17	72.7	北大方正人寿	47	62.9
前海人寿	18	72.0	百年人寿	48	62.6
华泰人寿	19	71.1	人保健康	49	61.4
中国人寿	20	71.0	陆家嘴国泰	50	61.0
中宏人寿	21	70.2	太平养老	51	60.0
中荷人寿	22	70.1	渤海人寿	52	59.9
中意人寿	23	70.0	天安人寿	53	57.2
民生人寿	24	69.9	复星保德信	54	56.6
中银三星	25	69.7	信泰人寿	55	56.4
中融人寿	26	69.6	中韩人寿	56	53.6
阳光人寿	27	69.3	长城人寿	57	53.5
建信人寿	28	69.1	汇丰人寿	58	53.2
农银人寿	29	69.1	长生人寿	59	43.1
利安人寿	30	68.8	合众人寿	60	40.0

附表1-3　　　　2018年中国人身险公司资本管理能力得分与排名

公司名称	排名	得分	公司名称	排名	得分
中国人寿	1	100.0	中英人寿	31	66.7
太平人寿	2	92.5	中意人寿	32	65.6
民生人寿	3	86.6	同方全球人寿	33	65.2
东吴人寿	4	78.2	太平养老	34	65.1
中融人寿	5	77.9	英大人寿	35	65.0
平安寿险	6	76.9	中荷人寿	36	64.9
交银康联	7	75.8	光大永明	37	64.9
前海人寿	8	75.3	农银人寿	38	64.7
瑞泰人寿	9	74.7	长城人寿	39	64.6
珠江人寿	10	74.6	中邮人寿	40	64.5
吉祥人寿	11	74.4	太保寿险	41	64.3
长生人寿	12	73.2	泰康人寿	42	64.3
中德安联	13	72.9	君康人寿	43	64.2
上海人寿	14	72.9	中韩人寿	44	63.1
恒大人寿	15	72.8	中美联泰	45	61.6
渤海人寿	16	72.6	陆家嘴国泰	46	61.3
中银三星	17	72.2	中信保诚	47	60.9
建信人寿	18	71.8	平安健康	48	60.3
阳光人寿	19	71.8	招商信诺	49	59.4
人保健康	20	71.4	中宏人寿	50	57.7
北大方正人寿	21	70.4	友邦人寿	51	57.2
国华人寿	22	69.9	汇丰人寿	52	57.0
君龙人寿	23	69.6	复星保德信	53	56.0
利安人寿	24	69.3	泰康养老	54	55.3
工银安盛	25	69.0	弘康人寿	55	52.5
人保寿险	26	68.6	富德生命	56	50.0
信泰人寿	27	67.4	天安人寿	57	49.9
新华人寿	28	67.0	合众人寿	58	45.3
平安养老	29	66.9	百年人寿	59	42.2
华泰人寿	30	66.8	华夏人寿	60	40.0

附表1-4　　2018年中国人身险公司经营能力得分及排名

公司名称	排名	得分	公司名称	排名	得分
中国人寿	1	100.0	友邦人寿	31	69.3
平安寿险	2	99.4	太平养老	32	68.7
太保寿险	3	97.7	交银康联	33	68.6
华夏人寿	4	93.8	长城人寿	34	68.2
人保寿险	5	93.2	农银人寿	35	68.2
君康人寿	6	87.4	平安健康	36	68.1
中邮人寿	7	87.2	中美联泰	37	67.8
前海人寿	8	86.8	人保健康	38	67.6
百年人寿	9	85.2	中宏人寿	39	66.2
利安人寿	10	84.5	君龙人寿	40	65.3
中意人寿	11	84.4	中英人寿	41	64.7
复星保德信	12	82.1	平安养老	42	64.6
太平人寿	13	81.8	瑞泰人寿	43	64.4
中德安联	14	81.3	长生人寿	44	64.4
恒大人寿	15	80.7	建信人寿	45	64.3
新华人寿	16	80.6	信泰人寿	46	63.8
泰康人寿	17	80.2	阳光人寿	47	62.6
天安人寿	18	78.8	华泰人寿	48	62.5
光大永明	19	78.0	同方全球人寿	49	62.3
弘康人寿	20	77.4	中韩人寿	50	62.1
招商信诺	21	77.3	吉祥人寿	51	62.0
泰康养老	22	77.1	上海人寿	52	61.1
中荷人寿	23	75.8	北大方正人寿	53	57.3
富德生命	24	74.7	中融人寿	54	56.1
英大人寿	25	74.5	国华人寿	55	53.2
汇丰人寿	26	72.0	陆家嘴国泰	56	50.1
合众人寿	27	71.9	渤海人寿	57	46.6
工银安盛	28	71.8	中银三星	58	45.3
民生人寿	29	70.7	东吴人寿	59	40.4
中信保诚	30	70.3	珠江人寿	60	40.0

附表1-5　　2018年中国人身险公司风险管理能力得分及排名

公司名称	排名	得分	公司名称	排名	得分
复星保德信	1	100.0	华泰人寿	31	65.7
平安健康	2	97.1	汇丰人寿	32	65.3
瑞泰人寿	3	91.6	招商信诺	33	65.1
渤海人寿	4	89.9	国华人寿	34	65.0
长城人寿	5	87.7	工银安盛	35	65.0
泰康养老	6	83.6	前海人寿	36	64.8
太平养老	7	81.3	中邮人寿	37	64.5
东吴人寿	8	80.0	人保寿险	38	64.5
陆家嘴国泰	9	78.0	太保寿险	39	64.1
平安养老	10	77.6	中荷人寿	40	64.0
民生人寿	11	76.5	上海人寿	41	63.8
利安人寿	12	76.1	同方全球人寿	42	62.5
光大永明	13	74.6	君康人寿	43	61.9
珠江人寿	14	73.5	人保健康	44	61.8
中韩人寿	15	73.5	恒大人寿	45	61.6
中信保诚	16	73.2	信泰人寿	46	61.4
中英人寿	17	72.8	长生人寿	47	61.4
交银康联	18	71.9	新华人寿	48	60.5
友邦人寿	19	71.0	中德安联	49	60.4
中国人寿	20	70.9	泰康人寿	50	59.1
中融人寿	21	70.2	中银三星	51	58.9
北大方正人寿	22	69.4	平安寿险	52	58.4
中宏人寿	23	68.8	建信人寿	53	56.9
弘康人寿	24	68.3	太平人寿	54	56.6
阳光人寿	25	68.0	农银人寿	55	56.3
吉祥人寿	26	66.7	百年人寿	56	53.7
中意人寿	27	66.6	天安人寿	57	51.5
中美联泰	28	66.5	合众人寿	58	49.8
君龙人寿	29	66.4	华夏人寿	59	46.5
英大人寿	30	66.3	富德生命	60	40.0

附表1-6　　2018年中国人身险公司发展潜力得分及排名

公司名称	排名	得分	公司名称	排名	得分
中邮人寿	1	100.0	陆家嘴国泰	31	66.7
弘康人寿	2	99.3	英大人寿	32	66.2
平安健康	3	93.2	长城人寿	33	65.9
泰康人寿	4	86.6	天安人寿	34	64.1
友邦人寿	5	86.5	利安人寿	35	64.0
泰康养老	6	85.8	人保寿险	36	63.8
华夏人寿	7	83.0	上海人寿	37	63.7
太保寿险	8	81.3	国华人寿	38	62.9
中宏人寿	9	80.9	中融人寿	39	62.2
新华人寿	10	79.9	汇丰人寿	40	62.1
中国人寿	11	78.0	中英人寿	41	60.6
百年人寿	12	76.7	交银康联	42	60.3
恒大人寿	13	76.7	瑞泰人寿	43	60.3
平安寿险	14	75.8	同方全球人寿	44	60.3
光大永明	15	74.7	中韩人寿	45	59.3
中德安联	16	74.1	建信人寿	46	59.1
复星保德信	17	73.5	阳光人寿	47	58.1
中美联泰	18	73.5	农银人寿	48	57.8
太平人寿	19	73.4	合众人寿	49	56.6
前海人寿	20	73.4	工银安盛	50	55.8
君康人寿	21	73.4	北大方正人寿	51	54.9
中意人寿	22	72.3	中银三星	52	54.4
中信保诚	23	72.3	长生人寿	53	53.4
平安养老	24	71.4	信泰人寿	54	51.2
招商信诺	25	70.8	人保健康	55	51.1
华泰人寿	26	68.3	君龙人寿	56	49.3
民生人寿	27	67.9	吉祥人寿	57	49.0
富德生命	28	67.4	渤海人寿	58	45.4
中荷人寿	29	67.4	珠江人寿	59	45.2
太平养老	30	66.8	东吴人寿	60	40.0

附录二：中国财产险公司竞争力评价的主要结果

附表 2-1　2018 年中国财产险公司竞争力综合评价得分与排名

公司名称	排名	得分	公司名称	排名	得分
人保财险	1	100.0	华农财险	33	67.2
平安财险	2	98.7	泰康在线	34	66.9
太保财险	3	93.3	中路财险	35	66.2
太平保险	4	86.2	苏黎世	36	66.1
中华联合	5	84.8	美亚财险	37	65.5
阳光财险	6	84.4	中银保险	38	65.3
国寿财险	7	83.9	华泰财险	39	64.7
大地财产	8	79.5	史带财险	40	64.7
英大财险	9	79.3	永诚财险	41	64.5
中石油专属保险	10	79.1	国任财险	42	64.4
北部湾财险	11	79.0	亚太财险	43	63.1
爱和谊	12	77.9	前海联合	44	63.1
华海财险	13	76.7	阳光农险	45	61.4
安联财险	14	76.6	中意财险	46	60.7
永安财险	15	74.9	三星财险	47	60.3
渤海财险	16	74.8	易安财险	48	60.0
锦泰财险	17	72.6	众安财险	49	60.0
鼎和财险	18	72.5	瑞再企商	50	59.3
国元农险	19	72.3	泰山财险	51	59.0
诚泰财险	20	71.7	天安财险	52	58.8
日本财险	21	71.5	鑫安车险	53	57.2
铁路自保	22	71.3	乐爱金	54	57.1
众诚保险	23	71.3	现代财险	55	54.1
中原农业	24	70.6	安华农险	56	53.6
东京海上	25	70.5	日本兴亚	57	53.4
三井住友	26	70.4	安诚财险	58	53.1
华安财险	27	70.2	阳光信用	59	51.8
中航安盟	28	69.0	东海航运	60	50.6
安信农险	29	68.5	恒邦财险	61	47.3
都邦财险	30	68.4	海峡金桥	62	43.6
安盛天平	31	67.6	长江财险	63	42.2
紫金财险	32	67.4	富德财险	64	40.0

附表2-2　　　　　　　　2018年财产险公司盈利能力的得分及排名

公司名称	排名	得分	公司名称	排名	得分
人保财险	1	100.0	中航安盟	33	74.8
平安财险	2	96.3	阳光财险	34	74.8
鼎和财险	3	89.8	华泰财险	35	74.6
阳光农险	4	88.6	诚泰财险	36	74.6
中石油专属保险	5	86.3	三星财险	37	74.6
太保财险	6	84.8	乐爱金	38	74.5
北部湾财险	7	84.2	中意财险	39	74.4
鑫安车险	8	83.5	渤海财险	40	74.4
永安财险	9	81.4	苏黎世	41	74.2
中华联合	10	81.0	史带财险	42	74.0
天安财险	11	80.9	海峡金桥	43	73.7
铁路自保	12	80.7	锦泰财险	44	73.6
英大财险	13	80.7	众诚保险	45	73.4
华农财险	14	80.4	都邦财险	46	73.0
华海财险	15	80.2	国任财险	47	72.7
恒邦财险	16	79.6	安盛天平	48	72.6
日本财险	17	79.1	紫金财险	49	72.3
安信农险	18	79.0	东京海上	50	71.8
中银保险	19	78.5	安诚财险	51	71.8
大地财产	20	78.3	泰康在线	52	71.4
国元农险	21	78.1	安联财险	53	71.3
爱和谊	22	77.9	富德财险	54	70.8
阳光信用	23	77.6	东海航运	55	70.4
国寿财险	24	76.9	中原农业	56	70.3
泰山财险	25	76.7	瑞再企商	57	66.0
亚太财险	26	76.5	中路财险	58	65.9
美亚财险	27	76.0	众安财险	59	65.8
三井住友	28	75.9	安华农险	60	61.7
华安财险	29	75.8	永诚财险	61	61.5
日本兴亚	30	75.5	易安财险	62	60.5
太平保险	31	75.0	前海联合	63	48.9
现代财险	32	74.9	长江财险	64	40.0

附表2-3　　　2018年财产险公司资本管理能力的排名与得分

公司名称	排名	得分	公司名称	排名	得分
人保财险	1	100.0	华安财险	33	69.5
安联财险	2	97.6	国任财险	34	69.0
平安财险	3	90.7	中航安盟	35	68.8
爱和谊	4	89.5	渤海财险	36	68.6
大地财产	5	83.4	华泰财险	37	68.5
泰康在线	6	82.0	鼎和财险	38	68.2
太保财险	7	81.7	中石油专属保险	39	67.5
华农财险	8	81.0	现代财险	40	67.5
英大财险	9	78.4	安盛天平	41	66.9
众诚保险	10	76.5	三星财险	42	66.8
国寿财险	11	76.5	恒邦财险	43	65.9
阳光财险	12	75.5	永诚财险	44	65.7
日本财险	13	75.3	安信农险	45	65.7
华海财险	14	74.7	国元农险	46	65.6
北部湾财险	15	74.5	乐爱金	47	64.5
苏黎世	16	74.4	亚太财险	48	64.2
瑞再企商	17	74.3	前海联合	49	64.1
中华联合	18	74.2	长江财险	50	63.6
天安财险	19	74.1	泰山财险	51	61.8
三井住友	20	74.0	易安财险	52	61.7
太平保险	21	73.3	铁路自保	53	61.1
史带财险	22	72.6	鑫安车险	54	59.7
锦泰财险	23	71.9	安诚财险	55	58.3
诚泰财险	24	71.9	中路财险	56	58.3
永安财险	25	71.7	阳光农险	57	58.1
东京海上	26	71.7	日本兴亚	58	57.9
中银保险	27	71.5	众安财险	59	55.4
中原农业	28	71.1	海峡金桥	60	47.6
美亚财险	29	70.4	富德财险	61	45.2
紫金财险	30	70.2	东海航运	62	45.1
中意财险	31	69.9	安华农险	63	44.5
都邦财险	32	69.9	阳光信用	64	40.0

附表 2-4　　2018 年财产险公司经营能力的排名与得分

公司名称	排名	得分	公司名称	排名	得分
人保财险	1	100.0	渤海财险	33	53.6
平安财险	2	81.9	中航安盟	34	53.1
太保财险	3	66.8	都邦财险	35	52.6
国寿财险	4	62.4	中意财险	36	52.5
阳光农险	5	60.5	华安财险	37	52.5
大地财产	6	58.5	现代财险	38	52.4
中华联合	7	58.4	亚太财险	39	52.3
阳光财险	8	58.2	天安财险	40	52.2
乐爱金	9	58.1	紫金财险	41	52.1
国元农险	10	57.2	众安财险	42	51.9
鑫安车险	11	56.7	中石油专属保险	43	51.7
三星财险	12	56.6	华海财险	44	51.4
锦泰财险	13	56.1	日本兴亚	45	50.6
太平保险	14	56.1	国任财险	46	50.5
爱和谊	15	56.1	安诚财险	47	50.2
英大财险	16	56.0	众诚保险	48	50.1
安华农险	17	55.8	泰康在线	49	49.9
日本财险	18	55.7	安盛天平	50	49.8
鼎和财险	19	55.6	富德财险	51	49.8
中原农业	20	55.6	安联财险	52	49.6
三井住友	21	55.4	泰山财险	53	49.3
中银保险	22	55.2	长江财险	54	49.3
苏黎世	23	55.0	恒邦财险	55	48.9
美亚财险	24	54.9	易安财险	56	48.6
安信农险	25	54.8	中路财险	57	47.9
诚泰财险	26	54.8	铁路自保	58	47.5
北部湾财险	27	54.6	前海联合	59	47.0
东京海上	28	54.3	华农财险	60	46.8
华泰财险	29	53.9	海峡金桥	61	45.7
永安财险	30	53.9	阳光信用	62	41.8
史带财险	31	53.9	东海航运	63	41.4
永诚财险	32	53.8	瑞再企商	64	40.0

附表2-5　　2018年财产险公司风险管理能力的排名与得分

公司名称	排名	得分	公司名称	排名	得分
日本财险	1	100.0	安盛天平	33	67.5
安华农险	2	94.0	泰康在线	34	67.2
安联财险	3	93.3	中航安盟	35	66.2
史带财险	4	92.8	长江财险	36	66.1
苏黎世	5	90.0	紫金财险	37	65.6
瑞再企商	6	86.4	华泰财险	38	63.9
永诚财险	7	85.9	永安财险	39	63.6
渤海财险	8	82.1	华安财险	40	62.8
英大财险	9	81.9	锦泰财险	41	62.5
三井住友	10	79.5	诚泰财险	42	62.5
三星财险	11	78.6	日本兴亚	43	62.0
现代财险	12	77.9	铁路自保	44	61.9
阳光信用	13	77.8	泰山财险	45	61.9
太平保险	14	76.9	易安财险	46	60.3
阳光财险	15	76.6	爱和谊	47	59.7
中意财险	16	74.9	大地财产	48	58.3
乐爱金	17	74.8	北部湾财险	49	58.1
太保财险	18	73.9	中石油专属保险	50	57.8
国寿财险	19	73.6	前海联合	51	57.7
都邦财险	20	73.5	安诚财险	52	57.3
平安财险	21	72.8	阳光农险	53	56.2
中华联合	22	72.5	华农财险	54	54.8
东京海上	23	72.1	恒邦财险	55	54.6
人保财险	24	71.3	亚太财险	56	54.6
鑫安车险	25	71.2	国元农险	57	53.6
海峡金桥	26	70.5	鼎和财险	58	51.3
国任财险	27	70.3	中原农业	59	48.4
美亚财险	28	69.7	安信农险	60	48.1
中银保险	29	69.0	中路财险	61	47.3
华海财险	30	68.3	东海航运	62	46.0
富德财险	31	68.2	天安财险	63	45.8
众诚保险	32	68.0	众安财险	64	40.0

附表 2-6　　2018 年财产险公司发展潜力的排名与得分

公司名称	排名	得分	公司名称	排名	得分
平安财险	1	100.0	安信农险	33	63.7
中石油专属保险	2	97.6	诚泰财险	34	63.1
人保财险	3	96.9	史带财险	35	62.1
太保财险	4	90.4	瑞再企商	36	61.9
铁路自保	5	86.9	锦泰财险	37	61.8
爱和谊	6	83.2	中意财险	38	61.2
泰康在线	7	80.3	众诚保险	39	60.9
华海财险	8	80.0	鼎和财险	40	60.8
众安财险	9	80.0	美亚财险	41	60.7
阳光财险	10	79.3	中银保险	42	60.6
前海联合	11	75.0	紫金财险	43	59.4
安联财险	12	74.6	恒邦财险	44	58.4
阳光农险	13	74.3	亚太财险	45	58.3
大地财产	14	74.1	中航安盟	46	57.2
太平保险	15	73.7	渤海财险	47	55.7
国寿财险	16	72.5	永诚财险	48	55.6
中路财险	17	72.4	安华农险	49	53.8
易安财险	18	71.1	苏黎世	50	51.5
国元农险	19	71.0	日本财险	51	50.0
华农财险	20	70.6	泰山财险	52	49.6
阳光信用	21	70.6	安诚财险	53	49.1
永安财险	22	69.4	海峡金桥	54	48.8
鑫安车险	23	68.5	乐爱金	55	47.9
英大财险	24	68.3	三星财险	56	47.2
三井住友	25	67.0	长江财险	57	46.7
中华联合	26	66.9	日本兴亚	58	45.9
北部湾财险	27	66.8	安盛天平	59	45.1
国任财险	28	66.2	东海航运	60	44.8
华泰财险	29	66.0	都邦财险	61	44.5
东京海上	30	65.9	现代财险	62	43.6
华安财险	31	65.9	天安财险	63	43.1
中原农业	32	65.4	富德财险	64	40.0

参考文献

[1]方开泰.实用多元统计分析[M].上海:华东师范大学出版社,1986.

[2]寇业富,主编.保险蓝皮书——中国保险市场发展分析(2018)[M].北京:中国财政经济出版社,2018.

[3]寇业富,主编.2018中国保险公司竞争力评价研究报告[M].北京:中国财政经济出版社,2018.

[4]李晓林.保险是社会治理的实施者[J].中国金融,2015(2).

[5]寇业富,主编.2016中国保险公司竞争力与社会责任评价研究报告[M].北京:中国财政经济出版社,2016.

[6]施建祥,赵正堂.保险企业核心竞争力及其评价指标体系研究[J].现代财经,2003(8).

[7]石新武.开放条件下的保险业竞争力[M].北京:中国财政经济出版社,2004.

[8]肖芸茹.构建优良的评价保险企业的指标体系[J].南开经济研究,1999(2).

[9]姚壬元.保险公司竞争力评价指标体系的构建[J].石家庄经济学院学报,2004(4).

[10]于秀林,任雪松.多元统计分析[M].北京:中国统计出版社,1999.

[11]21世纪经济报道,21世纪研究院金融研究中心联合美国加州大学组成的课题组.2017亚洲保险公司竞争力竞争力排名研究报告[R].2017.

[12]王成辉,江生忠.我国保险业竞争力诊断指标体系及其应用[J].南开经济研究,2006(5).

[13]裴光.中国保险业竞争力研究[M].北京:中国金融出版社,2002.

[14]吕宙.论中国保险业国际竞争力[J].金融研究,2003.

[15]孙林,李光金.基于DEA方法的我国保险公司竞争力分析[J].西华大学学

报,2005(6).

[16] 胡永红. 基于因子分析的我国人寿保险公司竞争力研究[D]. 北京:首都经贸大学,2007.

[17] 叶欣,薛伟贤. 在"上海中外资保险公司竞争力排名研究[J]. 商业研究,2007(4).

[18] 王小平. 论人寿保险公司的核心竞争力[J]. 金融理论与实践,2006(1).

[19] 寇业富,李晓林. 寿险公司业务结构的相似性分析及其聚类研究[J]. 中央财经大学学报,2009(2).

[20] 寇业富. 大学生素质评价的模糊聚类分析[J]. 辽宁师范大学学报(自然科学版)2003(5).

[21] 江生忠. 入世后提高中国保险业竞争力研究[M]. 北京:中国财政经济出版社,2007:3.

[22] 冯占军,李秀芳. 中国保险企业竞争力研究[M]. 北京:中国财政经济出版社,2012.

[23] 王保进. 多变量分析:统计软件与数据分析[M]. 北京:北京大学出版社,2007.

[24] 方芳. 中国保险业的对外开放与竞争力分析[M]. 北京:中国金融出版社.2005.

[25] 吴研. 跨国公司进入中国市场的模式的演变及影响因素分析[J]. 黑龙江对外经贸,2008(7).

[26] 孙敬延. 跨国公司在中国市场面临的新挑战及营销策略分析[J]. 中国市场,2007(27).

[27] 熊正德. 外资公司对我国保险业的影响以及对策[J]. 经济理论与实践,1997(2).

[28] 曾五一主编. 统计学[M]. 北京:北京大学出版社,2006.

[29] 寇业富,主编. 2016中国保险公司竞争力与社会责任评价研究报告[M]. 北京:中国财政经济出版社,2016.

[30] 寇业富,主编. 2014中国保险公司竞争力评价研究报告[M]. 北京:中国财政经济出版社,2014.

[31] 陈晶晶. 基于财务报告的我国企业社会责任评价模型研究——以我国钢铁行业上市公司为例[D]. 上海:华东师范大学,2010.

[32] 成敏. 保险公司企业文化、企业社会责任及其关系研究[D]. 大连:东北财经大学,2012.

[33] 邓启稳. 基于平衡计分卡制度的保险企业社会责任评价[J]. 财会月刊,2010

(32):28-30.

[34]郝臣,等.我国保险公司社会责任状况研究——基于保险公司社会责任报告的分析[J].保险研究,2015(5):92-100.

[35]洪旭,杨锡怀.中国企业社会责任评价体系的构建——以沪深两市上市公司为例[J].东北大学学报(自然科学版),2011(11):1668-1672.

[36]黄群慧,等.中国企业社会责任研究报告:十年回顾暨十年展望·2015[M].北京:社会科学文献出版社,2015:20-21.

[37]李勇杰.保险企业社会责任研究[D].武汉:武汉大学,2009.

[38]刘淑华.企业社会责任绩效评价[M].北京:中国经济出版社,2015.

[39]谭中明,陈渊.保险公司社会责任信度评价体系研究[J].保险研究,2009(5):24-28.

[40]王蕾.保险企业社会责任绩效评价体系的构建[J].南方金融,2010(1):66-70.

[41]魏华林,林宝清主编.保险学[M].北京:高等教育出版社,2011.

[42]武晨凤.保险公司企业社会责任标准[J].现代商业,2010(21):62-63.

[43]吴定富.充分发挥保险社会管理功能[J].中国保险.2004(5):8-11.

[44]吴金娜.食品类企业社会责任评价体系的构建与应用[D].杭州:浙江工业大学,2013.

[45]肖红军,等.企业社会责任评价研究:反思、重构与实证[M].北京:经济管理出版社,2014:16-31.

[46]谢彩玲.我国保险企业社会责任绩效评价体系研究[D].长沙:湖南大学,2011.

[47]阳秋林,代金云."两型社会"背景下的企业社会责任评价指标体系及其运用研究——以湖南企业为例[J].湖南社会科学,2012(3):114-117.

[48]赵天燕,张雪.我国企业社会责任评价指标体系的构建及其应用研究[J].财贸研究,2012(6):139-145.

[49]卓志,王寒.保险企业社会责任探析[J].保险研究,2009(2):3-8.

[50] Andrew, M. Yuengert. The Measurementof Efficiencyin Life Insurance: Estimates of a Mixed Nor - mal 2 gamma Error Model[J]. *Journal of Banking and Finance*, 1993(17):483-496.

[51] Aupperle K. E., Carroll A. B., Hatfield J. D. An empirical Examination of the Relationship Between Corporate Social Responsibility and Profitability[J]. *Academy of Management Journal*, 1985, 28(2): 446-463.

[52] Carroll A. B. A three-dimensional Conceptual Model of Corporate Performance [J]. *Academy of Management Review*, 1979, 4(4): 497-505.

[53] Carroll A. B. Corporate Social Responsibility: Will Industry Respond to Cutbacks in Social Program Funding [J]. *Vital Speeches of the Day*, 1983, 49(19): 604-608.

[54] Carroll A. B. The Pyramid of Corporate Social Responsibility: Toward the Moral Management of Organizational Stakeholders [J]. *Business Horizons*, 1991(34): 39-48.

[55] Carroll A. B. Corporate Social Responsibility Evolution of A Definitional Construct [J]. *Business and Society*, 1999, 38(3): 268-295.

[56] Cummins, D. and Weiss. Measuring Cost Efficiency in the Property 2 Liability Insurance Industry [J]. *Journal of Banking and Finance*, 1993(17): 463-481.

[57] Cummins, D. MA Weiss, and H. Zi. Organizational Form and Efficiency: An Analysis of Stock and Mutual Property-Liability Insurers [J]. *Management Science*, 1999(45): 1254-1269.

[58] Cummins, D. J., S. Tennyson, and MA Weiss. Consolidation and Efficiencyin the US Life Insurance Industry [J]. *Journal of Banking and Finance*, 1999(23): 325-357.

[59] Elkington J. Partnerships From Cannibals with Forks: The Triple Bottom Line of 21st-century business [J]. *Environmental Quality Management*, 1998, 8(1): 37-51.

[60] Harrison J. S., Wicks A. C. Stakeholder Theory, Value, and Firm Performance [J]. *Business Ethics Quarterly*, 2013, 23(1): 97-124.

[61] Maignan I., Ferrell O. C. Measuring Corporate Citizenship in Two Countries: The Case of the United States and France [J]. *Journal of Business Ethics*, 2000, 23(3): 283-297.

[62] Marín L., Rubio A., Maya S. R. Competitiveness As A Strategic Outcome of Corporate Social Responsibility [J]. *Corporate Social Responsibility and Environmental Management*, 2012, 19(6): 364-376.

[63] Mustafa S. A., Othman A. R., Perumal S. Corporate Social Responsibility and Company Performance in the Malaysian context [J]. *Procedia-Social and Behavioral Sciences*, 2012, 65: 897-905.

[64] Reed L., Getz K., Collins D., et al. Theoretical Models and Empirical Results: A Review and Synthesis of JAI Volumes 1-10 [J]. *Corporation and Society Research: Studies in Theory and Measurement*, 1990(27): 62.

后 记

本篇报告的写作离不开学校的大力支持和指导，在此对中央财经大学副校长李俊生教授、中国精算研究院院长陈建成教授、保险学院院长李晓林教授，以及中国精算研究院的其他领导和老师（周明副院长、周桦副院长、郑苏晋教授、徐景峰教授、高洪忠副研究员等）表示衷心的感谢！

本研究报告得到教育部和国家外国专家局联合实施的高等学校学科创新引智计划[①]、教育部[②]、中央财经大学保险学院、中国精算研究院、长城人寿保险股份有限公司等单位的课题资助，在此表示感谢！

报告的完成得益于课题组成员的团结和辛苦工作，课题组成员既有从事保险、精算教育多年的教师，也有具有丰富保险、精算实践经验的业界精英。

课题组主要成员有：

寇业富，经济学博士，教授；保险数据文献中心主任，中国精算师协会正会员。

陈辉，经济学博士，助理研究员，中国精算师（FCAA），英国准精算师（AIA）。

张宁，理学博士，副研究员。

周县华，管理学博士，教授，博士生导师。

周明，理学博士，教授，博士生导师，北美准精算师（ASA），中国精算师协会正会员。

在大量数据的收集、整理等工作中，有许多保险、精算专业的研究生和本科生

---

① 高等学校学科创新引智计划——"保险风险分析与决策"学科创新引智基地（No. B17050）。

② 教育部人文社会科学重点研究基地重大项目"大数据背景下的风险量化与保险业发展指数体系研究"（项目批准号：16JJD790060）。

参与了这项工作，他们为报告的完成付出了很多艰辛繁杂的劳动。主要有：程明远、杨杨、霍晓萍、王达轩、高佳宁、黄东文、史紫月、杨楠、蒋兆晗、蒋钰钰、王静、李洁菡、蒋碧月、吴佳南、麻乂邦、崔宇、成柯欣、邓雪萍、熊心玮、李滢、宋欣蕊、苏伊、邓修英、苏曼斐、翁亚琼、于露杨、宋阳葛、张帆、甄诚、赵雨欣、朱陈圆等研究生，在此对他们的付出表示感谢！感谢中国精算研究院办公室的欧阳和霞、薛丽娜、何小兰等为本书的出版付出的劳动！

虽然课题组在指标的设立、信息的收集整理、模型的探索完善等方面付出了很大的努力，但是《2019中国保险公司竞争力评价研究报告》中的不足和疏漏之处在所难免，欢迎各位读者不吝赐教，以便我们作进一步的修改和完善。

联系方式：kouyefu@cufe.edu.cn；(010) 62288159 - 802

寇业富

2019 年 7 月 27 日